KB000934

유쾌함의 기술

뇌과학이 말하는 즐거워할 줄 아는 지능의 비밀

유쾌함의 기술

Playful Intelligence

앤서니 T. 디베네뎃 지음 | 김유미 옮김

다산초당

프롤로그

회전목마는 당신이 돌아오길 기다리고 있다

1960년대 미국 캔자스주의 위치토에서 유년기를 보낸 마를레네 어빈은 집 근처에 있는 놀이공원 조이랜드에 자주 놀러갔었다. 가족과 함께 그곳에 들어설 때면 어린 소녀의 팔에는 소름이 돋았다. 어빈은 "특히 입구에서 회전목마가 돌아가는 광경이 환상적이었다"면서 "그 모습을 몇 시간씩이나 바라보곤 했다"라고 회상했다.

그녀의 '실질적인 첫 직장'이 당시 세계에서 가장 큰 놀이공원의 놀이 기구 제조사였던 위치토의 챈스 매뉴팩츄어링이었던 것을 보면, 조이랜드가 어빈에게 지속적으로 영향을 끼친게 분명하다. 훗날 선도적인 말 예술가가 된 어빈은 각종 놀이기구와 회전목마의 프레임을 조합하는 섬유유리 상점에서 일하다가 챈스에 취업했다. 챈스의 미술 장식 부서에서 자신의 길을 찾은 그는 1992년 목마 복구 작업에 집중하기 위해 자기 사업을 시작했다.

그 무렵 조이랜드의 입장객도 감소하는 추세였다. 문을 연 지 50년이 되던 2006년, 조이랜드가 문을 닫자 위치토의 어린이들과 어른들은 모두 안타까워했다. 지역 보호 단체들이 조이랜드의 공예품 중 일부를 구매했고, 목마 서른여섯 점은 위치토 소유 식물원인 보타니카에 기증되었다. 보타니카는 어빈에게 손상된 말의 복원 작업을 의뢰했다. 어빈은 한 점씩 복원할 때마다 사람들이 볼 수 있도록 그 말을 전시했다. 조이랜드에서 영화를 누릴 때의 모습과 똑같지는 않았지만, 어빈의 노력으로 복원된 말들은 관람객들에게 큰 감동을 선사했다. 복원된 말을 보는 이들마다 같은 질문을 했다. "저 말을 탈 수 있나요?" 어른이 된 후에도 그들은 어린 시절에 탔던 목마를 기억하고 있었다.

그럴 때마다 어빈은 웃으면서 대답했다. "저 말들은 여러분이 돌아오기를 기다리고 있어요."

당신이 이 책을 집어 든 이유는 대부분의 어른들이 그렇듯 어른이 된 후 뭔가를 잃어 버렸다는 느낌 때문일 것이다. 달리 말하면 성인기의 장점이 과도한 스트레스로 인해 퇴색하고 있음을 느꼈을 것이다.

성인기에는 장점도 많다. 누군가를 더 깊이 사랑하는 것, 어린아이의 즐거움을 지켜보는 것, 친구로부터 무조건적인 지지를 얻는 것, 인생의 목표를 발견하는 것. 그러나 스트레스 또한 이에 못지않다. 결혼의 무게를 느끼는 것, 평탄치 않은 육아의 어려움을 겪어 내는 것, 어떤 관계를 선택할지 말지 결정하는 것, 인생의 갖은 역경을 극복하는 것, 자신의 직업에서 만족감을 얻는 것.

스트레스가 장점보다 커지기 시작하면 이 시기는 당신을 압도한다. 스스로 성인기를 즐기지 못하고 있다는 회의감을 느끼고 버티기에 급급하다는 느낌에 사로잡힌다. 불과 5년 전의 내가 그런 상태였다. 주변 사람들과의 관계, 내과의사로서 겪는 임상적인 어려움 등 세상과의 기본적인 교류가 마치 조각난 모자이크처럼 여기저기 어지럽게 흩어져 있었다. 마지못해 억지로 채우는 일상이 나의 규범이었고 하루하루 분주함과 피로감이 더해졌다.

우울증인 걸까 하는 생각이 들었다. 그러나 우울증은 아닌 것 같았다. 그렇다면 불안증이 심한 걸까? 물론 불안하기는 했지만 누구나 어느 정도의 불안감은 있지 않은가. 나는 부모님이 늘 말씀하셨던 기본적인 생활 방식을 돌아보았다. 충분히 자고 있는가? 운동을 규칙적으로 하는가? 건강한 식생활을 유지하는가? 즐기는 시간이 있는가?

전반적으로 잘하고 있다고 생각했다. 그러나 즐기는 시간이 있는가라는 마지막 질문이 유독 마음에 걸렸다. 일상에서 즐거움이 부족하지는 않았지만, 재미와 놀이의 측면에서 어린 시절과 성인기는 확실히 다르다는 것을 깨달았다. 아이들은 놀이 속에서 살아가지만, 어른들은 현상 유지를 하기에도 빠듯한 삶이다. 어른으로서 책임을 감당해야 한다는 압박감은 우리를 억압적이고 과도한 스트레스를 유발하는 삶으로 몰아간다. 일반적으로 성인기에는 어린 시절보다 더 많은 스트레스를 받는다. 더 높은 수준의 진지함을 요구받는 것 역시 당연하다. 그러나 스트레스와 진지함이 어른들의 삶, 특히 나의 삶을 완전히 장악하고 있다는 느낌은 뭔가 중대한 전환점이 필요하다는 생각으로 이어졌다.

성인기의 치열함 때문에 즐거움을 위한 시간이 줄어든 걸까?

그런 것 같지는 않았다. 내가 아는 다른 어른들도 그렇지는 않았다. 그때 문득 놀이나 재미를 감소시키는 것은 스트레스가 아니라 인간 기질의 유희적인 부분이라는 생각이 들었다. 성인기의 치열함이 증가할수록 우리 내면의 유희성은 약화된다. 즉, 성격에서 유희적인 부분에 해당하는 내면의 조이랜드는 시들고, 세상을 놀이공원으로 여길 수 있는 유희성이 퇴색한다.

내 삶은 소진되고 있었다. 무감각한 상태로 살아가고 있었으며 내면의 유쾌함은 점차 시들고 있었다. 나에게는 지미니 크리켓(디즈니 만화 영화 「피노키오」에 등장하는 캐릭터로, 피노키오의 멘토 역할을 하는 귀뚜라미-옮긴이), 그러니까 내가 중요한 가르침을 실행에 옮길 수 있도록 도와주는 현명하고 익살스러운 마음속의 파트너가 필요했다. 나 자신을 좀 더 가볍게 받아들일 수 있도록 이끌어 줄 멘토가 필요했던 것이다.

내가 이 책을 쓰게 된 것도 그런 이유에서였다. 당신이 이 책을 선택한 이유 역시 비슷할 것이다. 성인기의 진지함을 유지하면서도 좀 더 가볍게 살아가는 방법을 터득한다면 성인기의 장점을 극대화할 수 있지 않을까? 이 책은 게임이나 활동을 제시하지는 않는다. 당신은 이미 주어진 여가 시간을 최대한 즐겁게 지내고 있을 것이다. 내가 전달하고 싶은 주제는 그것 못지않게 현재 당신의 삶에서 유쾌함을 생각하는 것 또한 중요하다는 사실이다.

본격적으로 이 주제를 다루기 전에, 놀이와 유희성의 차이를 짚고 넘어가자.

놀이(play)는 행동이고, 유희성(playfulness)은 행동 양식(또는 일련의 행동 양식)이다. 놀이는 뒷마당에서 편자 던지기를 하는 행동인 반면에, 유희성은 당신이 그 놀이를 할 때(놀이를 너무 진지하게 생각하는 삼촌 마이런과는 다르게) 즐거운 표정을 짓거나 큰 소리로 웃는 성향을 의미한다.

나는 어느 유쾌한 가족을 알고 있다. 그 가족은 처음으로 서커스를 보러 갔던 때를 종종 이야기한다. 모처럼의 가족 나들이를 사진으로 남기고 싶었던 부모는 어릿광대들과 사진을 찍으려고 무대 위로 올라갔다. 그때 막내가 별안간 울음을 터뜨렸다. 어릿광대와 사진사, 아이의 부모와 형제들이 모두 아이를 달래려고 애썼지만 아이는 좀체 울음을 그치지 않았다. 그 순간 엄마가 "다 같이 찡그린 표정을 짓자!"라고 외쳤다. 사진사가 사진을 찍는 동안 가족들은 모두 막내처럼 찡그린 표정을 지었다. 표정은 찌푸리고 있어도 모두가 즐거웠다. 이것이 바로 유쾌함이 표출된 행동이다.

놀이는 누구나 어디서든 쉽게 할 수 있다. 어른들 삶에서 부족한 것은 놀이가 아니라 유쾌함에 시동을 거는 행동 양식이다. 유쾌함에 시동을 걸기 위해서는 유쾌함에 대한 지식뿐 아니라 유쾌함에 대한 관심과 이해가 필요하다. 그것이 이 책의 제목을 유쾌함의 기술로 정한 이유이기도 하다.

지능 이론의 관점에서 볼 때 유쾌 지능(playful intelligence)은 새로운 형태의 지능은 아니다. 유쾌 지능은 다중지능이론(theory of multiple intelligence)으로 유명한 미국의 심리학자 하워드 가드너가 설명한 자기 이해 지능(intrapersonal intelligence)과 대인 관계 지능(interpersonal intelligence)이 확장된 개념이다. 자기 이해 지능은 자기 자신의 내적인 측면, 감정, 감성, 행동에 대한 지식을 가리킨다. 반면에 대인 관계 지능은 다른 사람들의 기분, 기질, 동기, 의도에 대한 지식을 의미한다. 유쾌 지능은 이러한 개념들을 하나로 결합한 것으로, 유쾌함이 성인의 내적, 외적 삶에 미치는 영향에 대한 지식을 가리킨다.

나는 성인의 유쾌함에 대해 다른 이들이 연구한 내용을 살펴보기 위해 학술 자료를 샅샅이 뒤졌다. 어린아이들의 유쾌함에 관한 연구는 많았지만 어른들의 유쾌함에 관한 연구 자료는 많지 않았다. 그러나 유쾌함과 관련 있는 행동들의 특징을 연구한 자료는 찾아낼 수 있었다. 모험심, 창의력, 활동성, 상상력, 외향성, 사교성, 즉흥성을 비롯한 거의 마흔 가지에 이르는 특징들이 성인의 유쾌함과 연관이 있는 것으로 드러났다.

각각의 특징을 살피면서 내가 내린 첫 번째 결론은 성격의 유쾌함을 회복하기 위해서는 그러한 특징들을 개별적으로 다룰 필요가 있다는 것이었다. 다른 심리적인 특성이 그렇듯이 유쾌함을 이해하기 위해서는 이를 구성하는 요소들을 이해하는 것이 먼저다. 가령 단골 샌드위치 가게로 향하던 당신이 갑자기 새로운 음식에 도전하기로 했다고 치자. 당신은 오래된 한국 식당을 발견하고 그 식당에 들어가서 돼지불고기와 김치찌개를 주문하고 맛있게 먹는다. 아마도 당신은 이 음식점에 또 갈 것이다! 여기서 유쾌함의 작용을 이해하려면, 새로운 음식을 시도하는 모험심과 매일 샌드위치를 먹는 패턴에서 일탈한 즉흥성을 인식해야 한다.

내가 내린 두 번째 결론은 마흔 가지 특징을 하나씩 살펴보고 각각의 특징이 개인의 삶에 미치는 영향을 조사하기란 내 능력으로는 불가능하다는 것이었다. 그래서 결국 이 특징들 중에서 가장 중요한 다섯 가지 특징만 살펴보기로 했다.

그러기 위해선 적절한 분량과 내용으로, 내면의 놀이터를 발견하고 최상의 삶을 살도록 도와주는 특징을 선별하는 게 관건이었다. 그 과정에서 나는 수백 명의 사람들(대다수가 나의 환자들이었다)을 관찰하고, 연구하고, 인터뷰를 진행했다. 또한 유쾌함이 성인의 삶에 영향을 미치는 심오하고 예측 불가능한 방식을 이해하기 위해 심리학, 사회학, 역사학, 신경과학, 경제학을 폭넓게 연구했다.

그 결과 상상력, 사교성, 유머, 즉흥성, 경이감이라는 다섯 가지 특징을 추렸다. 인간은 일상생활에서 이런 특징을 활용할 수 있는 능력을 이미 갖고 있으나, 대부분 의식적으로 그 특징을 사용하지는 않는다. 그러한 요소들이 전반적인 행복과 건강에 미치는 영향도 고려하지 않는다.

이 책은 각 장의 제목으로 정한 유쾌함의 특징을 중심으로 사례연구를 제시하고 있다. 그리고 각 장의 끝에는 그 특징을 실제 삶에 적용하는 팁을 실었다. 궁극적으로 내가 바라는 것은 독자들이 유쾌함의 다섯 가지 특징을 성인기의 삶에서 부딪히는 과제인 건강, 대인 관계, 역경, 직업적인 성공 등에 활용해 실질적인 유익을 얻는 것이다. 그리고 좀 더 욕심을 낸다면, 이 책을 읽은 후 독자들의 삶이 더욱 행복해지는 것이다.

지미니 크리켓이 했던 말을 기억한다. "가장 환상적이고 마법 같은 일들은 언젠가 일어난다. 그리고 그 모든 일은 소망에서부터 시작된다."

차례

프롤로그

1장. 상상력

작전명 : 불가피한 선택 · 완벽주의자의 가식적인 삶 뒤에 따라오는 것들 · 제1차 세계대전과 크리스마스 배의 항해 · 숙고가 닿을 수 없는 직관의 영역 · 인생이 접시에 예쁘게 담긴 먹음직스러운 체리가 아닐지라도 · 즉흥성 연습

상냥한 표정, 미소, 까르륵 웃던 모습 · 인간에게 가장 큰 영감을 주는 감정 · 우리를 멈추게 하고 현재에 머무르게 하는 힘 · 매순간 아이처럼 경이감을 느낄 수 있을까 · 우리의 경험을 어떻게 보고 어떻게 처리할 것인가 · 경이감 연습

에필로그

1장. 상상력

상황을 재구성하고 공감하는 능력을 끌어내라

◆◇

살바토레 매디는 하버드대학교에서 심리학과 박사 과정을 밟던, 1950년대에 스트레스 이론을 접했다. 당시 그의 교수 중 한 명이었던 헨리 머리는 인간의 성격을 연구하고 있었는데, 스트레스에 대응하는 방식이 성격을 결정한다고 믿었다. 많은 학생들이 그렇듯 스승의 연구에서 많은 영감을 얻은 그는 졸업 후 성격과 스트레스의 연관성을 계속 탐구하기로 했다.

살바토레는 시카고대학교의 심리학과 교수가 되었다. 또한 전화 회사인 일리노이 벨의 컨설턴트로서 직원들의 성격적인 특징이 동료 간의 협력, 문제 해결, 생산성 등 업무 경험에 미치는 영향을 조언했다. 당시 일리노이 벨은 미국의 유일한 전화 서비스 공급자였던 미국 전화 전신 회사의 통제를 받는 수

많은 '베이비 벨(AT&T의 자회사 American Bell Inc.의 속칭-옮긴이)' 중 하나였다. 연방정부는 수년간 AT&T를 해체하기 위해 고심하고 있었고, 1970년에 들어서면서 AT&T의 해체는 불가피했다. 이 같은 상황이 일리노이 벨 직원들을 비롯한 베이비 벨 직원들에게 엄청난 스트레스를 준 것은 당연했다. 말단 직원부터 최고경영자까지, 이 상황을 지켜보는 모든 이들은 AT&T의 해체로 인한 전면적인 조직 변화와 정리해고, 기업의 불확실성을 예상했다. 한편 살바토레는 직원들의 각 성격별 특징이 스트레스 대처 방식에 어떤 영향을 미치는지 연구할 수 있는 기회라고 판단했다.

살바토레의 연구 팀은 일리노이 벨과 국립 보건원의 기금으로 1975년부터 12년간 종단 연구를 진행했다. 이 기간 내내 260여 명의 일리노이 벨 직원들의 건강진단과 심리 인터뷰, 업무 평가가 지속적으로 이뤄졌다. 여러 방면으로 건강 상태를 면밀하게 추적, 관찰, 검사했고, 개인별 스트레스 대처 방식도 세심하게 기록, 분석했다.

초기 5년 동안은 상황이 심각하지 않아서 스트레스가 보통 수준이었는데, 이때는 참가자들에게 기본적인 정보를 제공했다. 이 데이터는 나중에 중요한 자료가 되었다. 연구 6년 차가 되던 해인 1981년에 미 법무부가 AT&T에게 기업 분할 절차를 밟을 것을 명령하자, 참가자들의 스트레스 수준이 엄청나게 증가했기 때문이다. 몇 년간 함께한 팀이 하룻밤 사이에 바뀌고, 일주일 후와 그다음 주에는 또다시 바뀌는 상황이 벌어졌다. 매달 새로운 상사가 나타났고, 날마다 정리해고가 계속되었다.

1982년 말까지 연구가 진행되는 동안 일리노이 벨의 직원은 2만 6000명에서 거의 절반 수준인 1만 4000명으로 감소했다. 참가자들의 3분의 2는 스트레스에 심각한 부정적인 반응을 나타냈다. 불안 장애, 심장 발작, 심한 우울증을 겪는가 하면 술과 마약에 의지하는 경우도 있었다. 결혼 생활이 파탄에 이르거나 심지어 폭력적인 행동을 하는 참가자도 있었다. 대부분의 참가자에게 스트레스가 심각한 영향을 미치고 있음이 분명했다.

그러나 특이한 점은 나머지 3분의 1의 참가자들은 이 상황을 잘 견뎌 내고, 그 와중에 성공적으로 업무를 수행한다는 점이었다. 그들은 힘들어하는 동료들과는 다른 현실에 있는 것처럼 보였다. 그들의 심리적인 회복력의 수준은 그 상황에서 일반적으로 기대할 수 있는 수준보다 훨씬 더 높았다. 그 이유가 무엇이었을까?

살바토레의 연구 팀은 스트레스 대처에 성공적인 직원들의 공통적인 특징을 몇 가지 확인할 수 있었다. 그들은 자신이 하고 있는 일에 가치를 부여했고, 자신이 주변에서 일어나는 변화에 영향을 줄 수 있다고 믿었다. 또한 변화를 배움과 자기 개선의 기회로 받아들였다. 살바토레 팀은 이러한 세 가지 태도가 '강인함'이라는 성격적인 특성을 만들어 낸다는 것을 확인했다.

스트레스에 적극적으로 반응한 참가자들에게는 강인함과 더불어 또 다른 흥미로운 요소가 발견되었다. 그들은 상상력을 이용해 스트레스 경험을 긍정적 관점에서 재구성하는 '변형적 대처법(transformational coping)'을 사용하고 있었다. 특히 빌 B.라는 직원은 연구 팀의 관심을 끌었다. 그는 변형적 대처법을 실제 상황에 적용하고 있었고, 그것은 무의식적이고 반사적인 행동으로 보였다. 당시 55세였던 빌은 일리노이 벨의 새로운 서비스를 관리하는 역할을 담당하고 있었다. 살바토레의 말에 따르면 빌은 "삶에 대한 남다른 열정"이 있었다. 연구 팀은 그와의 첫 인터뷰에서 그가 매우 독특하고 특별하다고 보았다. 그는 세상의 모든 시간이 자기 것인 양 항상 여유로웠고 서두르는 법이 없었다. 다른 참가자들과 달리 연구 과정에 대한 관심도 남달랐다. 일상의 평범한 일들도 흥미로운 듯했다. 그는 자신이 하는 일이 이전에는 불가능했던 방식을 가능하게 만드는, 사람들을 잇는 데 작지만 중요한 역할을 한다고 믿었다. 기업 해체에 관한 질문을 받았을 때도 빌은 두려움이나 불안함을 거의 드러내지 않았다. 눈앞에서 일어나는 산업의 진화 과정에 흥분했고 그 불확실성을 적극적으로 수용했다. 자신의 역할이 무엇이든, 비록 그 일로 인해 자신이 해고된다고 해도, 그 역할에 최선을 다하면 된다고 생각했다.

연구 팀은 이렇게 기록했다. "빌은 적극적인 태도로 열심히 일하고 새로운 것을 배운다면, 뜻밖의 장소에서 예상하지 못한 방식으로 밝은 희망을 발견할 거라고 믿었다." 연구 과정에서 빌은 스트레스로 인한 심리적인 징후나 육체적인 징후가 거의 없었고, 그의 많은 동료들처럼 심각한 질병에 걸리지도 않았다.

어른이 될수록 더 필요한 상상력 강화 훈련

나는 기존의 연구를 살펴보면서 상상력의 유희적인 특성이 어른들의 삶에 작용하는 방식에 놀라움을 금치 못했다. 미술이나 음악 등 창조적인 예술 작업에서나 활용된다고 생각했던 특징이, 일리노이 벨의 빌 사례에서 보듯 심리학적인 측면에서 더 자주 사용되고 있다는 사실 때문이었다.

얼핏 생각하면 상상력과 심리적인 재구성의 연관성은 명확해 보이지 않는다. 그 이유는 일반적으로 상상력을 어떤 상황에 대처하는 방식이나 문제 해결 도구로 생각하지 않기 때문이다. 그러나 상황을 다른 방식으로 경험하기 위해 머릿속에서 상황을 재구성할 때 우리의 상상력은 작동한다. 이는 단순히 그 상황에서 벗어나려는 노력을 의미하지 않는다. 그 상황을 다른 방식으로 생각하기 위해 노력하는 것으로 봐야 한다. 단기적인 관점에서 상상에 의한 재구성은 그 경험이 유발하는 상처나 고통을 완전히 없애지는 못하지만, 적어도 상당 부분은 완화시킨다. 장기적인 관점에서는 성장과 학습의 기회를 제공한다.

대부분이 그러하듯 빌 역시 어린 시절에 상상력을 활용하는 방법을 터득했다. 가구를 제작하는 아빠와 화려한 색깔의 옷과 담요를 생산하는 엄마를 보면서, 어린 빌은 모형 비행기를 만들고 만화를 그렸다. 어른이 된 후에는 아빠처럼 가구를 만드는 일을 좋아했다.

상상력을 키우고 발전시키는 것은 어린 시절에서 끝나지 않는다. 어른이 되어서도 계속할 수 있다. 상상력은 관심과 집중이 필요한 근육과도 같다. 따라서 상상력을 강화하려면 훈련을 해야 한다. 나는 인터뷰를 통해 유쾌 지능이 높은 이들이 평범하고 비생산적이고 심지어 진부하게 보이는 일들을 하면서 상상력을 연습해왔고, 그것이 힘들고 어려운 상황을 재구성하거나 해결할 때 진가를 드러낸다는 사실을 발견했다. 다시 말해서 소설 읽기, 그림 그리기, 상상 게임하기 등은 우리에게 상상력이 가장 필요할 때를 위해 상상력을 강화시킨다.

인생에서 벌어지는 일들을 더 가볍게 받아들이는 법

쉴라 R.의 엄마는 어린 나이에 미혼모가 되었다. 아기는 고사하고 자신을 돌볼 능력조차 없었던 쉴라의 엄마는 병원에서 아기를 낳자마자 할머니 집에 데려다 놓고는 사라졌다. 괴팍한 미국 원주민인 쉴라의 할머니 역시 아기를 제대로 기를 수 있는 형편이 아니었다. 쉴라는 돌봐 주는 사람 없이 홀로 유모차에 있을 때가 많았다. 더 나은 삶을 살 수 있는 기회는 오지 않을 것 같았다.

어린 쉴라는 누군가가 젖은 기저귀를 갈아줄 때까지 벌벌 떨면서 유모차 안에 누워 있어야 했다. 어른이 되어서도 그녀가 잠들려고 할 때면 그때의 기억 때문에 온몸에 벌레가 기어 다니는 것 같았다. 그러나 어린 쉴라는 암담한 현실 속에서 행복한 상상의 세계로 이동하곤 했다. 악몽 같은 현실에서 잠시라도 벗어나기 위해 마음속으로 상상의 놀이를 했다.

주 정부는 쉴라의 엄마에게 딸들과 함께 살도록 명령했다. 그러나 엄마는 쉴라를 데려가지 않았고, 쉴라는 엄마 친구 집의 습기 찬 지하실에 방치되었다. 그때 왼쪽 눈 밑에서부터 턱 밑까지 쥐에게 물린 흉터가 생겼다.

쉴라와 여동생들은 돌봐 주는 사람 없이 셋이서만 살았다. 어느 날 쉴라가 사는 집에 불이 나서 소방관들이 왔을 때 그들은 연기가 가득한 방에 벌거벗은 채 앉아 있는 세 명의 여자아이를 발견했다. 그녀의 엄마는 절도범으로 교도소에 수감되었기에 세 자매는 고아원으로 보내졌다. 그 후 세 자매는 위탁 가정을 전전해야 했다.

한 번은 좋은 가정에 위탁되었지만, 아버지가 사망하는 바람에 그들은 다시 다른 집으로 보내졌다. 그 가정의 부모는 성품이 나빴다. 1년여간 쉴라와 동생들에게 욕설과 매질을 했다. 복지 기관에서 찾아와 부모가 괴롭히거나 학대하지 않는지 물었으나 아이들은 아무 말도 하지 못했다. 가해자들이 문밖에서 그들의 대화를 엿듣고 있었기 때문이다. 쉴라는 용기를 내서 자신과 동생들이 학대당한 사실을 경찰에 알리겠다는 익명의 편지를 가해자들에게 보냈다. 가해자들은 누가 그런 편지를 썼는지 닦달하다가 아무도 자백하지 않자 쉴라를 지하실에 가두었다. 그녀는 지하실에서 사흘간 갇혀 있어야 했다.

그런 암울한 상황 속에서 쉴라의 상상력은 점점 커졌다. 도시에 살 때는 높은 빌딩 위를 날아다니는 상상을 했고, 시골에 살 때는 숲속 작은 구멍에 들어가 몇 시간씩 요정이 되는 마법의 세계에 빠져들었다. 여동생들에게 쉴라는 요정 공주였다.

쉴라가 초등학교 3학년 때 담임 선생님은 그녀를 글자를 읽지 못하고, 머리가 나쁜 정박아로 판단했다. 사실 쉴라는 난독증이 있었다. 다행히도 고등학교 때 미술 선생님이 쉴라가 미술에 재능이 있는 것을 발견하고 이끌어 주었다. 그때부터 쉴라에게는 새롭고 창의적인 세계가 열렸다. 쉴라는 그림을 그리고 색칠을 하면서 위안을 얻었다. 어두운 과거로부터 벗어나 평화로운 상상의 세계를 미술에 반영했다. 그 세계에서 쉴라는 요정 공주였고, 전사였고, 스케이트 선수였고, 화가였다.

쉴라는 대학에 가고 싶었으나 대학에 갈 돈이 없었다. 경제적으로 의지할 수 있는 남자를 찾기 위해 결혼했고 3년간 딸 셋을 낳았다. 그러나 불행하게도 쉴라의 남편은 일자리를 유지하지 못했다. 청구서는 쌓여만 갔고 극심한 생활고는 부부 관계를 악화시켰다. 네 번째 태어난 아들에게 바비라는 이름을 지어 주었지만, 아이는 태어난 지 얼마 되지 않아 사망했다. 이 일을 계기로 두 사람의 관계는 완전히 깨졌다. 그녀의 남편은 무일푼인 쉴라와 딸들을 온수도 나오지 않는 아파트에 남겨 둔 채 집을 나가 버렸다.

쉴라는 매달 나오는 복지 보조비 5만 원으로 세 딸을 돌봐야 했다. 사회가 급격한 변화를 겪고 있던 1960년대 말, 쉴라는 다른 엄마들의 단체와 연합해서 엄마들의 권리를 위해 투쟁하기 시작했다. 쉴라는 의회에서 가난한 사람들을 위한 복지의 필요성을 옹호하는 연설을 했다. 그녀가 상상 속에서 외치던 전사의 음성이 현실에서 전사의 음성이 된 것이다.

쉴라의 정치적인 활동은 그녀에게 삶의 목적의식을 심어 주었다. 여태껏 비극적인 삶을 살았지만 여전히 많은 삶이 남아 있음을 깨달았다. 쉴라는 둘 중 하나를 택해야 했다. 긍정적인 에너지로 앞으로 나아갈 것인가, 아니면 후회와 자기 연민에 빠져 있을 것인가. 그때 내면에서 강인하고, 상상력이 풍부하고, 낙관적이고, 자기 확신에 가득 찬 요정 공주가 모습을 드러냈다. 쉴라의 딸 다이안은 지금도 자신을 데리고 주차장이나 버스 안에서 당당하게 즉흥 연설을 하던 엄마의 모습을 기억한다고 말한다. 쉴라는 경제적으로 쪼들리면서도 댄스 수업이나 짧은 여행을 할 돈을 마련해 인생을 즐겼다.

30대가 되어서야 쉴라는 대학에 들어갔다. 그런데 겨우 안정적인 삶이 찾아왔을 때 가장 큰 시련도 찾아왔다. 대학 4학년이던 35세 때 유방조영상을 촬영한 후, 내과의사로부터 나쁜 소식이 있다는 연락이 왔다. 뒤이어 한 조직 검사에서 유방암 판정을 받았다.

쉴라는 당시에는 과학적으로 별로 인정을 받지 못하던 새로운 방식의 수술을 하기로 결정했다. 두 번의 유방절제술 후 유방재건술을 시행했다. 병원에서 고통스러운 두 달을 보낸 후에도 여러 차례 화학 치료를 해야 했다. 그녀는 생각했다. "나는 얼마 살지 못할 거야. 곧 죽을 거야. 차라리 빨리 죽는 편이 낫겠어." 그러나 그다음 순간에는 또 이렇게 생각했다. "나는 왜 여기에 있는 걸까? 하나님은 왜 나에게 이런 고난을 주셨을까?" 그녀는 답을 찾을 수 없었다.

현실에 대한 부정과 분노, 좌절감에 사로잡혀 모든 에너지를 상실했던 쉴라는 시간이 지나면서 어느 정도 정신적인 에너지와 기력을 회복했다. 그러고는 내면에 숨어 있던 요정 공주를 또다시 끌어냈다. 쉴라는 대학 과정을 마치기로 마음먹고 치료를 받는 동안 빠진 수업을 보충하기 위해 한 학기 동안 두 학기에 해당하는 수업을 들었다. 너무 바빠서 유방암을 걱정할 시간조차 없었다. 그녀는 강인한 의지로 역경을 극복하고 좋은 엄마가 되기 위해 최선을 다했다.

쉴라는 우등으로 대학을 졸업했다. 지금도 그녀는 대학을 졸업하던 해 여름 대서양 해변에서 보낸 시간을 회상한다. 유방 재건술을 한 몸을 당당하고 자랑스럽게 드러내며 맨발로 모래 위를 거닐었다. 쉴라는 숨을 깊이 들이마시고 다시 내쉬었다. 그녀는 지금까지의 힘겨운 삶과 암 투병을 절망의 틀에서 바라보지 않았다. 분노나 좌절은 스스로에게 상처만 줄 뿐이라고 생각했다. 그때 그녀는 중대한 결심을 했다. "이제부터 내 삶의 모든 순간을 즐기며 살 거야."

이후 쉴라는 자신의 삶을 모험하듯이 살아갔다. 차를 몰고 여동생 집에 불쑥 나타나기도 했고, 무작정 공항에 가서 그녀가 탈 수 있는 비행기에 올라탔다. 유럽에 가서 자갈이 깔린 스페인의 거리를 걷고 로마의 유적들을 감상했다. 딸들과 크루즈 여행을 떠나고 손자들과 즐거운 시간을 보냈다. 바다에서 카약을 타는 방법도 배웠다. 새로운 친구들을 사귀고, 그들의 삶에 호기심과 관심을 가지고 알아갔다. 살아 있음이 얼마나 행복한지 깨달았다. 그리고 과거에 대한 후회나 미래에 대한 두려움에서 벗어나 유쾌하게 살아갈 수 있는 인생관을 터득했다.

행복에 탄력이 붙던 60대 초반의 쉴라의 몸에 간간히 통증이 오기 시작했다. 엑스레이 촬영에서 왼쪽 어깨뼈에 이상이 발견되었다. 그리고 CT 촬영 결과 갈비뼈, 골반, 척추, 팔의 긴뼈, 두개골에 이르기까지 뼈 전체에 유방암 전이가 확인되었다.

쉴라의 전문의 캘리 스프라그 박사의 진료실에서 이 소식을 들은 쉴라와 그녀의 딸들은 망연자실했다. 쉴라에게 남은 시간이 얼마나 될까? 작은 희망이라도 주기 위해서 스프라그 박사는 5년을 더 사는 사람도 있다고 말했다. 그녀의 딸들은 엄마가 슬퍼할 거라고 생각하며 쉴라를 쳐다보았다. 그러나 그녀는 눈물을 흘리는 대신 앞으로 하고 싶은 일들을 적고 있었다. 그림 그리기, 글쓰기, 여행하기, 베풀고 사랑하기, 나누기, 가르치기.

무엇보다 그녀는 가족들에게 자신이 살아오면서 깨달았던 귀중한 진리를 알려 주고 싶었다. "인생에서 겪는 일들을 지금보다 더 가볍게 받아들이고 유쾌하게 살아가라. 그렇게 하지 않으면 결국 스스로에게 고통을 준다."

쉴라는 전이된 유방암 때문에 좌절하는 대신 병의 진행을 늦추고 통증을 줄이는 호르몬 치료와 방사선 치료를 받기 시작했다. 5년째 되던 해, 뇌 MRI 촬영 결과 뇌 조직에 전이된 암이 발견되었고, 담당 의사는 감마나이프 수술을 추천했다. 절개하지 않고 외부에서 많은 양의 방사선을 쬐어 암세포를 제거하는 수술이었다. 대부분 두려워하는 수술이었지만 쉴라는 그렇지 않았다. 수술에서 깨어났을 때, 쉴라는 방사선과 의사가 뇌의 한 부분을 자극해서 손가락과 발가락을 움직일 수 있게 했다면서 활짝 웃었다. 이 말을 들은 딸이 "수술실에서 웃었다는 사람이 우리 엄마가 맞는 거죠?"라면서 어이없어했다.

그 후로도 7년이나 뇌졸중을 비롯해 자궁에 전이된 암세포를 제거하는 자궁절제술 등 많은 수술을 받으면서도 그녀는 명랑함을 잃지 않았다. 70대의 나이에도 쉴라는 익살스러움과 모험에 대한 끝없는 욕심으로 딸들을 난처하게 했다. "엄마 나이에 스카이다이빙을 배운다니요! 그건 안 돼요." 쉴라는 대체로 딸들의 말을 들었지만, 어떤 때는 끝까지 고집을 부렸다. 딸들의 말을 듣거나 듣지 않는 것은 모험에 대한 그녀의 욕망이 얼마나 강렬한가에 따라 결정된다(스카이다이빙은 아직 시작하지 않았다). 딸들은 엄마가 마치 네 살짜리 아이 같다고 놀렸다. 자동차를 타고 가면서도 "와, 저 우체통을 좀 봐! 우체통 모양이 바뀌었나?", "저 빨간 스웨터는 어때? 네가 입으면 정말 예쁘겠다!" 라고 탄성을 질렀다.

어떤 상황에서도 유쾌함을 잃지 않는 쉴라의 능력은 경이로웠다. 사람들은 그녀의 편안한 미소와 푸른빛 수정 같은 부드러운 눈동자 뒤에 분노, 좌절을 억누르는 우울이 있을 거라고 생각했지만 그녀에게서 그런 기색은 찾아볼 수 없었다. 쉴라는 비참했던 어린 시절부터 12년 동안 전이성 유방암과 싸운 지금까지 자신의 상황을 상상력에 의해 재구성했다.

그녀의 주치의인 스프라그 박사는 그녀가 얼마나 특별한지 누구보다 잘 알고 있다. 스프라그 박사는 암 진단을 받고 나서 24년 후에 암이 재발하는 사례는 극히 드물다고 말했다. 더구나 암세포가 전이되고 10년 이상 생존하는 경우는 전례를 찾기 힘들 정도다. 암이 안정적인 상태를 유지하다가 재발한 경우, 대부분의 환자는 그 충격 때문에 간신히 붙들고 있던 희망의

끈을 완전히 놓아 버린다. 그러나 쉴라는 여러 번의 암 재발과 암 진행으로 인한 합병증을 모두 긍정적으로 받아들였다. 스프라그 박사는 쉴라를 이렇게 표현했다.

> 쉴라는 자신의 삶을 명확하게 재구성했습니다. 과학적으로 증명할 수는 없지만 삶을 대하는 그녀만의 자세 때문이라고 생각합니다. 매우 유쾌한 사람이죠. 말하자면 데비 다우너(지속적인 불평불만으로 인해 다른 사람 기분까지 우울하게 만드는 사람-옮긴이)가 아닙니다. 자녀, 손자, 손녀들과 자주 만나고 휴가, 생일, 결혼식 등의 가족 행사에도 적극적으로 참여합니다. 그녀에게 창의성은 자신을 표현하는 수단인 것 같습니다. 저에게 모자와 스카프를 만들어 주기도 했죠. 그런 일들이 그녀를 행복하게 하는 것 같더군요. 그녀는 자신의 삶에 찾아오는 일들을 부정하지 않아요. 설사 그게 암일지라도요.
>
> 종종 의사들은 환자들에게 상황을 부정적으로 보면 안 된다고 말하곤 하죠. 실제 낙관적인 태도를 지닌 사람들, 대체로 긍정적인 태도로 삶에 임하는 사람들은 그렇지 않은 이들보다 더 좋은 경험을 합니다. 그런 태도가 암에 걸린 상황 자체를 바꾸지는 못하더라도 암과 더불어 살아가는 방식을 바꿀 수 있기 때문

이죠. 물론 긍정적인 태도를 지녀도 암 때문에 죽을 수 있습니다. 그러나 그들은 분명 훨씬 더 나은 경험을 할 수 있다고 생각합니다. 쉴라는 그런 사람의 완벽한 본보기죠.

나는 다른 환자들에게도 그들이 오래 살 수 있다고 말합니다. 이건 진실입니다. 실제로 쉴라가 그렇게 할 수 있다는 것을 보여 주었죠. 쉴라는 암 때문에 죽어 가는 것이 아니라 오히려 암 때문에 살고 있습니다.

상상력의 유희적인 특징을 이용해서 경험을 재구성했던 빌이나 다른 일리노이 벨의 직원들처럼 쉴라는 스트레스를 필연으로 받아들였다. 그리고 상상력을 통한 상황의 재구성으로 스트레스를 다스리는 것이 스트레스를 피하는 것보다 훨씬 더 만족스러운 삶을 살 수 있는 방법임을 알고 있었다.

인생은 쉴라에게 끊임없이 새로운 도전 과제를 주었다. 쉴라는 지금 자신이 할 수 있는 일이 많지 않음을 알고 있다. 그러나 그녀의 초점은 그럼에도 할 수 있는 다른 일들에 맞춰져 있다. 쉴라는 상상력을 이용해서 자신의 상황을 재구성하는 일에 익숙하다. 요정의 마법 가루를 뿌려서 자기 자신과 주변에 있는 사람들을 현실보다 더 행복하게 만든다. 쉴라의 딸 다이안은 그런 엄마의 모습을 이렇게 표현했다.

> 엄마는 어두운 구석에 한 줌의 햇빛을 비추기 위해 이 세상에 내려온 사람인 것 같아요. 엄마는 내가 아는 가장 강인한 사람이죠. 늘 미소를 띤 얼굴로 새로운 것을 찾아내려고 노력해요. 상상력을 통해 주어진 것들을 해결하고 겪어 내고 이겨 냅니다. 그리고 더 행복해지기 위해 상상하는 일들을 실제로 더 좋게 이뤄 내죠.

삶을 재구성하는 능력

신경과학의 관점에서 상상에 의한 재구성을 살펴보면 이것이 왜 강력한 힘을 발휘하는지 수긍이 갈 것이다. 당신이 상상력에 의해 상황을 재구성할 때마다 뇌의 왼쪽에 있는 전전두엽 피질이 활성화된다. 이곳은 심리적인 스케치북의 역할을 하는 영역이다. 이 스케치북이 펼쳐지면 어떤 상황에 대한 정보가 즉각적으로 뇌에 전달되지 않는다. 그리고 뇌의 다른 영역, 특히 감정을 통제하는 영역의 활동이 약화된다. 이것은 스트레스를 유발하는 상황에 맞닥뜨렸을 때 힘든 감정에 빠지지 않고 잘 이겨 내도록 돕는다.

이 과정을 신경과학의 기초 이론인 '헵의 법칙(Hebb's Law of neuroscience)'으로도 설명할 수 있다. 두 개의 뉴런이 활성화되면 신경 세포를 연결하는 시냅스의 강도가 높아진다는 이론으로, 문제 해결을 위해 동일한 방법을 쓰거나 습관적인 틀로 상황을 판단할 때 뇌에서 그러한 연결 관계가 굳어지는 현상을 말한다. 다시 말해서 어려운 상황에 직면했을 때 항상 두려운 감정으로 반응하면, 어려운 상황이 항상 뇌 안에서 두려움을 기반으로 하는 감정과 연결된다는 것이다. 상상에 의한 재구성은 이러한 연결 고리를 방해하고 분리하는 데 도움을 준다.

알렉스 오즈번은 1953년에 출간한 저서 『성공하려거든, 당신 안에 있는 창조성을 깨워라』에서 '브레인스토밍'의 개념을 처음으로 소개했다. 이 개념에는 긍정적인 상상에 의한 재구성이 포함되어 있다. 그는 고도의 브레인스토밍에서 필수적인 두 가지 원칙은 '판단의 유예'와 '질보다 양'이라고 말한다. 이 원칙은 상상에 의한 재구성에도 적용된다. 스트레스 상황을 재구성할 때 중요한 점은, 상상력이 정신적인 스케치북에 그리는 프레임을 비판하지 않는 것이다. 비판과 판단이 작용하면 상황에 대한 두려움은 오히려 강화된다. 또한 우리가 만들 수 있는 프레임의 숫자를 제한해 과거의 연결 방식에 의존하게 한다.

재구성 분야의 사회학자인 아네트 프렌은 재구성의 기술을 일상생활에 적용하는 '프레임스톰' 모델을 개발했다. 그는 과거의 프레임으로 인해 특정 상황에서 부정적인 감정이 연결될 때마다, 기존의 신경 연결을 방해하고 새로운 프레임을 구축하는 프레임스톰을 시작해야 한다고 주장한다.

오즈번의 브레인스토밍과 마찬가지로 프렌의 프레임스토밍에 있어서도 가장 중요한 점은 상상력이 만들어 내는 프레임이 아무리 생소하더라도 '그냥 계속하는 것'이다. 프렌은 이를 다음과 같이 설명했다. "프레임스토밍을 시작할 때 우리는 완만하고 여유로운 태도로, 항상 발화 상태에 있는 신경 연결을 정지시키고, 풍부한 지략을 이끌어 낼 수 있는 건설적인 대안으로 주의를 옮긴다." 다시 말해서, 프레임스토밍은 단지 틀을 벗어나 새로운 사고를 하는 것이 아니라 완전히 새로운 틀을 만들어 내는 것을 의미한다. 현실의 틀과 다른 틀을 짜고, 거기에서 또 다른 틀을 짜는 식으로 계속 새로운 틀을 구축한다. 프렌은 또한 프레임스토밍은 브레인스토밍처럼 판단을 유예하는 태도를 지향하지만, 그건 일시적이어야 한다고 말한다. 결국 어떤 재구성을 선택할지는 특별한 주의를 기울여 스스로 판단해야 한다는 것이다.

프렌은 프레임스토밍의 한 예로 은행 지점장인 케빈 T.의 사례를 소개한다. 케빈은 자신이 일하고 있는 은행에 강도가 들어올지도 모른다는 두려움에 시달리고 있었다. 두려움이 시작된 건 은행원인 그의 아내가 강도를 당한 후부터였다. 그는 급기야 직장을 바꿀 생각까지 했다. 프렌은 케빈에게 강도 사건에 대한 프레임스토밍을 제안했다.

방법은 이러했다. 우선 강도 사건을 단지 위협적인 사건으로 생각하지 않고, 다른 이들을 돕고 삶의 우선순위를 조정하고 삶의 취약성을 깨닫는 기회로 재구성하는 것에서부터 시작했다. 그다음은 강도가 침입하더라도 대부분 은행 직원들이 무사히 가족에게 돌아갔다는 통계 결과를 객관적으로 인식하는 단계로 진행했다. 케빈은 자신이 이 사건을 겪음으로써 심각한 트라우마가 있는 이들을 더욱 공감할 수 있게 되었다고 스스로 인식했다. 나아가 강도 사건을 절망적인 상황에 있는 이들이 보다 나은 삶을 바라는 헛된 희망에서 비롯된 것임을 인식하는 차원에까지 도달했다. 그는 강도 사건을 지진에 비유했다. "강도 사건은 당신을 흔들어 놓지만, 지구는 갈라지지 않는다. 예측할 수 없는 상황은 언제 어디서든 일어날 수 있다."

프레임스토밍을 한 이후 케빈은 그의 은행에 강도가 올지 모른다는 두려움이 엄습할 때마다 차분하게 대응할 수 있었다. 또한 자신의 삶을 재구성하는 능력이 향상되었다고 믿었다.

신경과학의 또 다른 관점에서도 이 과정을 이해할 수 있다. 1942년에 심리학자 에이브러햄 루친스는 물 항아리 실험을 실시했다. 루친스는 피험자들을 두 그룹으로 나누고 각 그룹에게 크기가 서로 다른 항아리 A, B, C를 주었다. 그런 다음 마지막으로 D 항아리를 주고 일정한 양의 물을 채우게 했다.

그룹 1이 항아리를 이용해서 D 항아리를 채우는 방법은 B 항아리→ A 항아리→ C 항아리→ C 항아리의 순서로 물을 붓는 방법밖에 없었다. 예를 들어 항아리 A에 물 21컵, 항아리 B에 물 127컵, C 항아리에 물 3컵이 들어간다고 하자. 물 100컵으로 D 항아리를 채우는 방법은 B 항아리에 물을 가득 채운 다음, A 항아리에 한 번, C 항아리에 두 번씩 물을 옮겨 담는 한 가지 방법뿐이다(127-21-3-3=100). 이 방법밖에 사용할 수 없었던 그룹 1은 무의식적으로 B-A-2C라는 한 가지 공식만 사용했다.

반면에 다양한 양을 담을 수 있는 항아리가 주어진 그룹 2는,

B-A-2C 공식만 사용하는 경향이 없었다. 나중에 그룹 1의 피험자들에게 15컵(A 항아리), 39컵(B 항아리), 3컵(C 항아리)의 물을 담을 수 있는 항아리로 18컵이 담기는 항아리를 채우게 했을 때 그들은 이전 실험에서 사용했던 B-A-2C 공식을 사용했다. 반면에 그룹 2는 더 간단하고 효율적인 A+C(15+3=18)라는 공식을 사용했다.

루친스는 이런 현상을 '아인슈텔룽 효과(einstellung effect)'라고 명명했다. 아인슈텔룽은 독일어로 설정 또는 설치를 뜻한다. 아인슈텔룽 효과는 문제를 해결할 수 있는 보다 효과적인 방법이 있는데도 이전의 경험을 바탕으로 문제를 해결하려는 경향, 사고가 기계화된 상태를 가리킨다. 즉, 새로운 문제를 해결할 때 과거의 경험이 미치는 부정적인 효과나 영향을 말한다.

어떤 문제를 해결할 때 과거의 경험에 지나치게 의존하면, 함께 발화하는 성질을 지닌 뇌의 연결 작용이 계속해서 발화한다(그리고 연결된다). 그 결과 우리는 그 안에 갇혀 꼼짝하지 못한다. 그러나 상상력을 발휘해서 문제를 재구성하면 연결 작용을 중지시키고 세상을 보는 새로운 방식에 마음을 열 수 있다. 이것은 우리가 다른 방식으로 반응하게 유도함으로써 스트레스를 극복하고 성장할 수 있게 하는 것과 비슷하다.

앞으로 더 자세히 살펴보겠지만, 재구성 이외에도 상상력의 유희적인 특징은 또 다른 심리적인 현상을 강화시킨다. 그리고 그것이 바로 서로를 이해할 수 있게 하는 핵심적인 요소다.

최악의 적과도 공감대를 형성하라

성취욕이 높고 매사에 우수한 형의 그늘에 가려져 있던 존 F. 케네디는 아일랜드 가톨릭 신자인 가족들 사이에서 자신의 존재를 드러낼 수 있는 독특한 성격을 형성했다. 그것은 자신이 어릿광대가 되는 것이었다. 극장에서 해상 구명조끼의 상자를 훔쳐서 침대 밑에 숨겨 놓았다가 하녀를 놀라게 하는가 하면, 폭죽으로 좌변기를 폭발시키기도 했다. 그의 독특한 성격은 규칙을 어기고, 저녁 식사에 늦고, 너저분한 옷을 입고, 교리 시간에 부적절한 질문을 하는 행동으로 표출되었다.

케네디는 진지한 그의 형과 딴판으로 항상 재미를 추구하는 성향이었다. 이런 유쾌한 성격이 형성된 데는 어릴 때부터 질병과 싸워야 했던 배경도 일부분 작용한다. 그의 병은 여전히 베일에 싸여 있지만 케네디는 열세 살 때부터 병을 앓았다. 그가 겪은 최초의 병은 원인을 알 수 없는 대장염이었다. 20대에는 만성적인 요통을 앓아 여러 차례 척추 수술을 받았다. 하원의원이 된 30대에는 애디슨병이라는 진단도 받았다. 애디슨병은 내분비 이상으로 부신 기능 장애를 겪는 희귀 질환이었다. 앞으로 얼마 살지 못할 거라는 진단을 받은 케네디는 오늘이 마지막 날인 것처럼 하루하루를 모험하듯 열정적으로 살아가기로 결심했다.

1961년부터 1963년까지 대통령으로 재임하는 동안 케네디는 대통령 집무실을 독특한 방식으로 운영했다. 사진 찍기, 악수하기 등의 의식보다는 개인적이고 비공식적인 모임을 선호했고 각자의 개성을 중요시했다. 그의 독특하면서도 평범한 위트와 매력, 유머는 사람들을 편안하게 했고, 함께 일하는 시간을 흥미롭게 만들었다.

케네디가 1959년 쿠바 미사일 위기의 상대국인 소련 수상 니키타 흐루쇼프를 처음 만난 건 캠프 데이비드를 방문했을 때였다. 당시 케네디는 '지구상에서 가장 거물급인 공산주의자'를 만나는 상원의원 스물다섯 명 중 한 명이었다. 짧은 만남이었지만 케네디의 온화한 미소는 그에게 좋은 인상을 남겼다고 훗날 흐루쇼프는 회고했다.

1961년 6월, 두 사람은 비엔나 정상회담에서 다시 만났다. 이 정상회담은 미국과 소련의 관계 개선과 냉전에 관한 토론 차원에서 마련되었다. 회담을 준비하는 과정에서 케네디는 이전에 흐루쇼프와 교환했던 서신들을 검토하고, 개인적으로 그를 알고 있는 사람들과 인터뷰를 하는 데 많은 시간을 투자했다. 그는 흐루쇼프의 성격을 연구하면서 자신이 흐루쇼프의 입장이라면 어떻게 행동할지 상상했다. 베테랑 외교관인 애버럴 해리먼은 정상회담 직전에 케네디에게 다음과 같이 조언했다.

> 그를 너무 진지하게 대하시면 안 됩니다. 가벼운 태도로 조금만 친해지십시오. 그에게 공격할 기회를 주시면 안 됩니다. 먼저 공격한 다음 상대방이 어떻게 받아치는지 살피는 게 그의 스타일입니다. 그냥 웃어넘기십시오. 태연하게 행동하시면 됩니다. 가벼운 태도로 대하십시오.

케네디는 그 충고를 귀담아들었던 게 분명하다. 흐루쇼프는 이번에도 케네디를 유쾌하고 이성적이고 서로 농담을 주고받을 수 있는 상대라고 생각했다. 케네디는 흐루쇼프에게 건배를 제의하면서 양국 간 이해 증진에 대한 희망을 드러내고 흐루쇼프의 활기와 에너지에 존경을 표했다. 흐루쇼프 역시 호의적인 태도를 표명했다. 냉전의 긴장된 배경에도 불구하고 두 사람은 회의 기간 내내 화기애애하게 웃을 수 있었다.

케네디는 흐루쇼프가 겉으로는 사교적인 대화를 나누고 있지만 매우 냉정한 성격의 소유자라고 보았다. 그러면서도 자국 군대와 동맹국의 요구에 귀를 기울여야 하는 흐루쇼프의 상황을 이해했다. 흐루쇼프 역시 케네디가 철저하게 선을 긋는다고 생각하면서도 그의 솔직한 태도와 유머 감각에 호감을 느꼈다. 그는 자신의 엄격한 태도가 케네디에게 차가운 인상을 준다는 것을 알고 있었다. 회담 마지막 날 저녁, 케네디의 얼굴에는 불안감과 실망감이 역력했다. 흐루쇼프는 그들이 합의에 도달할 수 없는 상황을 이렇게 표현했다.

정치는 냉정한 비즈니스다. 나는 그 사실을 알면서도 케네디에게 미안하지 않을 수 없었다. 인간 대 인간으로서 나는 그의 실망감이 안타까웠다. 나는 그의 정적들, 특히 공격적인 정치인들이 "이제야 알았습니까? 그들은 당신을 속였습니다. 그들은 당신의 코를 납작하게 만들었습니다"라고 말하면서 그를 공격하고 비아냥거릴 것을 알고 있었다. 그가 귀국하면 어떤 말을 들을지 상상할 수 있었다. 나는 양국의 관계를 개선할 우호적인 조건을 만들지 못한 것에 대해서도 이중으로 미안했다.

비엔나 회담은 냉전의 긴장을 해소할 수 있는 확실한 방안을 도출하지 못했다. 그러나 그 회담은 케네디와 흐루쇼프 관계의 토대를 만들었고 서로의 우호적인 행동 덕분에 계속 발전했다. 한 번은 흐루쇼프가 미국의 영부인 재클린 케네디에게 푸신카라는 이름의 개를 선물했다. 푸신카의 엄마 개는 소련이 우주로 보낸 최초의 개 스트렐카였다. 푸신카는 도청 장치, 마이크, 폭탄, 세균을 검색하기 위한 일련의 테스트를 거친 후 마침내 백악관에 입성했다. 케네디는 흐루쇼프에게 보낸 편지에서 "소련에서 미국으로의 비행은 푸신카 엄마의 여행만큼 드라마틱하지는 않았지만 대단히 긴 비행이었다. 그리고 푸신카는 그 과정을 잘 견뎌 냈다"라고 유머러스하게 표현했다.

1962년 10월 14일, 미국 정찰기가 소련 핵미사일 기지 건물을 촬영한 사건이 발생했다. 당시는 쿠바 망명자들이 미국중앙정보국(CIA)의 지원을 받아 쿠바 남부를 공격하다 실패로 끝난, 피그스만 침공이 일어난 지 얼마 되지 않은 시점이었다. 게다가 모스크바까지 핵탄두 공격이 용이한 터키에 미국이 핵 보유를 높이려 하고 있었기에 양국 사이에는 긴장이 점차 높아지고 있었다. 소련이 쿠바에서 핵무기를 가동하면 8000만~1억 명의 미국인이 사망할 수 있었다. 반대로 미국이 선제공격을 할 경우, 1억 명이 넘는 러시아인이 사망하게 된다. 역사적으로 두 차례 핵폭탄을 사용했던 제2차 세계대전에서 6년 만에 6000만 명 이상이 사망했다. 미국과 소련이 핵전쟁을 일으키면 제2차 세계대전의 두 배나 되는 사상자가 몇 분만에 나오는 것이었다. 쿠바 미사일 위기는 냉전의 긴장과 공포의 절정이었다.

쿠바 미사일 위기 초기에 케네디는 흐루쇼프 역시 자신만큼 평화를 원한다는 사실을 알고 있었다. 그리고 어떤 결정을 하더라도 흐루쇼프에게 대응할 시간을 주어야 한다는 것을 인지하고 있었다. 그렇지 않으면 흐루쇼프가 감정적으로 경솔하게 행동할 수도 있기 때문이었다. 케네디는 쿠바에 대한 대규모 공습을 주장하는 참모진에 맞서, 함대를 배치해 쿠바를 격리시키고 소련에서 쿠바로 운반되는 군용물자의 공급을 차단하기로 했다.

그 후 며칠간 두 지도자는 긴박하게 서신을 교환했다. 이 서신에서 케네디와 흐루쇼프 모두 핵무기의 열쇠를 쥐고 있는 현

상황으로 인해 막중한 스트레스와 책임감을 느끼는 상대방의 입장을 이해했다. 흐루쇼프가 이 딜레마에 해결책을 제안했다. 미국이 쿠바 해상 봉쇄를 철회하고, 쿠바를 침공하지 않고, 터키에서 핵탄두를 제거한다고 약속하면, 소련이 쿠바에서 철수하겠다는 제안이었다. 케네디와 참모들은 심도 있는 논의 끝에 이 제안에 동의했다. 1962년 10월 28일, 쿠바 미사일 위기는 공식적으로 끝났다.

당시 국방 장관이었던 로버트 맥나마라는 케네디와 흐루쇼프의 공감대 형성이 쿠바 미사일 위기 해결에 주요한 역할을 했다고 나중에 증언했다. 케네디와 흐루쇼프의 경우처럼 적과 공감대를 형성하기란 상상하기 어려운 일이다. 케네디의 유쾌하고 유머러스한 성격은 흐루쇼프가 어떻게 생각하고 느낄지 상상하는 데 있어 유리하게 작용했을 것이다. 흐루쇼프는 케네디보다 더 진지한 성격의 소유자였지만, 그 역시 즉흥적인 면과 유머 감각이 있었다.

우리는 삶에서 일시적으로(일시적이지 않은 경우도 있지만) 적이 되는 사람들과 부딪힌다. 약속 시간에 늦은 나의 앞길을 막는 운전자, 정성스럽게 준비한 식사에서 사소한 흠을 지적하는 손님, 계속 당신을 불쾌하게 하는 직장 동료, 좋아하는 텔레비전 프로그램이 끝났다고 악을 쓰며 울어 대는 아이. 그 순간 이런 '적들'과 공감하기란 도저히 불가능하다고 생각할 수도 있다. 그러나 언제나 그것이 당면한 갈등을 해결하는 데 가장 필요한 요소임을 기억해야 한다.

상상력과 공감 능력의 상관관계

공감은 건강한 인간관계를 시작하고, 이어 나가고, 심화시키고, 유지하는 데 있어서 가장 강력한 도구다. 상상력과 공감은 연관이 없어 보이지만, 상상력은 공감을 싹 틔울 수 있는 씨앗과도 같다. 상상력을 이용해서 상대방의 입장에 서면 상황을 더 잘 이해할 수 있고, 결과적으로 그와 더욱 깊은 관계를 맺을 수 있기 때문이다.

이것은 내가 유쾌 지능이 높은 사람들을 인터뷰하고 관찰한 결과 반복적으로 발견한 특징이다. 상상력의 유희적인 특징은 타인과 공감하는 마음 상태를 갖게 한다. 어떤 사람과 교류할 때 끊임없이 "이 사람은 지금 어떻게 느끼고 있을까? 정신적으로나 감정적으로 어떤 상황일까?"라고 생각해 보면 어떨까. 당신의 상상은 걷잡을 수 없이 뻗어 나갈 것이고 결국 당신은 너무 지쳐서 대화를 나눌 기력조차 없을 것이다. 그럼에도 누군가와 소통하기 전에 단 몇 초만이라도 상대방의 입장에 서 있다고 상상해 보자. 그것은 서로에게 유익한 경험을 줄 것이다. 상상력의 유희적인 특징은 실제로 상황의 재구성과 공감대 형성에 중요한 역할을 한다. 그렇다면 근육을 훈련하는 것처럼 상상력을 훈련하는 것이 실제로 상황을 재구성하거나 공감대를 형성하기 위한 준비임을 보여주는 증거가 있을까?

1977년 메릴랜드대학교의 젊은 심리학자인 수전 J. 프랭크는 이 문제에 관심을 가지고 연구를 시작했다. 그녀는 자신의 내담자들 중에서 공상을 통해 상상력을 훈련한 이들이 타인을 더 깊이 이해하는 공감 능력이 있다는 점에 흥미를 느꼈다. 본인이 열렬한 공상가이기도 한 그녀는 공상과 공감 능력의 향상 사이에 구체적인 연관성이 있는지 알아보는 연구를 실시했다. 그 연구를 통해 프랭크는 공상을 통해 상상력을 훈련하고 공감 능력을 향상시킬 수 있다는 가정을 증명했다.

프랭크의 연구에는 미국 남부 출신의 한 흑인 대학생의 사례가 포함되어 있다. 그는 대다수가 백인인 아이비리그 문화에 적응하는 데 어려움을 겪고 있었다. 프랭크가 실험자들에게 군중 속에 혼자 있는 자신을 상상하게 하자, 그는 대학 파티장의 구석에서 여행용 가방 위에 앉아 있는 자신을 상상했다. 이 시나리오에서 그는 백인 학생을 '자신과 같은 남부 출신의 흑인 잡역부 따위에게는 절대 말을 걸지 않는 속물'로 가정했다. 프랭크는 다음 단계로, 자신을 그 백인 학생의 입장으로 상상하게 했다. 백인 학생의 관점에서 바라볼 때 그는 자기 세계에 사로잡혀 백인 학생 무리에 낄 생각조차 하지 않는 '백인을 무조건 증오하는' 속물이었다.

다른 참가자들은 그의 공상 과정을 들으면서 놀라지 않을 수 없었다. 그들 역시 그 흑인 학생이 자기 세계에 사로잡혀서 그들의 그룹에 끼지 않는다고 생각하고 있었던 것이다. 연구가 진행되면서 흑인 학생은 그 그룹의 리더가 되어, 다른 학생들이 자신의 감정을 좀 더 솔직하게 표현하고 타인의 견해를 비판 없이 수용하고 이해하도록 도왔다.

소설 읽기도 공감 능력을 높이는 상상력 훈련의 또 다른 방법이다. 요크대학교의 사회심리학자인 레이먼드 마는 소설을 읽는 사람이 소설을 읽지 않는 사람보다 더 높은 공감 능력을 가지고 있는 이유에 대해 연구했다. '책벌레와 공부벌레

(Bookworms versus Nerds)'라는 재치 있는 제목의 연구에서 그는 소설을 읽는 독자들이 논픽션을 읽는 독자들보다 공감 능력이 높다는 사실을 발견했다. 독자들의 나이, 영어를 접한 경험, 지적 수준 등 다른 요인은 조사 결과에 영향을 주지 않았다. 많은 소설을 읽는 '책벌레'는 소설에 묘사된 사회적 경험을 시뮬레이션함으로써 실제 대인 관계가 줄어든 데서 오는 영향을 완화할 수 있었다. 반면, 대부분 논픽션만 읽는 '공부벌레'는 사회적인 경험을 시뮬레이션하지 않기 때문에 현실 세계에서 요구되는 사회적인 기술을 얻을 수 없었다.(당신이 '공부벌레'라면 이 책을 계속 읽길 권한다. 하지만 침대 옆 탁자에 소설책을 두는 것도 고려해 보길!)

앞에서 언급한 오즈번 또한 자신의 책에서 상상력을 근육에 비유했다. 그는 상상력을 훈련하는 방법으로 여행을 제안한다. 여행지는 반드시 이국적인 장소가 아니어도 된다. 당신이 살고 있는 동네여도 괜찮다. 그러나 그곳은 당신이 '평상시에 가 보지 않았던' 곳이어야 하고, '불편함을 감수하는' 태도로 경험되어야 한다. 그는 쉽고 빠른 방법으로는 만화에서 텍스트를 없애고 이야기를 다시 쓰기를 제안한다. 그리고 100자 이내로 어린이를 위한 이야기를 써 보는 것도 좋은 방법이라고 말한다.

요약하면 평소에 상상력을 훈련하면 불행한 상황을 재구성할 때나 타인의 상황에 공감할 때, 보다 강력한 상상력을 발휘할 수 있다는 것이다. 또한 이로 인해 예상하지 못했던 유익한 결과를 얻을 때, 인생을 다른 관점에서 새롭게 볼 수 있다는 것이다.

폭풍 속에 있는 엄마를 구해 낸 그림

조시는 부모복을 타고 나지 못한 아이였다. 조시의 엄마와 아빠는 둘 다 알코올 의존자였다. 그녀도 열다섯 살 때부터 부모를 따라 술을 마시기 시작했다. 처음에는 가끔 맥주를 마시는 정도였다가 그다음에는 보드카를 마셨고, 고등학교 2학년 때부터는 거의 매일 술을 마셨다.

조시는 학교를 졸업하자 옆 동네의 원룸 아파트에 살면서 옷가게에서 일했다. 그녀는 옷을 좋아했고 손님들에게 어울리는 옷을 잘 골라 주었다. 옷을 파는 일은 잘 맞았다. 그러나 한 곳에서 1년 정도밖에 일하지 못하고 여러 가게를 옮겨 다녀야 했다. 대부분 늦게 출근하거나 술 냄새가 난다고 해고당했기 때문이었다.

20대 후반에는 댄스 클럽에서 한 남자를 만났다. 두 사람은 마음이 잘 맞았다. 그 남자는 건설 회사에서 일하고 있었고, 술을 마시기는 했지만 조시만큼 많이 마시지는 않았다. 둘은 결혼해서 딸을 낳았다. 딸이 태어난 후 2년간이 조시의 인생에서 가장 행복한 시절이었다. 조시는 술을 덜 마셨고 열심히 일했다. 결혼 생활은 원만한 듯했다.

그러나 30대 중반에 들어서면서 조시의 음주벽이 다시 시작되었다. 조시는 AA(알코올 의존자 갱생회)의 도움을 받았지만 중독에서 벗어나지 못했다. 두 사람의 애정은 시들어 갔고 남편은 결국 이혼소송을 제기했다. 딸의 양육권도 남편에게 돌아갔고, 그녀는 정기적으로 딸을 만날 수 있었다. 법원은 조시에게 집중적인 회복 훈련을 명령했다.

회복 훈련은 잠시 효과가 있기도 했지만 알코올 의존은 항상 재발했다. 끝내 그녀는 종종 병원에 입원해야 했다. 오랜 기간 알코올 과다 섭취로 인해 간이 손상되고 췌장의 급성 염증이 심해져 상복부에 심한 통증을 느꼈다. 췌장의 염증이 가라앉을 때까지 병원에 일주일 이상씩 머물렀다. 그럴 때는 아무것도 먹을 수 없었다.

37세에 모든 것을 잃어버렸다. 술을 제외하고.

그런 조시와는 대조적으로 메건은 훌륭한 부모에게서 태어났다. 메건 역시 조시처럼 작은 마을에서 자랐지만, 메건의 엄마와 아빠는 알코올 의존자가 아니었다. 완벽하진 않았지만 성실하고 사랑이 많은 부모였기에 메건이 책임감 있고, 성실하고, 행복한 어른으로 성장할 수 있도록 최선을 다했다. 그들은 메건이 나약한 어른이 되지 않도록 주의를 기울이면서도, 성적이 좋지 않아서 실망할 때나 운동경기에서 지거나 실연으로 위로가 필요할 때마다 메건 곁에서 위로했다.

메건의 대학 입학 자격시험 성적은 좋지 않았지만, 성실하고 근면한 성품 덕분에 고등학교에서 우수한 성적을 얻고 동급생들로부터 신뢰를 받아 우등으로 졸업할 수 있었다. 이후 미국 동부권의 엘리트 대학에 진학해서 생물학을 전공했다. 메건은 과학을 좋아했다.

대학을 졸업한 후 메건은 의사가 되기로 마음먹고 의과대학 스무 곳에 지원해서 그중 몇 곳에 합격했다. 메건은 의학이 과학에 대한 열정을 추구하고 다른 사람들을 도울 수 있는 기회가 될 거라고 생각했다.

메건의 성적은 평균 이상이었지만, 환자들을 대하는 태도는 의대생 중 가장 높은 수준이었다. 그녀는 환자들을 늘 따뜻하게 대했다. 환자들은 그녀가 자신의 이야기를 잘 들어주고 진심으로 돌봐 준다고 느꼈다. 이를 두고 메건의 멘토는 "편안하고 꾸밈이 없다"라고 칭찬했다.

의대를 졸업한 후 메건은 내과 레지던트 과정에 지원했다. 내과의사가 되면 환자들과 지속적으로 소통하면서 자신의 장점을 발휘할 수 있을 거라고 생각했다. 그러나 부모님의 든든한 지지와 성공적인 의과대학 과정에도 불구하고, 메건은 레지던트 생활에서 어려움을 겪었다.

레지던트 과정은 그녀가 예상했던 것보다 훨씬 더 힘들었다. 아무런 도움도 줄 수 없는 중증 환자들, 흡연과 음주 또는 과식으로 자신의 병을 악화시키는 환자들, 병원에서 보내야 하는 긴 시간, 진료 이외에 개인적인 관심을 충족시킬 수 있는 시간의 부족. 메건은 자신이 상상력이나 의학적인 기술을 전혀 발휘할 수 없는 병동에서 치료 레시피에 따라 기계적으로 일하는 초보 요리사처럼 느껴졌다.

레지던트 기간이 끝날 즈음, 자신도 의식하지 못하는 사이에 환자들에 대한 그녀의 공감 능력은 현저하게 떨어져 있었다.

레지던트 수련 과정에서 질병을 진단하고 치료하는 일에는 능숙해졌지만, 역설적으로 환자에 대한 공감과 따뜻한 마음은 오히려 덜해졌다. 메건은 전문의가 되면 의술에 대한 열정이 회복될 거라는 기대로 스스로를 위로했다.

메건이 레지던트로서 마지막 당직을 서는 6월 말의 어느 날이었다. 메건과 그녀가 지도하는 인턴은 저녁 식사를 끝내고 환자들의 목록을 작성하고 있었다. 인턴과 레지던트가 입원 환자들의 관리와 치료 계획을 상의하는 시간이었다. 이 시간이 끝나면 그들은 아직 만나지 못한 환자들의 입원실을 돈다. 그런 환자들은 대부분 임상적으로 안정적이다. 불안정한 환자들은 입원 초기에 바로 선임 레지던트가 인턴과 함께 만나기 때문이다.

메건과 인턴이 담당한 입원 환자는 네 명뿐이었다. 메건은 그중에서 두 명을 만나야 했다. 한 환자는 그날 자신의 집에서 넘어진 노인이었다. 그 환자가 순간 기절한 건지, 거실 러그에 발이 걸려 넘어진 건지 아직 확인되지 않은 상태였다. 임상 검사와 심장 검사 결과는 이상이 없었다. 병실 침대에서 저녁을 먹으며 텔레비전 야구 경기를 보고 있던 환자에게 메건은 그날 저녁의 계획을 알려 주었다. 간단한 회진이었다. 그런 다음 메건은 계단을 향해 걸어갔다. 두 번째 환자의 입원실은 한 층 위에 있었다. 계단을 올라가면서 메건은 인턴과 함께 작성한 메모를 읽었다.

조시. 여성. 37세. 15세부터 알코올 남용. 간경변 초기, 상복부 통증으로 입원. 임상 검사, 검사실 c/w 극심한 알코올성 췌장염. 같은 증상으로 여러 번 입원. 과도한 음주. 이혼. 딸 한 명. 수액. 통증 조절.

메건은 노크를 하고 조시의 입원실로 들어갔다.

"저는 오늘 저녁 환자분을 담당한 4년 차 레지던트입니다. 제 이름은 메건입니다. 인턴 선생님은 만나셨죠?"

"안녕하세요? 저는 조시예요. 인턴 선생님이 선생님이 오실 거라고 했어요."

메건은 조시의 침대 옆에 있는 의자에 앉았다. 머릿속에는 빨리 회진을 끝내고 당직실로 돌아가고 싶은 생각뿐이었다.

"통증은 좀 어떠세요?"

"아직도 아파요. 그래도 오늘 아침만큼 심하지는 않아요."

"고등학교 때부터 술을 마셨나요?"

"네."

"알코올이 환자분의 간과 췌장을 죽이고 있다는 거 아시죠?"

"알아요."

"반드시 술을 끊으셔야 합니다."

메건이 단호하게 말했다.

조시는 자신의 손을 내려다보고 있었다.

"다들 그렇게 말해요."

메건은 창밖을 내다보았다. 지금 메건에게는 조시의 상황을 이해하고 그녀의 삶을 상상할 에너지가 남아 있지 않았다. 그녀는 술을 마시는 조시를 비난했고, 그것으로 그녀와 정신적으로 연결되는 것을 회피했다.

메건이 일어나 입원실을 나가려고 할 때 갑자기 문 앞에서 어린 여자아이의 목소리가 들렸다.

"엄마! 엄마!"

메건이 몸을 돌리자 입구에 밝은 갈색 머리와 적갈색 눈동자를 가진 귀여운 여자아이가 서 있었다. 그 아이는 손에 종이 한 장을 들고 환하게 웃고 있었다.

"언니가 우리 엄마 의사 선생님이에요?"

메건은 헛기침을 하고 나서 대답했다.

"어, 그래. 맞아. 엄마의 의사 선생님 중 한 사람이야."

"난 알리시아예요."

여자아이가 메건에게 손을 흔들었고 메건도 손을 흔들었다.

"정말 너니? 알리시아?"

조시가 소리쳤다.

"응, 엄마, 나야!"

알리시아는 달려가 침대에 몸을 던지며 엄마를 껴안았다.

"아빠가 데려다 주었니?"

"응, 아빠는 복도 건너편 대기실에 있어."

"아빠한테 엄마가 고맙다고 말했다고 전해 줘, 알았지?"

알리시아가 들고 있던 종이를 조시에게 건넸다. 조시의 눈에서 눈물이 흐르기 시작했다.

"가운데 있는 사람이 엄마야. 엄마는 폭풍 속에 있지만……."

알리시아는 그림의 오른쪽 위를 가리켰다.

"구름 속에 햇빛이 살짝 내밀고 있지? 엄마도 이렇게 다 이겨 낼 거야."

조시는 검은색과 회색 구름에 둘러싸인 채 그림 한가운데에서 있었다. 그림에서 유일한 색은 오른쪽 위 구석에 있는 한 조각의 노란색과 알리시아가 조시의 옷으로 색칠한 녹색, 분홍색, 보라색뿐이었다(알리시아는 엄마가 무슨 색을 좋아하는지 알고 있었다). 조시는 손가락으로 눈물을 훔쳤다. 조시와 알리시아는 바싹 달라붙은 채 즐겁게 이야기를 나누었다.

메건은 조용히 방에서 나와 당직실로 걸어갔다. 당직실에 도착하자 문을 닫고 심호흡을 했다. 오늘이 레지던트로서 마지막 당직을 서는 날이었다. 메건은 침대 끝에 걸터앉은 채 바닥을 내려다보았다.

사람들은 오늘 메건의 마음이 홀가분하고 즐거울 거라고 생각할 것이다. 그러나 메건의 마음은 전혀 즐겁지 않았다. 머릿속에서 알리시아의 그림이 떠나지 않았다. 알리시아는 그 그림으로 메건이 하지 못했던 일을 해냈다. 조시가 폭풍우 가운데 혼자 서 있는 모습. 그것이 알리시아가 본 조시의 모습이었다. 겁에 질린 채 혼자 외롭게 서 있는 모습. 여덟 살짜리 아이에게 폭풍우는 두려움을 상징했을 것이다. 그리고 태양은 알리시아의 희망을 나타내고 있었다. 알리시아는 조시(그리고 알리시아 자신)의 앞날에 더 좋은 일이 있을 거라고 생각했을 것이다. 알리시아는 자신의 상상력을 통해 엄마가 느끼는 감정을 이해했고 엄마에게 희망을 주었다.

상상력을 통한 공감과 일말의 희망, 메건은 자신의 의술이 그것보다 훨씬 작은 것조차 하지 못한다고 생각했다.

메건은 다시 조시의 방으로 갔다. 조시는 아직 자지 않고 있었다. 알리시아와 알리시아의 아빠가 입원실에서 나간 직후였다. 메건은 문을 노크했다.

"들어오세요."

조시는 고개를 들어 메건의 심각한 표정을 살폈다.

"괜찮으세요?"

"네, 괜찮아요. 저, 그러니까…… 내가 다시 온 건 작별 인사를 하지 않은 것 같아서, 제대로 인사한 적도 없었던 것 같아서요. 괜찮으시다면 환자분에 대해 더 알고 싶어요."

조시는 누군가가 자기를 비난하지 않고 편안하게 이야기를 들어주고 싶어 한다는 사실에 놀랐다. 두 사람은 한 시간 넘게 지금까지 살아온 이야기를 나누었다. 이야기가 끝난 후 메건은 조시의 침대 옆에서 살짝 잠이 들었다. 메건 자신도 믿기 어려운 일이었다.

아침 일찍 메건의 호출기가 울리자 조시는 약간 몸을 뒤척였지만 깨지는 않았다. 메건이 방을 나서려고 할 때 침대 옆 탁자 위에 있는 알리시아의 모습이 담긴 액자가 눈에 들어왔다.

"고마워, 알리시아."

메건은 사진 속 알리시아에게 속삭이고 평화롭게 잠든 조시의 방을 나섰다.

상상력 연습

재구성을 위한 준비

다음은 상상력으로 상황을 재구성하는 연습에 도움을 주는 몇 가지 팁이다.

- **판단을 배제하고 생각에 집중하라** 재구성을 할 때나 하지 않을 때도 판단을 배제하고 생각에 집중하는 것은 좋은 습관이다. 잠시 시간을 내서 생각이 흘러가는 것을 하늘의 구름처럼 여기고 그저 지켜보라. 어떤 생각이 반복적으로 떠오르는가? 아니면 계속 머물러 있는가? 그 생각에 이름을 붙이거나 비판하지 말고 객관적으로 관찰하라. 그런 다음 그

생각에 연결된 감정을 분리시켜라. 그 감정을 말로 표현하는 것도 좋은 방법이다. 자신의 감정을 표현하는 말을 들으면 감정으로부터 생각을 분리하는 데 도움이 된다.

- **스트레스 요인을 점검하라** 때로는 감정과 생각을 분리한 후에도 생각들이 결승점을 향해 달려가는 한 무리의 말들처럼 느껴질 것이다. 그런 현상은 보통 너무 많은 스트레스를 성급하게 처리하려고 할 때 발생한다. 그런 상황에서는 실제로 어떤 일이 일어나고 있는지(아니면 일어나지 않는지) 제대로 생각할 수 없다. 당신이 인지한 스트레스는 타당한가? 근본적인 오해가 있지는 않은가? 어떤 것이 실제로 위협당하고 있는가? 그 상황에서 바뀔 수 있는 것이 있는가? 이런 질문들은 질주하는 생각의 말들을 출발점으로 돌아가게 할 것이다.
- **자신의 모험을 선택하라** 어떤 상황에 부딪히거나 어떤 경험을 하게 될 때 재구성을 시도하고 싶다면, 당신이 『자신의 모험을 선택하라』라는 제목의 소설을 쓰고 있다고 상상해 보라. 먼저 시나리오가 악화된 두 가지 버전을 상상하고, 둘 중에서 더 나쁜 상황을 선택해서 구체적으로 써 보라. 그런 다음에는 시나리오가 더 좋은 방향으로 전개되는 두

가지 버전을 상상하고, 둘 중에서 더 좋은 상황을 선택해서 구체적으로 쓴다. 유머를 이야기에 넣도록 한다. 다 쓴 후에는 각 버전에서 전화위복과 호사다마의 경우를 찾는다. 이 훈련은 어떤 일이든 좋은 점과 나쁜 점이 있다는 것을 깨닫게 하며, 특히 지속적으로 감정 상태를 점검하는 데 효과적이다.

적과 공감하라

당신과 갈등을 겪고 있는 사람의 입장이 되어서, 그의 상황을 상상하는 것은 내키지 않는 일일 것이다. 그러나 '적'과 공감하는 것이야말로 직면한 문제를 해결하는 열쇠가 될 수 있다. 첫 번째 단계는 당신이 실제로 상대방이 된 것처럼 상상하는 것이다. 그 사람이 처한 구체적인 상황을 그려 보라. 그 사람이 느끼는 감정은 어디에서 비롯되었는가? 가능한 한 그 사람의 자세, 태도, 음색, 몸짓, 표정 등을 자세하게 그려라. 그 사람의 눈을 통해 본 당신의 모습은 어떤가?

다음 단계는 당신이 빠지기 쉬운 세 가지 함정이 무엇인지 인식하는 것이다.

- **상대방도 평화를 원한다는 사실을 간과한다** 상대방도 당신처럼 평화를 원한다는 사실을 잊기 쉽다. 그 사람이라고 상상하고 자신에게 물어보라. "내가 삶에서 정말 원하는 것은 무엇인가?" 아마도 당신이 원하는 것과 비슷한, 안전, 안정감, 사랑이라는 답을 얻을 것이다. 이러한 인간의 기본적인 필요는 종종 두려움을 일으키고, 두려움은 갈등을 낳는다. 때로는 상대방이 평화를 원한다는 사실을 인식하는 것만으로도 긴장을 완화시킬 수 있다.
- **상대방이 당신의 공격을 두려워한다는 사실을 간과한다** 누구나 심리적인 또는 육체적인 공격을 받을 때 방어적인 태도를 취한다. 그럴 때는 선제공격을 해야 한다고 생각하기 쉽다. 당신이 적의 입장이라고 가정하고 자문자답하라. "내가 두려워하는 것은 무엇인가?" 당신은 공격당할 것을 두려워하는가? 그 사람의 입장에서 당신을 공격자로 가정해 보라. 당신의 어떤 태도가 적에게 위협적인가?
- **상대방의 분노에 타당한 이유가 있다는 사실을 간과한다** 아직도 격렬한 분노를 느끼는가? 상대의 입장이 되어 그 사람의 분노를 느끼려고 노력해 보라. 이것은 상대방이 가족이나 친구일 경우 특히 효과적이다. 논쟁할 때 자신의 입장만

보는 사람이 있다. 당신 자신을 적으로 상상하고 왜 화가 났는지 자문하라.

공상하기 좋은 날

고등학교 화학 수업 시간에 졸다가 선생님에게 혼난 적이 있는가? 그렇다면 공상은 시간 낭비라고 치부할 수도 있다. 그러나 공상은 공감 능력을 더해 줄 뿐만 아니라, 기억력, 학습 능력, 창의력을 향상시킨다. 먼저 공상이 종종 부정적으로 흘러갈 수도 있다는 사실을 인정하고, 최대한 긍정적인 방향이 될 수 있도록 다음과 같이 연습한다.

- **공상을 재구성하라** 생각이 방황할 수 있도록 허용하라. 공상과 관련된 모든 죄의식을 떨쳐라. 공상이 유익한 시도임을 인정하라.
- **타이밍이 가장 중요하다** 공상을 훈련할 때 몇 분이라도 모든 책임에서 벗어날 수 있는 시간을 선택하라. 이른 아침이나 잠들기 직전이 가장 여유롭고 집중할 수 있는 시간이다.
- **먼저 집중하라** 근력 운동을 할 때도 근육을 수축한 후에 이

완하는 것이 효과적인 것처럼, 공상하기 전에도 특정한 것에 생각을 모으는 것이 도움이 된다. 다섯 차례 호흡을 하며 그 호흡에 집중하라. 호흡하는 몸의 감각 또는 들이쉬고 내쉬고라는 단어에 집중해도 좋다.

- **주제를 선택하라** 공상의 주제가 중요하다. 어떤 주제는 생산적이지 않을 수도 있다(이를테면 현재 당신에게 없거나 앞으로도 절대 없을 것 같은 연애 상대). 존재하거나 현실이 될 수 있는 관계에 대한 공상이 더 좋은 결과를 가져올 수 있다. 당신이 항상 원했던 모험이나 탐험을 공상해 보라.

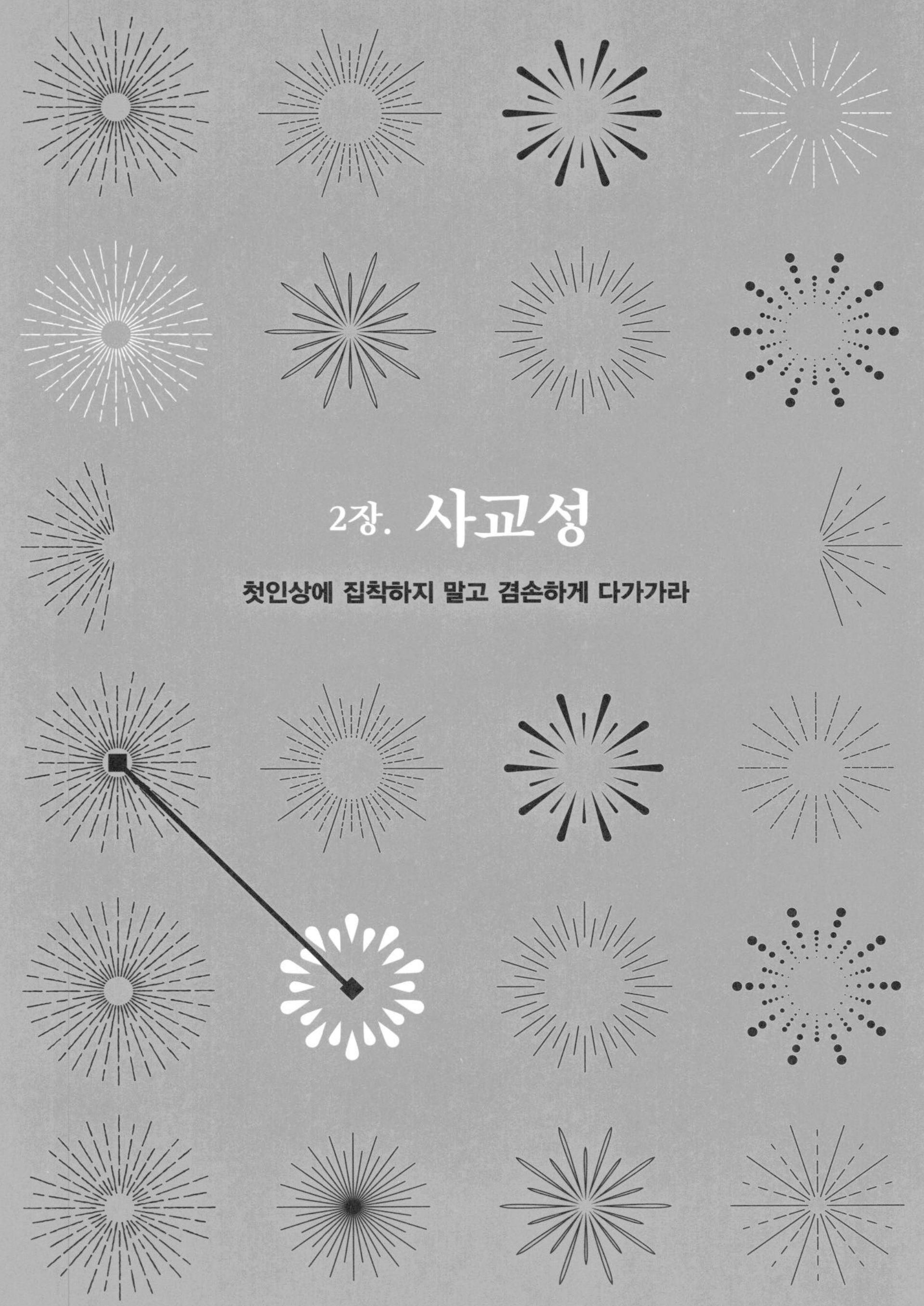

2장. 사교성

첫인상에 집착하지 말고 겸손하게 다가가라

◆◇

퍼시 스트릭랜드는 1975년 노스캐롤라이나주의 가난한 농촌 마을 스피비스 코너에서 10대째 백인 소작농을 하는 집안에서 태어났다. 소작만으로는 생활비를 충당할 수 없어서 돼지와 작물을 키우는 등 가족 모두가 먹고살기 위해 부업을 하는 집안이었다.

퍼시가 나이가 들면서 농장에서 맡은 그의 책임도 커졌다. 그는 할아버지 루크 스트릭랜드와 많은 시간을 보냈다. 할아버지는 동네에서 가장 사교적인 사람 중 하나였다. 할아버지가 모르는 사람을 만난 적이 없을 정도였다. 그는 할아버지와 함께 들에서 목화를 수확했다. 일이 끝나고 돌아가는 길에는 할아버지의 픽업 트럭 가장자리에 기댄 채 차 뒤로 펼쳐지는 들

판의 광경을 감상했다.

할아버지는 길에서 만난 어려운 사람들을 트럭에 태워 주었기 때문에 퍼시는 짐칸에 앉아서 가야 했다. 할아버지의 조수석에 탄 사람들은 편안함과 따뜻함을 느꼈다. 할아버지는 자기 차에 탄 사람들의 이야기를 잘 들어 주었고, 그들의 초라한 외면 대신 빛나는 내면을 보았다.

어려서부터 농장에서 자란 덕분에 퍼시는 근면한 노동의 가치를 배웠다. 그에게 학교는 만만치 않은 곳이었지만 평균 이상의 지능과 근면한 성품 덕분에 듀크대학교의 입학 허가를 받을 수 있었다. 그의 집안에서 대학교에 들어간 사람은 퍼시가 처음이었다.

대학교에 들어간 퍼시는 문화적 충격을 받았다. 듀크대학교에 다니는 학생들 대부분은 중산층이나 상류층의 가정에서 자랐다. 기숙사 입소일에 퍼시의 아버지는 짙은 청색 작업복 차림으로 소형 냉장고를 한 팔에 들고 퍼시의 뒤를 따라 기숙사에 들어갔다. 이를 본 다른 신입생의 아버지는 퍼시에게 "이 대학 직원은 정말 친절하군. 나는 저 냉장고를 옮길 엄두도 못 낼 텐데 말이야"라고 말했다.

퍼시는 대학기독학생회에 가입했고 그곳에서 소속감을 느낄 수 있었다. 그는 자신의 배경을 감추려고 하지 않았고, 언제나 고향에서 배운 소중한 교훈들을 되새겼다. 퍼시는 농장에서 일할 때처럼 성실하게 학과 공부에 임했다. 그리고 그의 할아버지가 픽업 트럭에 태운 사람들에게 그랬던 것처럼, 퍼시 역시 모든 이들을 겸손한 태도로 동등하게 대했다. 이러한 만남을 통해 그는 상대방과 연결되고, 상대방의 하루를 빛나게 해 준다고 생각했다. 친구들은 퍼시가 자신의 세계에 빠져 있지 않고 타인에게 깊은 관심과 애정이 있다고 느꼈다. 자신을 낮추는 유머와 장난스럽고 엉뚱한 성격 덕분에 퍼시는 대학에서 평생 우정을 나눌 친구들을 사귈 수 있었다.

졸업 후 퍼시는 대학 시절에 만난 앤지와 결혼했다. 두 사람은 버지니아주의 리치몬드로 이사했다. 앤지가 버지니아 커먼웰스대학교 의과대학에 입학했기 때문이었다. 그때까지 진로를 정하지 못했던 퍼시는 리치몬드대학교의 인터바시티 그룹에 직원으로 들어갔다. 앤지가 의대를 마치는 동안만 임시로 일할 생각이었다. 그러나 퍼시가 리치몬드대학교 학생들과 맺은 관계는 그의 삶을 완전히 바꿔 놓았다.

앤지는 대학에서 친구를 잘 사귀지 못해 고민하고 있었다. 그는 퍼시에게 도움을 받으려고 상담을 요청했다. 신앙심이 깊었던 앤지는 신학대학교에 입학해 선교사가 되고 싶어 했으나, 퍼시는 사회성이 부족한 그녀에게 해외 선교는 적합하지 않을 거라고 조언했다.

두 사람은 성경에 등장하는 선한 사마리아인의 비유를 주제로 대화했다. 어느 율법 교사가 예수에게 영생을 얻는 법을 묻자, 예수는 그에게 하나님을 사랑하고 이웃을 네 몸과 같이 사랑하라고 가르친다. 그 말을 들은 율법 교사는 "그러면 내 이웃이 누구입니까?"라고 되묻는다. 예수는 강도들에게 심하게 맞아 거의 죽게 된 유대인의 이야기를 들려준다. 그 유대인을 제사장, 레위인은 그냥 지나쳤으나 사마리아인은 가던 길을 멈추고 강도당한 사람을 도왔다. 그 당시 유대인과 사마리아인들은 심각한 갈등을 겪고 있어서 상종조차 하지 않는 사이였다. 이야기를 끝낸 후 예수는 율법 교사에게 누가 이웃인지 묻는다. 그 물음에 율법 교사는 사마리아인이라고 대답한다.

퍼시는 이 비유를 통해 앤지가 자신과 전혀 다르다고 느끼는 학생들에게 먼저 다가가기를 원했다. 그녀가 대학교 안에서부터 좋은 이웃이 되어야 한다고 생각했던 것이다. 그런데 이 이야기를 듣던 앤지가 퍼시에게 "그럼 당신의 이웃은 누구야?"라고 물었다.

퍼시의 말에 반박하려던 게 아니었다. 앤지는 퍼시가 이웃과 좋은 관계를 맺고 있다고 생각했다. 그렇지만 실제로 퍼시는 부유층이 사는 대단지 아파트에 살고 있었고 옆집에는 누가 살고 있는지도 몰랐다.

다음 날 퍼시는 무작정 이웃집 문을 두드리고 자신을 소개했다. 그들은 퍼시를 외판원으로 여겼다. 퍼시가 당황해하는 사람들에게 겸손한 말투로 이웃과 친해지기 위한 시도라고 하자, 사람들은 "진심이세요?"라며 놀라거나 웃음을 터뜨렸다.

도시를 통째로 바꾼 튜터링과 놀이

그 후 몇 주간 퍼시의 머릿속에서 앤지의 질문이 떠나지 않았다. 퍼시는 유희적인 사교성에 놀라운 재능이 있었지만 이웃이 된다는 것의 진정한 의미를 잊고 있었음을 깨달았다. 마침 퍼시는 인터바시티 그룹에서 인종 간의 화합을 연구하는 중이었다. 퍼시와 앤지는 소수 집단이 있는 지역에서 이웃이 된다는 것의 의미를 고민하기 시작했다. 그들은 결국 안락한 아파트를 떠나 리치몬드 처치 힐 중심가에 있는 오래된 도심지로 이사했다. 처치 힐은 1970~80년대를 거치면서 쇠퇴해 백인과 흑인 중산층은 떠나고 가난한 흑인 주민들만이 있었다. 주민 대부분이 가난하고, 교육도 제대로 받지 못했고, 특별한 기술이 없었다. 과거 이 지역 관계자가 이곳을 "범죄가 만연한 리치몬드의 마약 주사실"이라고 표현했을 정도로 알코올, 헤로인, 범죄에 노출된 이가 많았다. 환경 운동가 메리 윙필드 스콧은 2000년대 초반의 처치 힐을 "슬럼가처럼 황폐한 지역"이라고 말한 바 있다.

퍼시와 앤지가 처치 힐로 이사한 2000년 여름, 그곳은 최악의 상황이었다. 그들은 가끔 "우리가 무슨 짓을 한 걸까?"라는 의문과 후회에 빠졌다. 어느 날 저녁, 몇 발의 총성과 비명 소리에 퍼시는 현관으로 나갔다. 한 남자가 현관 계단을 기어 올라오고 있었고, 퍼시는 낯선 남자를 끌면서 "누가 911에 전화 좀 해주세요!"라고 외쳤다. 그러자 총을 쏜 남자는 차에 올라타 쏜살같이 달아났다. 그때 현관에 쓰러져 있던 남자가 벌떡 일어나더니 퍼시에게 고맙다고 하고는 멀쩡하게 걸어갔다. 총을 쏜 사람이 자기를 죽였다고 생각하려고, 총을 맞고 쓰러진 척 연기를 하고 있었던 것이다.

퍼시와 앤지가 처음 처치 힐에 이사했을 때 그들은 당분간 이웃과 접촉하지 않기로 했다. 범죄를 당할 위험도 있고 새로운 동네에 적응할 시간도 필요했다. 어느 정도 시간이 지난 후 그들은 이웃의 어린이들에게 먼저 다가갔다. 퍼시는 야외 농구 코트에 농장 일꾼이 입을 법한 작업복 차림으로 농구공을 들고 나갔다. 퍼시는 어린아이부터 노인까지 자신이 만나는 모든 사람의 이름을 외웠다. 사람들은 그를 점차 친근하게 대하기 시작했다. 그가 나타나면 "대장이 온다!"라면서 반가워했다. 퍼시는 농구를 재미있고 즐거운 게임으로 만들었다. 처치 힐 주민들은 점점 퍼시를 좋아했는데, 그 이유는 퍼시가 그들을 범죄자로 보지 않고 한 인간으로, 그리고 이웃으로 대했기 때문이었다.

농구 경기가 끝나면 특별한 뒤풀이가 이어졌다. 동네 아이들은 집으로 향하는 퍼시의 뒤를 따라왔다. 몇 번이나 작별 인사를 해도 아이들이 가지 않자, 퍼시와 앤지는 아이들에게 간식을 주고 비디오 게임을 하게 했다. 그 후 아이들은 아무 때나 퍼시의 집을 찾아왔다. 어느 날은 열다섯 명이나 현관에 앉아서 퍼시의 귀가를 기다리기도 했다.

어느 날 퍼시는 상상력을 동원해서 이 상황을 재구성할 방법을 찾았다. 그는 아이들에게 이렇게 말했다. "얘들아, 너희들이 우리 집에서 할 수 있는 일이 내가 먹을 음식을 다 먹어치우고 비디오 게임을 하는 건 아닌 것 같구나." 퍼시의 말을 들은 아이들은 말없이 웃기만 했다. 잠시 후 아이들은 최근에 생각했던 이야기를 꺼냈다. 퍼시와 앤지가 자신들의 숙제를 도와주면 좋겠다는 것이었다.

그날 밤 퍼시와 앤지는 아이들의 요청을 두고 의논했다. 그들이 처치 힐에 이사한 것은 좋은 이웃이 되는 방법을 배우기 위해서였다. 그들은 아이들의 숙제를 도와주는 일이 좋은 이웃이 될 수 있는 기회라고 생각했다. 퍼시와 앤지는 며칠 동안 이 문제를 놓고 구체적으로 상의했다. 그러고는 아이들에게 집을 개방하기로 결정했다. 일주일에 두 번 아이들에게 학습을 지도하기로 한 것이었다. 매일 열에서 열다섯 명 정도의 아이가 찾아왔고 점차 친밀해졌다. 아이들도 학습에 흥미를 느끼기 시작했다. 이들 부부의 이야기는 빠르게 퍼져나갔다.

튜터링은 2001년 겨울까지 이어졌다. 퍼시는 재미가 아이들 경험의 일부가 되어야 한다는 생각으로 2002년 밸런타인데이에 그 지역 스케이트장에서 롤러스케이트 파티를 열었다. 아이들과 아이들의 가족이 모두 참가할 수 있는 파티였다. 아이들은 신이 나서 좋아했지만 부모들은 아직도 퍼시에 대한 마음의 벽을 허물지 않고 있었다. 그들은 이상한 백인이 자신들만의 동네에 침입해서 아이들의 생활을 흔들고 있다고 생각했다. 퍼시는 한 번에 한 개씩 벽을 허물어 나가기로 마음먹었다. 한 아이의 엄마는 처음에 퍼시를 사복 경찰로 오해했다고 고백했다. 퍼시는 함정 수사 중이고 앤지는 부인 역할을 한다고 오해했다는 것이었다. 퍼시는 그 이야기를 듣고 폭소를 터뜨렸다.

롤러스케이트 파티는 퍼시가 동네 사람들과 친해질 수 있는 계기였다. 퍼시는 이 공동체 안에서 자신이 아웃사이더가 아닌 이웃이 된다면, 어른들도 자신에게 마음을 열게 될 거라고 믿었다. 그리고 놀라운 변화가 일어나리라고 기대했다.

2002년 여름 내내 튜터링과 재미있는 놀이가 계속되었다. 퍼시의 친구들과 앤지의 친구들도 자원봉사를 해 주었다. 튜터링 학생의 숫자는 빠르게 늘어났다. 물론 어려움도 많았다. 한 번은 아이들을 데리고 놀이공원 킹스 도미니온에 갔다. 아이들의 집안은 가난했기 때문에 퍼시는 대출까지 받아서 경비를 충당했다. 아이들은 처음으로 놀이공원에 갔기 때문에 놀이 기구를 무서워했다. 도착한 지 겨우 두 시간 만에 집에 가자고 하는 아이도 있었다.

아이들과 발야구를 했을 때의 일이다. 퍼시는 발야구를 처음 하는 아이들에게 게임 규칙을 설명하고 두 팀으로 나누었다. 게임이 잘 진행되는 것 같더니 한 아이가 1루쪽 라인에 파울볼로 보이는 공을 찼다. 그러자 반대편 선수가 "파울!"이라고 소리쳤다. 공을 찬 아이는 항의했고 양 팀이 싸우기 시작했다. 퍼시가 말리기도 전에 대혼란이 벌어졌다. 다행히 큰일 없이 싸움이 끝났다.

작은 어려움과 시련이 있었지만 퍼시와 앤지의 튜터링은 그 지역 사람들로부터 긍정적인 반응을 이끌어 냈고, 그들은 처치 힐의 공동체와 점점 밀접한 관계를 맺을 수 있었다. 2002년에 마침내 비영리단체 CHAT(Church Hill Activities and Tutoring의 약어)가 탄생했다.

앤지가 퍼시에게 도전적인 질문을 던졌을 때, 퍼시는 그 질문이 비영리단체를 세우는 결과로 이어질 거라고는 예상하지 못했다. 그리고 그 후 10년 동안 CHAT가 어떤 기관으로 성장할지도 알지 못했다. 현재 CHAT는 상주 직원 45명과 자원봉사자 수백 명, 운영 예산 25억 원의 기관으로 성장했다. 지난 13년 동안 CHAT는 처치 힐 지역의 어린이들을 완전히 변화시켰다.

CHAT는 매년 밸런타인데이에 재미있는 이벤트와 큰 파티를 열어 창립을 자축한다. 그리고 매년 여름 킹스 도미니온에 아이들을 데리고 간다. 지금은 그곳이 아이들이 가장 좋아하는 장소다. 2014년 여름에는 200명이 넘는 아이들이 킹스 도미니온에 갔고, 많은 아이들이 폐장할 때까지 즐겁게 놀이 기구를 타고 놀았다. 악명 높은 발야구 싸움은 CHAT의 재미있는 역사의 일부분이 되었다. 그들은 농담 삼아 그 사건을 'CHAT의 발야구 폭동'으로 부른다.

10년 전 처치 힐에 이사왔을 때와 지금을 비교했을 때 달라진 게 무엇이냐는 질문에, 퍼시는 어디를 가든 아는 사람이 있는 것이라고 대답한다. 그리고 정감 어린 농담을 주고받는 것과 서로를 살펴보고 돌봐 주는 것이라고 덧붙인다. 그는 "타 지역과 달리 이곳 주민들은 이웃에 대해 남다른 친밀감을 가지고 있다"라고 말한다.

최근에 이곳으로 이사한 알렉산드라 프랭크도 비슷한 이야기를 했다. "이런 경험은 처음이에요. 이곳에서는 모든 사람이 다른 사람의 삶에 어느 정도 관여하고 있는 것 같아요." 아웃사이더들을 처치 힐로 데려오는 힙한 음식 문화도 생겨나고 있었다. 2014년 5월 《USA 투데이》가 처치 힐을 미국에서 떠오르는 열 곳 중의 하나로 선정하면서 처치 힐은 관심의 대상이 되었다. 슬럼가와 다름없던 지역이 이렇게 변모한 것은 거대한 도약이었다.

퍼시는 CHAT가 세워진 이후 일어난 처치 힐의 부흥을 자신의 공로로 돌리지 않았다. 그러나 퍼시가 처치 힐의 부흥에 가장 큰 역할을 했다는 것은 누구도 부인할 수 없는 사실이다. 그밖에도 적극적인 지역 보존, 기업 활성화를 위한 세금 감세, 처치 힐 내외부의 종교시설 재건을 비롯한 다른 노력도 분명 처치 힐의 재건에 도움이 되었다.

그러나 처치 힐의 변화를 가장 잘 나타내는 지표는 범죄 통계였다. 아래 도표는 리치몬드 경찰국 데이터베이스에서 수집한, 2000년부터 2014년까지 처치 힐에서 일어난 범죄 통계다. 중범죄는 살인, 성범죄, 강도 및 절도 등이고, 경범죄는 그보다 가벼운 범죄를 의미한다. 아래 도표를 보면 두 가지 범주의 범죄가 모두 감소했다. 2000년 이전 수치와 비교했을 때는 CHAT가 영향을 주기 시작한 2000년대 초반부터 범죄가 감소했다.

연도	중범죄	경범죄
2000	124	469
2001	160	446
2002	123	452
2003	157	468
2004	115	371
2005	91	328
2006	114	371
2007	87	309
2008	66	286
2009	63	275
2010	50	251
2011	64	239
2012	47	283
2013	46	202
2014	55	192

퍼시와 앤지에게는 여섯 명의 자녀가 있다. 넷은 친자녀고, 둘은 처치 힐로 온 뒤 그 지역에서 입양한 아이들이다. 입양한 아이들은 친자녀들보다 나이가 더 많다.

처치 힐에서 퍼시를 "CHAT를 설립한 CEO야"라고 설명하는 사람은 없다. "저기 퍼시가 있네. 잠깐 이야기를 해야겠어. 최근에 우리 애들이 속을 썩이지 않았는지 물어봐야지"라고 말한다. 퍼시가 좋아하는 관계가 바로 그런 관계다. 이런 친근함은 공동체의식과 유대감을 느끼게 한다.

퍼시에게 CHAT의 10년 후를 묻자 그는 처치 힐의 청년들이 CHAT를 운영하기를 바란다고 대답했다. 그는 "청년들이 '내가 CHAT를 운영하면 이렇게 만들겠어'라고 말했을 때, CHAT가 올바르게 나아가고 있다는 것을 알았다"면서 "그런 일들이 실제로 일어나기를 바란다. 그렇게 되면 내가 한 일이 비로소 완성되는 셈이다"라고 말했다.

첫인상에 너무 큰 의미를 두지 마라

얼핏 생각하면 유희적인 사교성은 단지 다른 사람들과 친밀하고 편하게 지내는 것만으로 생각할 수 있다. 그러나 더 정확하게 표현하면 유희적인 사교성은 상호 이익이 되는 방향으로 관계를 맺는 경향을 의미한다. 또는 퍼시처럼 가능한 한 좋은 이웃이 되는 것을 뜻하기도 한다. 무엇보다 중요한 점은 '유쾌 지능이 높은 사람들은 어떻게 유희적인 사교성을 발휘하는가?', '우리가 성공적으로 사교 활동을 하려면 그들로부터 무엇을 배워야 하는가?'라는 질문에 답하는 것이다.

나는 이 주제에 관한 연구와 인터뷰를 진행하는 과정에서 일관된 경향을 두 가지 발견했다. 첫째, 유쾌 지능이 높은 사람들은 자신이 만나는 사람들에 대해 선입견을 갖지 않는다. 강렬한 첫인상을 중요하게 생각하지 않는 것이다. 둘째, 유쾌 지능이 높은 사람들은 대체로 겸손하고 힘을 뺀 태도로 대인 관계를 형성하는데, 이는 강한 평등 의식으로 표현된다.

퍼시는 처치 힐의 구성원으로 융화되는 과정에서 이 두 가지를 실천했다. 우선 처치 힐의 주민들을 범죄자가 아닌 평등한 인간으로 대했다. 그는 사람들이 의도적으로 타인이나 사회에 피해를 입히려고 범죄를 저지르는 게 아니라, 의지할 사람이나 대상이 없기 때문에 절박한 상황에서 범죄자가 된다고 생각했다. 퍼시는 할아버지에게서 모든 사람을 동등하게 대하고, 첫인상이나 선입견에 사로잡히지 않는 태도가 중요하다고 배웠다. 또한 자기 자신에게 지나치게 집착하지 않았다. 그런 태도는 여러 면에서 그가 겸손한 삶을 살게 하는 출발점이 되었다.

내가 매일 대하는 환자들의 입장에서 이 주제를 좀 더 깊이 생각해 보자.

유능한 의사는 자신의 환자를 고통스럽게 하는 질병(또는 질병들)을 오류 없이 정확하게 판단해야 한다. 물론 동정심과 공감 능력도 훌륭한 의사의 필수 조건이다. 그러나 대부분의 환자(그리고 의사)들이 의사의 가장 중요한 임무는 정확한 진단을 내리는 것이라고 말한다. 의사들이 수련 기간에 질병 진단 이론을 배우는 데 많은 시간을 쏟는 것도 그런 이유에서다.

의사들은 수련 초기부터 끝날 때까지 감별 진단(증상이 유사한 특징이 있는 질병을 비교하고 검토하여 초진 때의 병명을 확인하는 진단법-옮긴이)을 철저하게 학습한다. 의사는 감별 진단을 하기 위해 환자의 임상적인 상태를 설명할 수 있는 사소한 것부터 중대한 것까지 가능한 모든 진단 목록을 작성한다. 브레인스토밍을 할 때와 마찬가지로, 진단 초기에는 진단 요소가 많을수록 정확한 진단을 내릴 수 있다. 의사는 환자의 이야기를 듣고, 목록에 들어갈 단서를 수집하고, 그중에서 증상 두세 가지를 추려서 건강 검진, 임상 검사, 방사선 검사 등을 통해 추가 진단을 하고, 치료의 기초가 되는 진단을 내린다.

감별 진단의 목적은 의사가 심리적인 함정에 빠지는 것을 방지하고 올바른 진단을 내리게 하는 데 있다. 초기 정보에 지나치게 큰 중요성을 부여할 때 심리적으로 그것에 의존하게 되는 현상을 '앵커링 효과(anchoring bias)'라고 한다. 앵커링 효과는

1974년에 심리학자 아모스 트버스키와 대니얼 카너먼이 처음 사용한 용어다. 앵커링 효과의 영향을 받으면 그 정보가 사고의 확고한 출발점, 즉 닻이 된다. 더 많은 정보를 수집하면서 자신의 닻이 정확하다는 것을 확인하거나 아니면 그 기준에서 벗어나 자신의 생각을 조정한다.

트버스키와 카너먼은 여기서 문제가 발생한다고 말한다. 일단 우리의 뇌가 앵커링 효과의 영향을 받기 시작하면 생각을 조정하기 어렵다는 것이다.

이 현상을 설명하기 위해 한 가지 실험을 진행했다. 정보가 불확실한 상황에서 숫자를 추정하는 실험이었다. 그들은 피험자들에게 유럽연합에 가입한 아프리카 국가의 비율이 어느 정도인지 물었다. 그리고 피험자들이 이 질문에 대답하기 전에 숫자 0에서 100까지 적힌 번호판을 돌리게 했다. 그런 후 피험자들에게 UN에 가입한 아프리카 국가 비율이 그들이 뽑은 번호판 숫자보다 높은지 낮은지 물었다. 무작위로 뽑은 숫자(그 숫자는 피험자들의 잠재적인 기준으로 작용했다)는 그들의 답변에 뚜렷한 영향을 주었다. 예를 들어 각각 숫자 10을 뽑은 사람들이 내놓은 답변은 25퍼센트, 숫자 64를 뽑은 사람들의 답변은 45퍼센트였다.

카너먼과 그의 동료 데이비드 슈케이드는 앵커링 효과를 증명하기 위한 또 다른 실험을 했다. 미국 중서부 주민들과 캘리포니아 주민들에게 어느 집단이 전반적으로 더 행복하다고 생각하는지 물은 후, 그들 자신의 행복도를 물었다. 자신의 행복도를 평가한 결과는 차이가 없었지만, 두 그룹 모두 캘리포니아 주민들이 더 행복하다고 생각했다. 이 데이터를 통해 카너먼과 슈케이드는 사람들이 캘리포니아의 쾌적한 기후에 큰 가치를 부여하고 이를 행복과 동일시한다는 사실을 발견했다. 이것은 피험자들이 기후에 대한 앵커링 효과에서 벗어나지 못했음을 의미한다.

의학에서 앵커링 효과는 의사가 환자를 진단할 때 자신이 처음에 정확한 진단을 내렸다고 확신하는 것으로 나타난다. 앵커링 효과의 영향을 받는 의사는 초기 증상을 파악한 후 다양한 감별 진단을 하지 않고 진단명을 확정한다.

위산이 식도로 역류하는 증상 때문에 오랫동안 속쓰림에 시달린 환자가 있었다. 그 환자는 의사에게 "위산이 역류해서 속이 몹시 쓰리고 가슴이 답답하다. 텀스(소화제의 일종)는 효과가 없는 것 같다"고 말했다. 그리고 프릴로섹(위산 억제 약물) 외에 복용할 수 있는 약이 있는지 물었다. 의사는 역류성 질환이 악화된 것으로 판단하고 자세한 검사를 하지 않은 채 환자에게 다른 위산 억제 약물을 처방했다.

그날 밤 환자는 증상이 더 심해져서 응급실에 실려 왔다. 진단명은 폐 색전증이었다. 폐 색전증은 심한 흉부 불쾌감을 동반하는, 생명이 위험할 수도 있는 질병이다. 다행히 그 환자는 위험한 고비를 넘겼다. 만일 의사가 환자의 증상에 대해 역류성 질환의 악화로 '닻을 내리지' 않았더라면 어땠을까? 환자에게 폐 색전증까지 일으키게 할 수 있는 다리의 혈전 형성 원인을 알기 위해 최근 장거리 여행 여부를 물었을 것이다. 그 환자가 병원을 찾은 건 중국 출장에서 돌아온 직후였다.

트버스키와 카너먼이 처음 소개한 앵커링 효과는 이후 경제학과 의학 등 많은 분야에 영향을 미쳤다. 대니얼 카너먼은 그의 저서 『생각에 관한 생각』에서 우리의 뇌가 생각할 때 사용하는 두 가지 시스템과 이 시스템 안에서 작용하는 앵커링 효과를 설명하고 있다.

카너먼이 시스템 1이라고 지칭한 첫 번째 시스템은 직감과 앵커링 효과를 담당한다. 빠르고, 직관적이며, 자동적이고, 감정적인 사고를 맡으며, 빠르게 첫인상을 형성해 위험 상황에 대처한다. 반면에 시스템 2는 느리고, 신중하고, 논리적인 사고를 담당한다. 우리 내면에서 회의론자와 비평가 역할을 해서 어려운 문제를 해결할 때 도움을 준다. 시스템 2는 많은 정신적인 에너지와 노력을 요하지만 그에 비해 시스템 1은 많은 에너지가 들지 않는다. 대부분의 경우 시스템 1은 상황을 정확하게 파악한다. 인간의 직감은 상당히 정확하다. 그러나 트버스키와 카너먼이 지적하는 것처럼, 시스템 1이 상황을 정확하게 이해하지 못할 때 문제가 발생한다. 일단 생각이 잘못된 닻에 고정되면 다시 바꾸기 어렵기 때문이다.

시스템 1, 그리고 시스템 1과 관련된 앵커링은 사교성의 유희적인 특성과 결합해 고정관념, 첫인상을 형성한다. 대인관계에 있어서, 특히 방금 만난 사람과의 관계에서 시스템 1은 즉각적으로 상대방을 파악한다. 시스템 1은 사회학자들이 범주 대인지각(categorical person perception) 또는 고정관념이라고 부르는 방식을 이용해서 상대방을 파악한다. 시스템 1은 상대방을 파악하는 과정을 신속하게 처리하기 위해 고정관념이라는 지름길을 활용한다. 그 이유는 뇌 활동에서 가장 중요한 요소는 효율성이기 때문이다. 뇌는 최초로 받은 정보를 이용하는 방법으로 에너지를 절약하려고 한다. 최초 정보를 쓰지 않으려는 노력이 없는 한, 뇌는 대체로 심리적인 지름길을 이용한다.

그런 의미에서 뇌는 엄청나게 게으르고 부주의한 기관이라고 할 수 있다.

고정관념은 문화적인 배경에서 비롯되기도 한다. 과거에 만났던 사람이나 지금 내 앞에 있는 사람과 비슷한 외모나 특징을 가진 사람으로부터 고정관념이 생기는 경우도 있다. 고정관념이 어디에서 시작되었든, 긍정적이든, 부정적이든, 그것은 분명히 사회나 문화에서 큰 비중을 차지한다. 그러나 뇌 안에 있는 고정관념들이 점검되지 않은 채 반복적으로 사용되면, 그것은 시스템 1의 사고 안에 고정돼 우리의 인식을 흐리게 한다.

그렇다면 고정관념을 통제할 수 없을까? 지난 반세기 동안 전세계적으로 시민권을 둘러싼 긍정적 모멘텀은 고정관념에 대한 많은 논쟁을 야기했다. 약 15년 전까지만 해도 고정관념은 자동적이고 불가피하다고 여겨졌다. 뇌가 사용하는 고정관념의 양과 정도는 그 고정관념이 얼마나 누적 노출(고정화)되었는가에 따라 결정된다.

그러나 최근 고정관념에 관한 연구에서는 시스템 2에 의한 의식적인 정신 작용으로 고정관념화를 성공적으로 억제할 수 있음이 밝혀졌다. 흥미롭게도 의식적인 정신 작용은 우리가 반드시 "이건 내가 사용하면 안 되는 고정관념이야"라고 생각하는 것을 뜻하지 않는다. 그것은 지금 일어나고 있는 상황의 또 다른 측면에 집중할 때(인지적으로 몰입할 때), 고정관념화는 약화된다는 의미다. 예를 들어 우리가 누군가와 대화를 할 때, 대화의 목적과 목표에만 초점을 맞춘다면 상대방을 고정관념화하려는 뇌의 본능적인 작용은 줄어든다.

시스템 1은 우리가 모르는 사람이나 심지어 아는 사람을 만날 때도 상대방이 친구인지 적인지를 판단한다. 이를 위해 시스템 1은 그의 몸짓과 음색을 읽고 정형화된 이미지까지 사용한다. 시스템 1 과정이 끝나면 뇌는 재빨리 첫인상의 닻을 고정하려 든다. 그러나 시스템 1이 첫인상을 형성하는 데 시간이 오래 걸릴수록 첫인상의 닻은 내리기 어려워진다. 어떻게 되든 시스템 1은 첫인상을 형성하기는 하지만, 그런 경우 시스템 1은 시스템 2의 영향을 받는다.

퍼시처럼 유쾌 지능이 높은 이들은 대인 관계에서 첫인상을 형성하지 않는 경우가 많다. 설사 첫인상을 형성해도 많은 의미를 두지 않는다. 또한 과거 만남에서 비롯된 영향을 현재 판단에 적용하지 않고, 백지상태에서 그 순간의 상대방을 받아들인다. 요약하면, 유쾌 지능이 강하게 작용하는 사회적 관계에서 시스템 1로 인한 고정관념화는 현저하게 감소한다. 이는 종종 관계를 분열시키는 원인으로 작용하는 선입견을 피할 수 있게 한다.

유쾌 지능이 높은 사람은 겸손하다

사교성의 또 다른 주제인 겸손에 있어서 유쾌 지능이 높은 이들은 대체로 자신에게 과도하게 집착하지 않기 때문에 위압적이지 않은 겸손한 태도로 사람들과 소통한다. 메리엄웹스터 사전에 의하면 겸손은 자신이 타인보다 우월하다고 생각하지 않는 성품이나 상태를 의미한다. 퍼시는 처치 힐 주민보다 자신이 낫다고 보지 않았다.

펜실베이니아대학교 와튼스쿨의 조직심리학과 교수인 애덤 그랜트는 자신의 저서 『기브앤테이크』에서 힘을 뺀 의사소통(powerless communication)의 특징을 다음의 네 가지로 설명했다. 스스로 자신의 약점을 드러내는 것, 상대방의 말을 들어주는 것, 조심스러운 대화, 조언을 구하는 것. 그는 이 특징들이 결합될 때 역설적으로 큰 힘을 갖는다고 주장했다.

그랜트에 따르면 힘을 뺀 의사소통 방식을 사용하는 사람들은 강력한 의사소통(powerful communication)의 방식인 확고한 의견 피력, 단정적인 진술, 최후통첩 등을 사용하는 사람들보다 훨씬 더 효과적으로 친밀감, 신뢰감, 영향력을 형성한다. 힘을 뺀 의사소통의 특징 중에서도 겸손함으로 자신의 취약함을 드러내는 태도는 유쾌 지능이 높은 사람들에게서 두드러진다.

나는 1장에서 언급했던 일리노이 벨의 사례를 조사하는 과정에서 존 제글리스라는 중요한 인물을 만났다. 존도 퍼시처럼 미국 일리노이주 모멘스라는 작은 농촌 마을에서 태어나 소박하고 검소한 환경에서 자랐다.

그는 세 형제 중에서도 특히 스포츠를 좋아했는데, 그중에서도 농구와 골프를 즐겼다. 또한 고등학교를 수석으로 졸업할 정도로 성적이 우수했다. 그의 아버지는 그 마을의 변호사였다. 아버지는 존에게 일을 즐기면서도 열심히 하는 삶의 가치를 심어 주었고, 그 과정에서 항상 사람들을 접했다.

존은 일리노이대학교에서 경영학을 전공한 후 하버드대학교 로스쿨에 진학했다. 1973년에는 시들리 오스틴 로펌에서 변호사 일을 시작했다. 그곳에서 존은 시들리 오스틴의 AT&T 계좌를 관리했다. 존은 AT&T를 둘러싼 정치적인 배경의 심각성을 알고 있었기에 그 업무가 만만치 않으리라고 예상했다. 게다가 통신업계는 그에게 낯선 분야였다. 그러나 1970년대 후반에 존은 AT&T의 반독점 소송과 매각 진행을 도우며 수석 변호사 자리에 올랐다. 다행히 존은 자신을 위해서 그리고 AT&T를 위해서 업무를 성공적으로 해냈다. 지금까지도 그는 AT&T로부터 그 공로를 인정받고 있다.

AT&T가 역사상 가장 어려운 시기를 지나고 있을 때 존의 선량한 성품과 겸손함, 솔직함, 탁월한 지성은 AT&T 경영자들의 시선을 사로잡았다. 1980년대 들어 AT&T가 강제 분할되자 그는 AT&T의 고문 변호사로 선임되었고 AT&T 경영진들과 나란히 회의석에 앉았다. 그는 나중에 이렇게 말했다. "회의실 구석에 테이블도 없는 의자에 앉아서, FCC(미국 연방 통신 위원회)의 규제를 받는 회사가 직면하는 수많은 법률적인 문제에 답변하는 대신에, 큰 테이블에 앉아 경영 전략과 친화력, 리더십을 배울 수 있었다."

1990년대 후반 AT&T 이사회는 최고경영자로 오랫동안 일해 온 로버트 E. 앨런의 후임을 두고 고심하고 있었다. 앨런이 인쇄업체 R. R. 도넬리앤선즈의 최고경영자 존 월터를 영입한 것은 큰 실수였다. 이사회는 월터가 들어온 지 몇 달도 지나지 않아, 월터에게 앨런이 물러나도 그가 이어받지는 못할 거라고 선언했다. 월터는 그 소식을 듣자 즉시 사임했고 앨런의 후임 문제는 다시 원점으로 돌아갈 수밖에 없었다.

월터에 대한 잘못된 조치와 몇 년간에 걸친 AT&T 경영진의 혼란으로, 많은 임원이 회사를 그만둔 상태여서 앨런을 대체할 수 있는 내부 인물이 없었다. 이사회는 한 번 더 심사를 거친 다음 휴즈 일렉트로닉스의 최고경영자 마이클 암스트롱과 존 제글리스로 범위를 좁혔다. 존은 "나는 마지막 남은 내부 인물이었다"라고 겸손하게 말했다.

그 무렵 존은 명석한 두뇌(그는 그 회사의 최고 전략가 중 한 명이었다)와 쾌활한 사교성으로 신뢰를 얻고 있었다. 그의 트레이드마크는 어디를 가든 트리비얼 퍼슈트라는 보드게임을 가지고 다녔다는 것이었다. 이 아이디어는 그의 아버지에게서 얻은 것이었다. 존은 돌아가신 아버지의 자동차를 정리하다가 트렁크 안에서 두 가지 물건을 발견했다. 하나는 아직 사용하지 않은 AT&T 선불 장거리 전화카드였고, 다른 하나는 트리비얼 퍼슈트 카드 박스였다. 존은 이 박스를 AT&T의 법인 제트기 안에 뒀다.

이 게임은 일곱 장의 카드에 적혀 있는 질문에 정확하게 대답하는 사람이 점수를 얻는 것으로, 게임의 목적은 직원들이 서로 대립하지 않고 단결하는 데 있었다. 각 카드에 적힌 여섯 개의 질문에 정확하게 대답하면 1점을 얻고, 마흔두 개의 질문에 모두 정확하게 답변하면 최고점인 42점을 획득했다. 높은 점수를 얻은 직원들은 자신의 성적을 게임 상자에 기록해 두곤 했다.

존은 자신이 AT&T의 최고경영자가 되는 데 있어서 가장 큰 걸림돌은 경영 경험의 부족임을 알고 있었다. 월터가 사임한 후 잠시 경영에 참여하기는 했지만 부족한 게 사실이었다. 그는 항상 그랬듯이 겸손하게 자신의 약점을 인정했다. "나는 CEO 경험이 없다는 사실을 당황해하거나 숨기지 않았다. 내가 그 자리를 원한 건 사실이었지만, 내가 아닌 다른 사람인 척하고 싶지는 않았다." 결국 이사회는 암스트롱을 AT&T의 CEO로 임명하고, 존을 AT&T 스핀오프 서비스인 무선통신 CEO 겸 AT&T의 사장으로 임명했다. 존은 반발할 수도 있었지만 자신에게 주어진 새로운 직책을 정중하고 겸손하게 수용했다.

2004년에 AT&T에서 은퇴할 때까지 존은 통신 산업에 크게 기여했다. 그의 가장 큰 성과는 미국 내에 문자 메시지의 인기를 상승시킨 것이다. 리얼리티 쇼인 「아메리칸 아이돌」과의 파트너십 체결이 촉매제였다. 수백만 명의 시청자가 매주 문자 메시지로 자신이 좋아하는 가수에 투표를 했고, 이는 AT&T의 문자 메시지 사용을 급증시켰다. 사람들은 「아메리칸 아이돌」에 투표하면서 문자 메시지에 익숙해졌고 가족과 친구들에게도 더 많은 메시지를 보내기 시작했다. 문자 메시지가 일상이 된 것이다.

존은 그 공로 역시 자신이 아닌 주위 사람들에게 돌렸다. "내 주변에는 스마트한 인재가 많았고 우리는 함께 일하는 게 즐거웠다." 평소 그의 겸손한 태도를 감안하면 이런 반응은 당연했다. 수천 명의 성공한 경영자와 인터뷰를 진행했던 리더십 전문가 짐 콜린스는 이렇게 말한다.

> 경영 능력이 뛰어난 이들과 인터뷰를 진행하면서 우리는 그들이 스스로를 바라보는 태도에 놀랐다. 아니, 자신에 대해 많은 이야기를 하지 않는 데 놀랐다는 편이 맞을 것 같다. 그들은 회사 내 다른 경영자들의 공로는 언급하면서도 자신의 역할을 말하는 것은 본능적으로 피하는 것 같았다. 그들 자신에 대한 이야기를 요청하면 그들은 "내가 대단한 인물인 것처럼 포장되기를 원하지 않는다" 또는 "그 일에 내가 큰 공로를 세웠다고 보

지 않는다. 곁에 훌륭한 사람들이 있었기에 가능했다"라는 식으로 이야기했다.

지금도 존은 AT&T에서 자신의 역할에 대해 겸손하게 대답한다. 그는 "내가 20세기 마지막 분기에 통신 분야의 폭풍의 눈 한가운데 있을 수 있었던 건 순전히 운이 좋았기 때문"이라면서 "나는 통신 산업의 포레스트 검프였다! 급류에 휩쓸리듯이 그곳에 들어갔고 회사 내에는 사장 직책을 맡을 인재가 부족했다. 덕분에 그 자리에 오를 수 있었다"라고 말했다.

그의 말이 사실이라고 해도 그 행운은 존이 일궈 낸 것이었다. 그리고 그의 노련한 사교성이 행운을 끌어들이는 데 큰 역할을 했음은 분명했다.

공동체의식을 갖는 데 필요한 4가지

요약하자면 유쾌 지능이 높은 사람들은 대인 관계에서 두 가지 중요한 원칙을 따른다. 첫째, 그들은 사회적인 관계에서 타인에 대한 반사적인 반응과 고정관념에서 비롯된 인상을 제한하는, 즉 '닻을 내리지 않은' 사고방식으로 접근한다. 둘째, 사회적인 교류를 할 때 겸손한 태도를 유지한다. 자기 자신과 세상을 좀 더 가볍게 수용하는 태도의 확장으로 볼 수 있다. 2장 후반부에서는 이 주제를 바탕으로 '그것은 건강한 대인 관계 이상의 의미로 해석될 수 있는가?'라는 질문에 답하고자 한다.

그 전에 한 가지 명확하게 짚고 넘어가야 점이 있다. 만일 당신이 내향적인 성향이라면, "나는 사람들과 사귀는 걸 좋아하지 않아"라고 생각할 수 있다. 반대로 외향적인 성향이라면, "대인 관계 정도는 알아서 잘할 수 있다"라는 식으로 생각할 수도 있다. 그러나 정도의 차이일 뿐 우리는 내향적인 성격과 외향적인 성격을 모두 가지고 있다. 완전히 내향적인 성격이라거나 완전히 외형적인 성격이라고 생각하는 것은 스스로를 제한하는 태도다. 내향적인 이들에게 "좀 더 외향적인 태도를 가져야 한다"라거나 외향적인 이들에게 "그런 성향을 유지하라"라는 말이 아니다. 모든 사람이 사회적인 존재라는 뜻이다. 극도로 내향적이라고 해도 늘 고립된 상태에 있는 것은 좋지 않다. 어느 정도 타인과 밀접하고, 따뜻하고, 애정 어린 관계를 맺어야 한다. 극도로 외향적인 이들도 종종 혼자 시간을 보내면서 자신이 어떤 관계를 맺고 있는지 점검할 필요가 있다.

그렇다면 유희적인 사교성(닻을 내리지 않는 것과 겸손함)은 구체적으로 우리에게 어떤 유익을 줄까? 분명한 건 그것이 호감을 주는 성품이라는 점이다. 남에게 판단받기를 좋아하는 사람은 없다. 자기애가 강하고 교만한 사람과 같이 있고 싶은 사람도 없다. 누구나 타인을 판단하지 않으며 겸손한 사람을 좋아한다. 그러나 그보다 더 중요하고 깊은 뭔가가 있지 않을까? 그 점을 좀 더 자세히 들여다보자.

러시아계 유태인인 시모어 사라슨은 1900년대 초 뉴욕 브루클린의 브라운스빌에서 자랐다. 어린 시모어가 아파트 창문으로 밖을 내다보면 온갖 인종과 국적, 종교가 뒤섞인 사람들이 살고 있는 혼잡한 도시가 보였다. 오븐을 끌고 다니면서 맛있는 밤과 고구마를 판다고 외치는 남자들, 카트에 실린 각양각색의 과일과 채소를 파는 여자들. 브라운스빌의 미묘한 조화는 시모어를 매료시켰다.

시모어가 여섯 살 때 그의 가족은 친척과 가까이 살기 위해 뉴어크로 이사했다. 그는 유대인 가족과 친구들 속에 살면서 유대인으로서의 정체성을 확립했다. 이곳에서는 거리를 내다보면 유대교 율법에 맞는 고기를 파는 코셔 정육점, 유대인 빵

집, 유대인 생선 가게, 사탕 가게가 보였다.

시모어는 1942년에 심리학과를 졸업하고 코네티컷의 시골에 위치한 정신 질환자 보호 시설에서 일했다. 그곳에 있는 환자들 대부분은 지적 장애(지능지수 70 이하)를 앓는 가난한 소수 민족이었다. 가족과 공동체로부터 격리된 그들은 그곳에서 훈련과 교육을 거쳐 다시 집으로 보내졌다.

시모어는 입소자들이 보호 시설에서 소속감을 느끼지 못한다는 사실을 발견했다. 그들은 그곳에서 외로움과 소외감을 느끼고 있었다. 보호 시설에서 나가려는 시도는 하지 않았으나 마음속으로 떠나온 곳을 그리워하고 있었다. 직원들은 입소자들의 지적 수준 때문에 입소자가 나이가 많아도 '어린아이'로 여겼다. 입소자들이 지능이 낮고 기능도 수준 미달이라는 관점에 앵커링이 되어 있었던 것이다.

그는 자신도 앵커링 효과의 영향을 받고 있을지 모른다는 의심이 들었다. 그 질문에 대한 답을 찾기 위해 입소자들에게 테스트를 실시했다. 입소자들의 내면을 알아보기 위해 몇 장의 그림을 제시해 이야기를 만들게 했다. 시모어는 이 테스트의 결과를 통해 입소자들이 사랑하는 사람들을 그리워하고 있다는 것과 강제 격리된 것에 대해 분노, 낙심, 절망감을 겪고 있다는 것을 알았다.

시모어는 입소자들을 이전과 다른 방식으로 마주했다. 친구나 동료, 가족을 대하듯이 했다. 그는 자신이 속해 있던 공동체를 떠올렸다. '낯선 땅에서 이방인'으로 살아간다는 게 어떤 느낌이었는지 기억했다. 그리고 자신에게 공동체의식을 갖는 게 얼마나 중요했는지 되새겼다. 그는 입소자들에게 그들과 그들의 가족이 속해 있었던 공동체가 어떤 곳이었는지 물었다. 직원들도 그의 지침에 따랐고 입소자들의 생활도 개선되었다.

시모어는 이때의 경험을 바탕으로 공동체 심리학 분야의 선구자에 오를 수 있었다. 그는 내면의 심리적인 문제에 초점을 맞추기보다는 빈곤, 우울증에 대한 공동체의 영향을 연구했고 공동체의식이 개인의 삶에 미치는 영향을 탐구했다. 그는 공동체의식을 "재난이 닥쳤을 때뿐만 아니라 일상에서도 쉽게 접근할 수 있고, 자신을 지지해 주고 신뢰할 수 있는 조직에 속해 있다는 느낌"으로 정의했다. 그 후 시모어에게서 영감을 받은 많은 심리학자와 사회학자가 공동체의식을 가지기 위해 필요한 요소들을 연구했다.

그중에서 가장 보편적으로 수용된 모델은 데이비드 맥밀런과 데이비드 채비스가 1986년에 발표한 모델이었다. 이 모델은 공동체의식 구성에 필요한 네 가지 요소로 소속감, 영향력, 욕구의 통합과 충족, 정서적 유대의 공유를 꼽았다. 첫 번째, 소속감은 공동체에 소속된 사람과 그렇지 않은 사람 사이를 나누는 조건이다. 두 번째, 영향력은 구성원들이 자신이 그 공동체 안에서 어느 정도 영향을 미치고 있다고 느끼는 것을 뜻한다. 또한 자신이 다른 사람으로 대체될 수 없으며 그 그룹에서 유의미한 존재임을 인식해야 한다는 것을 뜻한다. 세 번째, 욕구의 통합과 충족은 특정 공동체가 구성원의 욕구를 충족시키는 역할을 해야 한다는 것을 의미한다. 마지막으로 정서적 유대의 공유는 공동체를 하나로 결합시키는 접착제 역할을 가리킨다.

이러한 모델의 실제적인 좋은 예로 노인 생활 공동체를 들 수 있다. 노인 생활 공동체에서 생활하는 이들은 다른 구성원들을 잘 알고 있다고 느끼고, 공동체 활동에 참가함으로써 자신이 그 공동체에 영향력을 미친다고 생각한다. 이런 생활 공동체는 구성원들의 필요를 충족시키고 구성원들은 감정적인 유대감을 공유한다.

맥밀런과 채비스에 따르면 이 요소들이 결합될 때 공동체의식이 형성된다. 하지만 네 가지 요소가 모두 있어야만 공동체의식을 느끼는 것은 아니다. 그들이 "진정한 공동체의식에 반드시 필요한 요소"라고 주장한 요소는 정서적 유대의 공유(접착제)다. 이는 당사자들의 접촉과 밀도 높은 상호 작용이 수반될 때 가능하다고 설명했다.

접촉은 우호적인 교류가 잦을수록 서로 가까워질 가능성이 높음을 의미한다. 접촉의 양보다 중요한 게 밀도 높은 상호 작용이다. 이것은 경험을 공유하는 사람들이 느끼는 경험의 중요성과 관련이 있다. 맥밀런과 채비스는 밀도 높은 상호 작용에서 중요한 부분이 정서적 불안이라고 강조한다. "개인이 다른 구성원과의 관계에서 경험하는 정서적 불안의 정도, 그리고 공동체 생활에서 받은 감정적인 고통에 자신의 마음을 터놓는 정도는 개인의 공동체의식에 영향을 준다."

결과적으로 유쾌 지능이 높은 이들의 사교적인 행동은 맥밀런과 채비스가 주장하는 밀도 높은 상호 관계의 필수 요소와 일치한다. 개인이 자신의 판단을 유보하고, 자신의 약점을 드러내고, 순응적이고, 겸손한 태도로 사회적인 상호 작용을 할 때 긍정적이고 밀도 높게 상호 작용할 가능성이 높다. 그리고 정서적 유대의 공유와 그에 따른 공동체의식을 경험할 가능성도 높아진다. AA의 12단계 프로그램이 좋은 예다. 참가자들은 힘을 뺀 의사소통 방식과 자신의 약점을 인정하는 겸손한 자세로 프로그램에 임할 것을 권고받는다. 이런 태도를 기반으로 서로 알코올 의존증과 싸운 경험을 공유하면서 감정적인 연계와 공동체의식뿐 아니라 긍정적인 회복의 가능성을 발견한다.

1장에서 설명했던 것처럼, 유쾌 지능이 높은 사람은 상상력을 활용해서 자신을 타인의 입장에 투영하고 상대방을 이해하는 가능성을 높인다. 이런 공감 능력은 사회적으로 성공할 수 있는 능력을 증가시킨다. 맥밀런과 채비스는 이를 '역사의 공유'라고 부르며, 그것이 정서적 유대의 공유의 또 다른 주요 요소라고 강조한다.

그들은 이렇게 말한다. "공동체의 구성원들이 서로의 역사를 공유하기 위해 반드시 그 경험에 참여해야 하는 것은 아니지만 그 경험을 자신의 경험과 동일시해야 한다." 타인의 역사를 자신의 경험과 동일시하려면 그를 이해하고 공감할 수 있는 상상력이 필요하다. 부모들이 다른 부모들과 자녀를 양육한 경험을 공유하는 게 좋은 예가 될 수 있다. 부모들은 다른 부모의 이야기를 들으면서 머릿속에 자신의 자녀를 그 상황에 대입함으로써 그 이야기(그리고 그 이야기를 공유하는 부모)를 자기 자신과 동일시한다. 타인의 역사와 자신의 경험을 동일시하려면 자기 자신과 타인의 공통점을 발견하고 그를 이해하고 공감할 수 있는 상상력이 필요하다.

앵커링을 배제하고 겸손한 태도로 타인의 상황에 공감할 때, 정서적 유대의 공유는 강화되고 공동체의식은 증진된다. 이것이 "유쾌 지능이 건강한 대인 관계 이상의 의미로 해석될 수 있는가?"에 대한 답변이다. 유쾌 지능이 높은 사람들이 대인 관계를 형성하는 방식(닻을 내리지 않는 것과 겸손함)은 그들의 공동체의식을 크게 높인다.

신체 접촉이 없는 소셜미디어가 더 위험하다

공동체의식이 중요한 이유는 두 가지로 요약할 수 있다. 우선 공동체의식은 사회적인 고립감과 외로움 극복에 도움을 준다. 고립감과 외로움은 고혈압, 운동 부족, 비만, 흡연 등의 부정적인 영향을 미치기 때문에 조기 사망의 원인이 된다. 전통적으로 공동체의식의 유익은 공동체 유형에 따라 구분된다고 여겨졌다. 실제로 공동체를 간단한 범주로 분류해서 살펴보는 것은 각 공동체가 개인의 전반적인 공동체의식에 미치는 영향을 이해하는 데 도움이 된다. 내가 즐겨 쓰는 분류는 가정, 이웃, 기타 공동체다. 겹치는 부분이 있기는 하지만 이 범주는 지리적으로 집 안, 집 밖, 이웃을 넘어선 모든 지역이다. 기타 공동체는 다양한 공동체(직장, 사회단체, 종교 단체 등)를 모두 묶은 것이다.

가정에서는 서로를 비판하지 않고 배려하며 자신을 낮추면서 함께할 때 공동체의식이 강화된다. 각자의 삶에 바쁜 현대인들이지만 식사 시간만이라도 가족과 함께한다면 좋을 것이다. 다행히 많은 가정이 가족과 함께 식사하는 시간을 중시해서, 주중에라도 저녁이나 아침은 가족과 함께하려고 노력한다. 갤럽이 1997년부터 가족이 함께 식사하는 횟수를 추적한 결과, 미국 가정의 절반 이상이 일주일에 예닐곱 번 저녁 식사를 같이 하는 것으로 나타났다. 나머지 가정의 3분의 1은 일주일에 네다섯 번 함께 저녁 식사를 하고 있었다. 흥미로운 점은 구성원이 성인들만 있든 성인과 어린이가 함께 있든 상관없이 저녁 식사를 함께하는 비율은 비슷했다.

이는 매우 긍정적인 현상이다. 가족과의 식사를 통해 고취되는 공동체의식은 개인의 육체적, 심리적, 정서적 건강 증진에 매우 도움이 된다. 또한 자존감과 회복력을 높이고 우울증과 비만의 위험성을 낮춘다. 규칙적으로 가족과 식사하는 어린이들은 학교에서 학습 의욕과 성취도가 높고, 친구들과도 좋은 관계를 맺는 것으로 나타났다.

만일 당신의 가족들이 정신없이 바쁘게 살아가고 있다면 가족 식사를 규칙적으로 하고 있는지부터 돌아보자. 가족 식사는 공동체의식을 연습할 수 있는 좋은 기회이며, 그것은 가족 모두에게 큰 변화를 줄 것이다.

이제는 현관 밖으로 나가 보자. 개인의 공동체의식은 이웃의 영향을 받는다. 물론 우리의 이웃은 친구가 아닐 수도 있다(어떤 이웃은 적일지도 모른다). 그러나 이웃과 연결되어 있다는 느낌만으로도 우리의 정신과 신체는 긍정적인 영향을 받는다.

이를 여실히 보여 주는 사례가 미국 펜실베이니아주의 이탈리아 이민자 마을인 로제토다. 1950~1960년대 오클라호마대학교의 의사 겸 과학자였던 스튜어트 울프는 로제토와 가까운 지역에서 여름을 보내곤 했다. 어느 날, 그 지역의 한 의사가 울프에게 64세 이하의 로제토 주민들은 심장 질환을 앓지 않는다는 흥미로운 관찰 결과를 알려주었다. 울프가 실제로 조사한 결과 로제토에 사는 65세 이하 남성들의 심장 질환으로 인한 사망률은 다른 지역의 절반 수준이었다. 평균 수명 또한 다른 지역 주민들보다 높았다.

이해하기 어려운 일이었다. 로제토 주민들은 대체로 가난했고 담배를 피웠고 비만이었다. 그들이 심장 질환에 걸리지 않는 이유가 무엇일까? 울프는 사회학자 존 브런의 도움으로 로제토에게 유리하게 작용하는 요인이 무엇인지 살펴보았다. 그 결과 울프는 로제토 공동체가 매우 긴밀하게 연결되어 있음을 발견했다. 로제토 주민들은 정기적으로 함께 식사를 하면서 대화를 나누는 시간을 가졌다. 이로 인해 그들은 소속감을 느끼고 있었고, 자신이 어려울 때 도움을 청할 수 있는 이웃이 있다고 생각했다. 로제토에는 사회적인 교류와 유대감을 증진시키기 위한 지역 사회 공동체가 스무 개 이상 있었다.

유전학을 포함한 모든 데이터를 검토한 후, 울프와 그의 동료들은 로제토 마을의 비밀은 주민들 간의 사회적인 지지와 공동체의식이라는 결론을 내렸다. 울프 팀은 1960년대에 들어서면서 로제토의 사회적인 유대가 약화되자 그런 특징이 사라졌다는 사실을 알았다. 1935년부터 1985년까지 로제토와 인근 마을인 뱅거의 사망 진단서를 비교했을 때, 처음 30년간은 심장 마비로 인한 사망률이 로제토 주민들이 더 낮았지만, 가정과 공동체의 결속력이 약화된 시기부터는 뱅거 주민들의 사망률 수준으로 증가했다.

로제트 마을의 이야기가 알려진 이후 많은 이들이 이웃의 결속력과 건강의 관계를 연구했다. 대부분의 연구가 사회적인 결속과 이웃과의 좋은 관계가 우울증을 예방한다고 증명했다. 이웃과의 연계 정도가 질병에 대한 자각 증상과 관련 있다는 것도 밝혀졌다. 그러나 흡연, 음주, 영양 불균형 같은 건강 요인도 이웃과의 결속에 의해 영향을 받는지는 확실하게 증명되지 않았다.

그렇다면 이웃과 자주 파티를 열고 산책을 나갈 때마다 이웃에게 줄 쿠키를 가지고 가야 할까? 그렇지는 않다. 그러나 퍼시처럼 이웃집 문을 두드리고 자기 자신의 존재를 알리는 것 같은 작은 행동이 공동체의식 함양에 도움이 된다. 중요한 건 이웃과 일상적인 대화를 나누는 것을 시간 낭비로 여기지 않는 마음가짐이다. 어떤 형태로든 공동체의식을 높이려는 노력이 우리의 삶을 더 행복하게 만든다.

마지막으로, 기타 공동체 범주는 가족과 이웃을 제외한 모든 공동체를 포함한다. 여기에는 친구, 함께 일하는 직장 동료, 종교 단체, 사회단체, 시민 단체, 봉사 단체, 가상 공동체 등이 있다. 어느 단체에서든 가정과 이웃을 대할 때처럼 겸손함과 유회적인 사교성으로 접근하면 공동체의식은 향상된다.

그중에서도 오늘날과 같은 시대에 가상 공동체는 중요한 의미가 있다. 가상 공동체는 오프라인 공동체와 비슷한 수준의 유익을 제공할까? 가상의 세계에서도 진정한 연계가 가능할까? 이 질문에 답하기 전에 심리학적인 차원에서 개인의 사회적인 연계가 중요한 이유를 이해할 필요가 있다. 좋은 관계를 맺고 있는 타인과 신체적으로 가까운 거리에 있을 때나 애정 어린 스킨십을 할 때 우리의 뇌하수체에서는 옥시토신이라는 신경 호르몬이 분비된다.

옥시토신은 본래 수유와 자궁 수축에 관여하는 호르몬으로 알려졌다. 그 이후 연구를 통해 옥시토신이 사회적인 유대감을 느끼는 데에도 중요한 역할을 한다는 점이 밝혀지면서 관심이 몰렸다. 주먹을 맞대거나 악수를 하거나 가볍게 등을 두드리는 행위, 팔꿈치로 살짝 건드리는 행위 등은 상대방이 내게 집중하고, 내 이야기를 들어주고, 함께 웃을 준비가 되었음을 나타낸다. 옥시토신에 '포옹 호르몬', '신뢰 호르몬'이라는 이름이 붙은 이유다.

하지만 신체 접촉이 없는 가상 세계에서는 옥시토신 효과를 얻을 수 없다(정확한 확인을 위해서는 더 많은 연구가 필요하지만). 그렇다면 중요한 것은 가상 세계에서 밀도 높은 연계가 형성될 수 있는지 여부다. 가상 세계로 현실 도피를 하거나 그곳에서 감정적 지지를 얻기 위해 습관적으로 페이스북이나 트위터를 한다면, 그 대답은 아마도 "아니다"일 것이다. 반면 현실 세계에서도 아는 사람이나 관계를 맺고 있는 사람과 서로 연락하고 소식을 공유하기 위해 페이스북이나 트위터를 한다면, 가상 교류는 밀도 높은 상호 작용으로 경험될 수 있을 것이고 따라서 공동체의식에 도움을 줄 것이다. 다시 말해서, 가상 공동체가 공동체의식 함양에 기여하는 정도는 우리의 의도와 인식에 달려 있다.

불행하게도 소셜미디어의 중독은 인지 상태의 불균형을 초래한다. 소셜미디어에서 '좋아요'나 그와 비슷한 긍정적인 피드백을 받으면 뇌에서 보상 역할을 하는 중격 측좌핵이 활성화되고 도파민이 분비돼 기분이 좋아진다. 우리는 더 빠르고 긍정적인 피드백을 원하게 된다. 중격 측좌핵은 사회적인 평판을 수용하는 역할을 하기 때문에 가상 공동체에서 자신을 인정하는 사람이 많을수록 자신의 평판이 더 향상된 것처럼 느끼는 것이다.

그러나 이것은 '인터넷의 역설'이다. 온라인에서 보내는 시간이 현실 세계의 사람들과 연결되는 것을 방해할까, 아니면 내향적이고 사회성이 부족한 사람들에게 타인과 연결되는 기회를 제공할까. 그 대답은 개인마다 다르겠지만 페이스북 사용자에 관한 연구를 보면, 페이스북 사용 시간이 증가할수록 청소년들의 전반적인 정신 건강이 악화되고 잠재적인 외로움이 증가했다. 더 큰 문제는 외로움을 느끼거나 사회적 지지가 부족하다고 느낄 때 페이스북에 더 의존하게 된다는 데 있다. 두 가지 데이터의 요점을 연결하면, 사람들은 외로움을 느낄 때 온라인에서 타인과의 연결을 더 추구하고, 이는 장기적으로 역효과를 일으킨다는 결론이 도출된다.

이 이야기의 흥미로운 반전은 10대 청소년들과 노인들의 사례에서 찾아볼 수 있다. 청소년들은 소셜미디어를 통해 다양한 공동체를 기반으로 하는 웹사이트에 접속한다. 이 사이트는 청소년들에게 인터넷을 긍정적인 방식으로 이용하는 방법을 알려 준다. 예를 들면 HIV(인간면역결핍바이러스)에 감염될 위험성이 있는 청소년들은 페이스북에서 다양한 가상 친구들과의 커뮤니케이션을 통해 HIV 검사와 자료에 대해 알게 됨으로써 HIV 테스트 키트를 요청할 수 있다. 노인들의 경우, 페이스북 사용으로 인지 능력 저하를 25퍼센트 가까이 줄일 수 있다. 이 때문에 최근 많은 양로원에서는 노인들이 다양한 가상 공동체에 연결될 수 있도록 시스템을 구축하려는 기술적인 노력도 하고 있다. 이런 종류의 프로그래밍은 개인 역량, 정체성, 인지 능력을 끌어올려서 정신 건강과 복지를 증진시킨다.

가상 공동체와의 관계에서 가장 중요한 것은 스크린과 기기를 대하는 우리의 태도다. 외로워서 가상 세계에 의존한다면 상황이 더 악화될 수 있다. 그때는 누군가와 얼굴을 마주하거나 전화로 대화하려는 의식적인 노력을 해야 한다. 그러나 정서적 유대를 공유하려는 올바른 의도를 갖고, 열린 마음으로 가상 공동체에 접근한다면 공동체의식은 강화될 수 있다. 먼 곳에 사는 어린 시절의 친구와 온라인으로 연결될 수 있는 것은 가상 공동체가 줄 수 있는 가장 큰 혜택이다. 타인을 판단하지 않는 태도와 겸손한 자세로 그러한 교류가 이뤄질 때 밀도 높은 상호 작용과 공동체의식이 향상될 수 있다.

앞에서 설명한 것처럼 건강한 공동체의식은 앵커링 효과를 억제하고 겸손함을 극대화하는 유희적인 사교성에 의해 강화될 수 있다. 사회성을 조금씩 높이고 우리의 관심을 기다리는 공동체(가정, 이웃, 기타 공동체)와 조화를 이룰 때 정서적 유대의 공유는 깊어지고, 새롭고 의미 있는 관계는 확장되며, 이를 통해 타인과 함께 하는 유익도 커진다.

마지막으로 어느 유쾌한 환자의 이야기를 소개한다. 때로는 한 사람의 이야기가 전체를 압축적으로 설명한다.

97세의 글로리아 M.은 심장 발작의 재발로 병원 신세를 져야 했다. 대동맥 판막의 개구부가 너무 좁아져서 폐와 다리에까지 물이 찬 상태였다. 의료진은 물을 빼내고 심장박동을 되살리는 처치를 했다. 결국 글로리아는 심장 판막을 교체하는 수술을 했다.

어느 날 아침, 의료진이 회진 준비를 할 때 한 인턴이 말했다. "그 할머니는 97세인데도 정말 건강하셔요. 67세처럼 보인다니까요. 볼링을 치러 다니실 정도로 활기가 넘치는 분이에요." 의료진이 입원실에 들어섰을 때 글로리아는 뭔가 즐거운 표정으로 침대에 누워 있었다. 어깨까지 내려오는 뒤엉킨 머리카락과 두꺼운 렌즈의 커다란 안경, 환자복 대신 파란색과 분홍색 꽃무늬의 잠옷에 진한 분홍색 카디건까지 걸쳐서 더욱 유쾌해 보였다.

"안녕히 주무셨어요? 오늘은 기분이 어떠세요?"

주치의가 물었다.

그녀는 "좋아요. 더할 나위 없이 좋아요"라고 대답했다.

"그런데 차트 기록이 잘못된 것 아닌가요? 97세라고 적혀 있는데, 스무 살이 더해진 게 아닌가요?"

그녀는 어깨를 으쓱하며 고개를 저었다. "난 97세예요. 그래도 아직 볼링을 치러 다녀요. 일주일에 두 번씩이나!"

"볼링을 아주 잘 치시나 보죠?"

"꽤 잘 치는 편이죠. 평균이 71이니까." (그녀는 캔들핀 볼링을 쳤는데, 평균 71이면 상당히 높은 점수였다.)

"비결이 뭔가요?"

"비결? 그건 나도 모르죠."

아마도 이런 질문을 수없이 많이 받았을 텐데 마치 처음 듣는다는 듯한 표정을 지었다. 그녀는 삶의 양이 삶의 질보다 중요하지 않다는 사실을 알고 있었다. 비록 자신의 심장 판막은 기력을 다했지만 삶은 여전히 활기차다는 걸 알리기 위해 볼링을 친다고 답한 것이다.

"걱정거리가 없으신가 보죠?"

"아뇨, 걱정거리는 아주 많죠."

"음식은 어떻게 드세요? 채소만 드시나요? "

"뭐든지 다 먹어요."

"단 건 많이 안 드시죠?"

“단 것도 좋아해요.”

“담배를 피우세요? 술은 드시나요?”

“담배도 안 피우고 술도 안 마셔요. 적어도 최근 몇 년 동안은요.”

“흠……. 그럼 볼링 덕분이네요.” 주치의가 결론을 내렸다.

그 순간 주치의의 눈을 바라보던 그녀의 눈이 반짝 빛나더니 윙크를 하면서 대답했다. “바로 그거예요!”

사교성 연습

닻 내리기 예방

대인 관계에서 상대방에 대한 고정관념에 의지하고, 그릇된 인상에 집착하고, 섣부른 판단과 결론을 내릴 때 앵커링 효과가 일어난다. 이 때문에 자칫 잘못하면 정서적 유대의 공유와 그로 인한 유익을 놓칠 수 있으므로 주의해야 한다.

닻은 이름처럼 일단 내리면 바꾸기가 어렵다. 그러므로 처음부터 닻을 고정하지 않는 것이 중요하다. 다음은 닻 내리기 예방에 도움이 되는 몇 가지 팁이다.

- **초점을 이동하라** 일반적으로 사회적인 앵커링은 개인과 타

인 사이에 존재하는(또는 존재하지 않는) 차이점, 주로 매력, 경제력, 명망의 차이에 집중할 때 일어난다. 이러한 앵커링은 대인 관계에 부정적인 영향을 끼친다. 만일 그런 것에 초점을 맞추고 있다면, 당신이 좋아하는 상대방의 특징이나 당신과의 공통점에 초점을 맞추도록 노력하라.

- **기분을 전환하라** 행복할수록 앵커링 효과는 줄어든다. 만족감을 느낄 때 타인과 자기 자신을 판단하는 경향이 감소하기 때문이다. 완전히 기분을 바꾸기는 어렵지만, 기분이 별로라면 몇 초라도 행복한 일들을 떠올려 보라. 그런 시도만으로도 앵커링의 위험을 줄일 수 있다. 누군가를 만나기 전에는 잠시 편안하고 행복한 기억을 그려 보라.
- **앵커링을 수용하라** 앵커링 효과를 완전히 피하기는 불가능하다. 모든 앵커링이 나쁜 것은 아니다. 첫인상이 정확할 때도 있다. 당신이 앵커링을 하고 있다는 사실을 인식하는 것만으로도 앵커링이 타인과의 관계를 방해하는 정도를 줄일 수 있다.

힘을 뺀 의사소통

유희적인 사교성과 유쾌 지능에 있어 중요한 요소는 자신의 약점을 드러내는 태도와 겸손하고 열린 마음가짐이다. 그것은 자기 자신에게 지나치게 집착하지 않고 힘을 뺀 의사소통 방식을 대인 관계의 기본으로 둘 때 가능하다. 힘을 뺀 의사소통을 몸에 배이게 하는 몇 가지 팁을 소개한다.

- **많이 들어라(특히 여성의 이야기를)** 『기브앤테이크』에서는 세계 최대 회계·컨설팅 그룹인 딜로이트 투쉬 토마츠의 전 CEO였던 짐 퀴글리의 일화를 소개한다. 짐은 회의 때 20퍼센트 이상 말하지 않겠다는 목표를 세우고 힘을 뺀 의사소통을 실천했다. 그런 방법으로 다른 사람들이 무엇을 원하는지 이해할 수 있었을 뿐만 아니라 답변하기보다는 질문을 던지는 쪽으로 대화를 이끌어 나갈 수 있었다. 사회적인 상호 작용을 할 때 이와 같은 목표를 적용해 보라.
  또한 여성들은 남성들보다 힘을 뺀 의사소통 방식을 더 많이 사용하는 경향이 있다. 따라서 힘을 뺀 의사소통 기술을 익히고 싶다면, 여성들을 자주 대하는 것(그리고 이야기를 들어주는 것)이 가장 좋은 연습이 될 수 있다.

- **의견을 제안으로 재구성하라** 힘을 뺀 의사소통 방식을 효과적으로 사용하는 방법은 상상력을 통해 의견을 되도록 질문 형식의 제안으로 재구성하는 것이다. 예를 들면 "이 문제를 해결하려면 더 많은 돈을 투자하는 게 최선이라고 생각한다"라고 말하는 대신 "더 많은 자본이 이 문제를 해결하는 데 도움이 된다고 생각하지 않는가?"라고 묻는 것이다. 의견을 제안으로 재구성하면 대화가 양방향으로 흐른다. 그리고 상대방이 당신의 의견에 동의하지 않을 때도 완곡하게 반대 의사를 표현할 수 있다.
- **능력이 먼저다** 힘을 뺀 의사소통 방식은 수동적인 태도를 갖게 한다. 원래 공격적인 성향이라면 그럴 가능성이 더욱 높다. 그러나 수동적인 태도는 때로는 '실수 효과(pratfall effect)'를 일으켜 당신의 능력이 평가절하될 수도 있다. 실수 효과란 누군가가 실수나 잘못을 인정할 경우, 상대방이 그의 능력을 인지하는 정도에 따라 그를 더 높이 평가하거나 더 낮게 평가하는 경향을 말한다. 예를 들어 유능한 사람이 자신의 단점을 인정할 때, 일반적으로 사람들은 호감을 느낀다.

반대로 유능하지 않은 사람이 자신의 단점을 인정하면, 사람들은 그를 덜 매력적으로 보는 경향이 있다. 즉, 힘을 뺀 의사소통 방식이 가장 효과적으로 작용하는 것은 겸손함이 유능함, 장점과 결합할 때다. 그럴 때 당신은 보다 강한 영향력을 행사할 수 있다. 앞서 등장한 존 제글리스는 이를 "지적인 영향력이 우선이다"라는 한마디로 표현했다. 자신의 겸손함과 유쾌함이 긍정적으로 평가되는 것에 앞서 AT&T 주주들에게 일단 자신의 능력을 증명하는 것이 중요하다는 의미다.

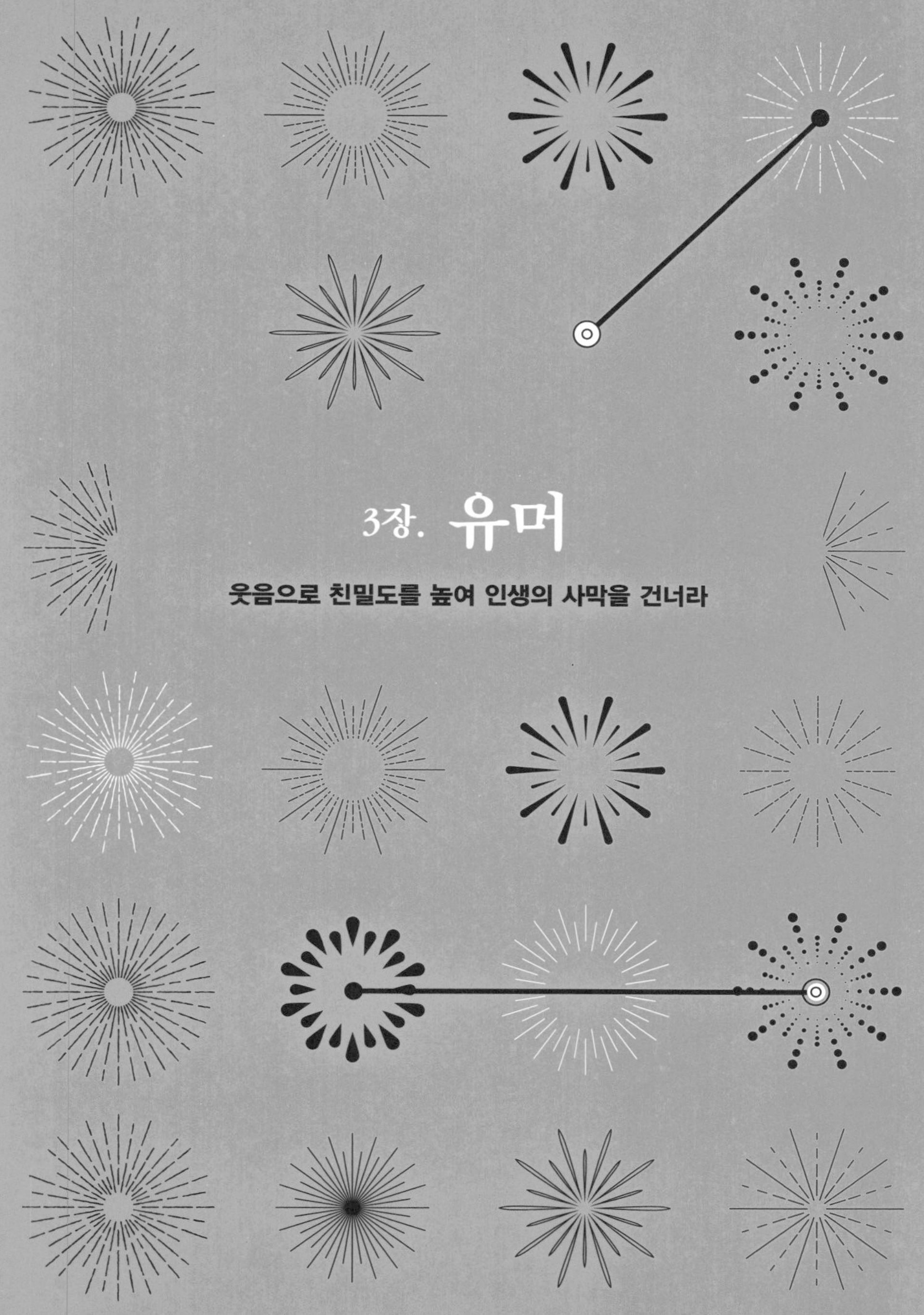

3장. 유머

웃음으로 친밀도를 높여 인생의 사막을 건너라

◆◇

1959년 발간된 조지아주립대학교 심리학과 교수인 데이비드 슈워츠의 『크게 생각할수록 크게 이룬다』는 미국 전역에 센세이션을 일으킨 자기계발서다. 그 당시 이 책을 읽는 사람을 찾기란 식당에서 주크박스를 찾는 것만큼 쉬웠다. 이 책은 사람들이 인생에서 더 나아가지 못하는 이유가 생각의 크기가 작기 때문이라고 주장했다.

작게 생각한다는 것은 스스로를 믿지 못하고 목표를 낮게 설정하는 것을 의미한다. 슈워츠는 자신의 생각이 작용하는 과정을 이해하면 그것을 이용해서 크게 생각할 수 있고, 그와 비례해서 큰 목표를 달성할 수 있다고 말한다. 그의 생각은 여러 측면에서 타당성이 있었지만 결함도 있었다. 무엇보다 1950년대 후반의 상황에서 이 메시지가 어떻게 해석될지는 그도 예측하지 못했다.

제2차 세계대전이 일어난 지 15년 후, 초강대국이 된 미국에는 소비지상주의가 만연했다. 미국인들은 큰 생각과 큰 성공을, 사회적 지위가 비슷한 다른 사람들보다 더 크고 좋은 집, 자동차, 보트를 소유하는 것을 물질적인 성공과 동일시했다. 실제로는 행복하지 않으면서도 '행복한' 것처럼 보이도록 연기하는 데 익숙했다. 스트레스는 억누르고 표출하지 않았다. 1950년대를 대표하는 시트콤 「비버는 해결사」는 많은 미국인이 동경하는 동화 같은 삶을 그리고 있다.

그러나 표면 아래 현실은 전혀 달랐다. 삶은 점점 더 복잡하고, 심각하고, 바쁘고, 스트레스가 많고, 경쟁적으로 되어 가고 있었다. 상황에 대처하는 기술이 노련해질수록 개인적인 정체성(자기 자신을 아는 능력과 타인과 관계 맺는 능력)은 점점 소멸되고 있었다. '크게 생각하라'는 사고방식은 무겁고 추락하기 쉬웠다. 신속한 방향 수정이 필요했다.

당시 광고업계의 화두는 '크게 더 크게'였다. 세계 광고의 중심지인 뉴욕 매디슨가가 화려하게 번성하는 가운데 빌 번바흐가 네드 도일, 맥 데인과 함께 1949년에 설립한 광고 대행사

DDB는 고전을 면치 못하고 있었다. 38세인 번바흐는 가장 어렸지만 모든 사업 계획을 세울 정도로 명석했다. 그의 동료는 번바흐에 대해 이렇게 말했다. "순수하고 호기심이 많다. 그는 사람들이 첫인상에서 무엇을 느끼는가에 매우 민감하다. 자신에 대한 확신으로 가득 차 있다." 번바흐는 한 가지 원칙을 고수했다. 그건 진실을 말하는 것이다. 동료가 만든 광고가 핵심을 벗어났으면 그 생각을 솔직하게 말하는 편이 낫다고 보았다. 또한 고객이 '항상 옳은 것은 아니다'라고 생각했고, 자신의 일을 신뢰하고, 직관을 따랐다. 무엇보다 광고는 광고주나 상품이 아닌 타깃으로 삼은 대상을 위해 제작해야 한다는 게 그의 신조였다.

어느 날 퇴근길 지하철에서 신문이나 잡지를 읽는 사람들이 광고에 눈길조차 주지 않는 모습을 발견한 그는 다른 광고업체들이 간과한 중요한 사실을 깨달았다. 힘든 하루 일과에 지친 이들이 자기가 갖지 못한 상품을 들고 환하게 웃거나 그들이 알지 못하는 화려한 삶을 담은 광고를 보고 싶어 하지 않는다는 것이었다. 번바흐는 물질주의가 얼마나 공허한 약속을 남발하는지, 그리고 결코 도달할 수 없는 소설 속의 삶을 따라가기 위해 사람들이 얼마나 헛된 노력을 하는지도 알아차렸다. 그러나 그의 광고 대행사는 여전히 어려웠다. 1957년, DDB는 파격적인 엘 알 항공사 광고로 숨통이 트였지만 번바흐는 DDB가 여전히 중요한 것을 놓치고 있다고 생각했다. '더 많이'를 추구하는 라이프 스타일의 신비주의 마케팅에서 벗어나지 못했기 때문이었다.

1930년대 초에 아돌프 히틀러는 독일 시민들이 쉽게 살 수 있는 자동차를 보급하겠다는 꿈이 있었다. '국민차'를 독일어로 번역하면 폭스바겐이다. 그 당시 자동차 설계와 엔지니어링의 천재로 불렸던 페르디난트 포르셰도 히틀러의 생각에 공감했다. 1934년 히틀러는 포르셰에게 국민차를 설계하게 했고, 포르셰가 개발한 자동차는 후에 폭스바겐 비틀이라는 이름으로 불렸다.

그러나 제2차 세계대전이 발발하는 바람에 독일 볼프스부르크에 있는 폭스바겐 공장은 비틀 생산을 중단할 수밖에 없었다. 전쟁이 끝날 무렵 영국 군대의 폭격으로 폭스바겐 공장이 함락되자 비틀은 독일과 함께 몰락할 운명에 처한 것처럼 보였다. 아마도 하인리히 노르호프의 리더십이 없었다면 그렇게 되었을 것이다. 영국인들은 독일의 산업 변호사이자 생산업자인 노르호프에게 남은 자재를 구하고 포르셰의 소형차를 더 개발할 가치가 있는지 판단하도록 의뢰했다. 현명했던 노르호프는 이것이 엄청난 기회임을 직감했다. 그는 3년이라는 짧은 기간 안에 공정을 복구하고 비틀을 새로 출시했다.

유럽의 회복 속도는 느렸으나 대서양을 가로질러 비틀을 판매할 미국 시장은 회복되고 있었다. 미국 디트로이트의 3대 자동차업체(포드, GM, 크라이슬러)는 이런 상황을 파악하고 각각 소형차를 출시했다. 포드는 팔콘을, GM은 코바이어를, 크라이슬러는 밸리언트를 출시했다. 폭스바겐과 노르호프는 비틀을 수출해 미국에서 살아남기 위해서는 과감한 광고가 필요하다고 판단했다.

폭스바겐 수출 책임자였던 칼 한은 광고 대행사 발굴 업무를 맡았다. 그는 미국인들이 아직 수입차에 대해 호의적이지 않다는 것과 대부분 비틀을 히틀러, 나치, 전쟁과 동일시한다는 것을 알고 있었다. 그렇기 때문에 더욱 특별하고 파격적인 광고가 필요하다고 판단했다. 게다가 비틀의 독특한 소형 디자인은 '더 큰 것이 더 좋은 것'이라는 미국인들의 관념에서도 벗어나 있었다. 폭스바겐이 광고 대행사를 찾고 있다는 소문은 광고업계에서 빠르게 퍼져나갔다.

처음에 한은 매디슨가 광고업체들의 프레젠테이션에 실망했다. 그때 느낀 실망감을 나중에 그는 이렇게 표현했다. “우리는 열두 곳의 대행사를 검토했다. 다들 으리으리한 임원실에서 거창한 프레젠테이션을 진행했다. 그러나 우리가 본 광고는 다른 모든 광고(항공사, 담배, 치약 광고)와 똑같았다. 차이점은 치약이 있던 자리에 폭스바겐이 있다는 것뿐이었다.”

그러나 한이 DDB 사무실에 나타났을 때, 그가 이전에 느꼈던 실망감은 DDB에게 유리하게 작용했다. “번바흐는 어떠한 프레젠테이션도 하지 않았다. 그들이 만든 다른 광고를 보여 주고 그들의 사고방식을 설명했을 뿐이다.” 한의 말이다.

번바흐와 한은 서로 뜻이 통했고 한은 DDB를 선택했지만, 폭스바겐이 책정한 광고비는 겨우 10억 원이었다. 비틀이 다른 차와 경쟁하기에는 턱없이 부족한 금액이었다. DDB는 기적을 만들어 내야 했다.

번바흐는 비틀 광고 제작에 필요한 인물이 누구인지 잘 알고 있었다. 조지 루이스와 헬무트 크론이 아트 디렉팅을, 줄리안 쾨니히가 카피라이팅을 맡았다. 비틀 광고를 만드는 동안 이들의 분위기는 밝고 유머러스했다. 적은 자본으로 성과를 내야 하는 우울한 현실에 대처하는 그들의 방법이었다. 독일 공장을 방문했을 때는 반짝반짝 빛나는 모조 다이아몬드가 박힌 백만 번째 비틀과 이상한 모양의 군용 지프를 보고 농담을 나누었다. 저녁 식사 자리에서는 냅킨을 이용해 미국 야구 슬라이드를 시연해서 식당 주인을 웃게 했다.

다른 광고업체들이 멋있고 잘생긴 사람들과 으리으리한 배경을 특징으로 하는 자동차 광고를 제작하고 있을 때, DDB의 이 유쾌한 팀은 다른 방식으로 접근하기로 했다. 1959년 봄, 쾨니히는 크론의 사무실에 가서 비틀 광고 초안을 보여 주었다. "비틀은 애플 스트러들(과일이나 치즈 등을 얇은 밀가루 반죽에 싸서 구운 과자류-옮긴이)처럼 미국적인 것이 되었다"라는 간결한 카피가 적힌 유머러스한 광고였다. 아트 디렉터들은 이 카피를 가지고 그림의 왼쪽 위에 작은 비틀 사진이 있고 남은 공간은 비어 있는 광고를 만들었다. '작게 생각하라'라는 카피는 그림 아래에 작게 쓰여 있었다.

번바흐의 비틀 팀은 광고의 원칙을 파괴한 새로운 방식을 택한 것이다. 멋진 이미지 대신 하얀 여백을, 진지한 카피 대신 농담 같은 카피를, 화려한 레터링 대신 간결한 배치를 사용했다. 그들의 광고는 또한 유머러스했다. 그 당시 광고계에서 유머는 터부시되는 분위기였다. 광고계에서 가장 위대한 카피라이터로 꼽혔던 클로드 홉킨스도 "사람들은 광대에게 물건을 사지 않는다!"라고 단호하게 선언했을 정도였다.

1960년 2월《라이프》에 그들의 광고가 실리자 즉각적인 반응이 왔다. 인위적이고 겉만 화려한 광고의 흐름을 거스르는 파격적인 광고였다. '작게 생각하라'라는 카피 덕분에 비틀은 1960년대 반체제 문화의 첫 번째 아이콘이 되었다. 그것은 삶을 너무 심각하게 받아들이지 말라는 교훈을 상기시키는 유쾌하고 재미있는 카피였다.《애드버타이징 에이지》가 2012년에 발표한 100대 광고 중에서 1위로 꼽혔을 만큼 세월이 흘러도 인정받고 있다.

이 광고가 성공한 이유는 무엇이었을까? 삶에 대한 새로운 사고방식을 제시했기 때문이다. 반드시 가장 좋고, 가장 크고, 가장 즐겁지 않아도 괜찮다는 의미를 전달했다. 진정한 만족은 작고 단순한 것에서 얻을 수 있다는 것을 말했다. 또 하나 중요한 점은 모든 사람의 내면에 숨어 있던 장난스러운 어린아이에게 말을 걸었다는 것이다. 이 광고의 유쾌하고 가벼운 접근 방식은 미국인들에게 일상의 치열함 속에서 장난스러움과 유머만으로 큰 변화를 줄 수 있다는 것을 깨닫게 했다.

유머를 진지하게 생각하라

이 책의 1장과 2장을 읽으면서 유쾌함을 바라보는 당신의 시선은 조금씩 달라졌을 것이다. 그 변화가 지속될 수 있기를 바란다. 혹시 아직 그렇지 않다면 변화되기 위한 준비를 하길 바란다. 유머는 외적으로 표현되는 웃음과 함께 유쾌함의 가장 두드러진 특징이다. 이 책에서 다루는 유쾌함의 다섯 가지 특징 중에서 유머는 유쾌함과 가장 밀접하다. 실제로 유머 감각이 있다는 말은 유쾌하다는 말과 같은 의미로 받아들일 수 있다. 나는 유머가 유쾌 지능이라는 등식의 다른 항이라고 생각한다. 유쾌함의 다섯 가지 특징들은 각기 다른 방식으로 우리가 좀 더 가볍게 살아가도록 할 것이다.

심리 연구가 본격화된 지난 40년간 많은 이들이 유머를 해부학 실험실로 가져갔으나 결과는 늘 같았다. 미국의 수필가 E. B. 화이트는 이렇게 표현했다. "개구리가 해부될 수 있듯이 유머도 해부될 수 있다. 그러나 그 과정에서 개구리가 죽는 것처럼 유머도 생명을 잃는다. 과학적 관점에서 말하면, 유머를 해부해서 내장을 확인하면 실망감만 들 뿐이다." 지금 당신이 읽고 있는 3장의 목적은 유머의 유희적인 특징을 지금까지와는 다른 관점에서 보게 해서 유머가 당신의 삶 속에서 실제적이고 소중한 자원이 되게 하는 데 있다. '작게 생각하라' 광고가 1950년대 미국인들의 사고방식에 미묘한 변화를 일으킨 것처럼, 이번 장이 당신에게 작은 변화를 일으킬 수 있기를 바란다.

나는 유쾌함을 건강한 식생활이나 운동처럼 중요한 생활 방식으로 진지하게 취급되어야 한다고 생각한다. 성인들에게 유쾌함은 진지하게 다뤄져야 하는 문제다. 그만큼 가치를 인정하고 존중해야 한다. 이것이 이 책의 가장 큰 역설이다.

유머를 진지하게 생각하라는 말은 모순적으로 들릴 수 있다. 유머는 세상에 대한 우리의 경험과 서로에 대한 경험을 가볍게 받아들이게 한다. 표면적으로는 분명히 그렇다. 그러나 유머가 실제로 당신의 삶과 행복에 얼마나 큰 영향을 미치는지 생각해 보면, 유머가 단순히 무거운 삶을 가볍게 하는 것 이상의 의미를 갖는다는 게 명확해진다.

유머와 건강의 상관관계를 보면 좀 더 이해가 될 것이다. 유쾌 지능이 높은 사람들이 유머를 자주 사용한다는 것은 널리 알려져 있다.

1970년대 중반까지만 해도 과학계는 유머와 건강의 연관성에 관심이 없었다. 그러나 1976년 기자인 노먼 커즌스가 《뉴잉글랜드 의학저널》에 「질병의 해부학」이라는 글을 실은 이후 상황은 완전히 달라졌다. 심한 염증과 척추 통증을 유발하는 강직성 척추염을 앓았던 자신의 경험을 담은 이 글은 그가 나중에 소설로도 발표해 베스트셀러에 올랐다. 당시 그는 일반적인 치료를 받는 대신 호텔에서 유머집을 읽고 코미디 영화를 보면서 지냈다.

이 글에서 그는 강직성 척추염에서 완전히 회복되는 데 가장 효과적이었던 것은 며칠간 호텔에서 웃으면서 즐겁게 보낸 것이라고 주장했다. 커즌스의 사례는 유머가 건강과 행복감에 미치는 영향에 관한 수많은 연구의 시발점이 되었다. 그로부터 40여 년이 지난 오늘날에도 유머와 건강의 연관성을 밝히려는 수많은 연구와 실험이 진행되고 있다.

신체 건강의 관점에서 가장 많이 연구된 영역은 유머가 신체의 통증을 완화하고 면역 체계와 심혈관 시스템을 강화한다는 것이다. 이 중에서 가장 효과적인 것으로 입증된 게 통증 완화 효과다. 웃음이 통증의 인지와 경험의 강도를 낮추는 화학적인 효과가 있다는 것이다.

면역 체계는 감염이나 암과 같은, 몸을 파괴하도록 설계된 모든 것에 대한 몸의 방어기제다. 유머가 면역 체계에 유익하다면 실로 굉장한 일이다. 그러나 데이터상으로는 결정적인 증거를 찾을 수 없다. 어떤 실험에서는 피험자들이 유머러스한 동영상을 볼 때 면역 체계 분자가 증가하는 현상이 발견되었다. 그러나 그것이 건강에 단기적으로나 장기적으로 실제적인 도움을 주는지는 확인되지 않았다. 재미있는 비디오가 면역 체계에 도움이 된다는 관점은, 다른 검증된 치료법이 없는 한 부정적인 생각은 아니다. 다음은 유대인에게 전해지는 오래된 유머 중 하나다.

한 랍비가 장례식에서 추도문을 읽고 있었다.

뒷줄에 있던 한 할머니: "그 사람에게 닭고기 수프를 주세요! 그 사람에게 닭고기 수프를 주세요!"

랍비 : "죽은 자에게 도움이 되지 않습니다."

할머니 : "해가 되는 것도 아니죠!"

연구 결과를 보면 유머가 심장 혈관계에 도움을 준다는 것을 확인할 수 있다. 웃음은 심장 박동 수와 혈압을 일시적으로 상승시킨다. 마치 운동할 때 나타나는 현상과 비슷하다. 그러나 이러한 일시적인 효과가 구체적으로 건강에 어떤 유익을 주는지는 확인되지 않았다. 같은 이유로 유머 감각은 심장 마비의 주요 원인인 관상 동맥 심장 질환 예방에 효과적이다. 이에 관한 데이터 역시 명확하지 않지만, 오늘날 현대인의 주요 사망 원인이 심장 질환임을 감안하면 웃음의 이러한 효과에 반론을 제기하기도 어렵겠다.

유머가 신체 건강에 미치는 영향을 평가하는 가장 좋은 방법은 수명과의 연관성을 조사하는 것이다. 이 주제에 관한 현재까지 최고의 연구는 노르웨이 과학기술대학교의 교수 스벤 스베박과 그의 동료들에 의해 2010년에 발표되었다.

7년 동안 6만 명 이상의 노르웨이인을 대상으로 교육, 운동, 흡연, 사회적 관계, 체질량 지수, 최고 혈압, 신장 기능, 당뇨병 등 수명에 영향을 미치는 요소를 측정했다. 그 결과 유머 감각은 65세까지 생존할 가능성을 높였다. 그러나 65세 이후에는 뚜렷한 영향을 미치지 않았다. 연구 팀은 65세 이후에는 유전과 생물학적 쇠퇴 같은 다른 요소가 수명에 더 큰 영향을 주는 것으로 추정했다. 다만 이 연구가 데이터의 오류가 발생하기 쉬운 자기 보고법으로 진행되었다는 점에서 혼란을 일으킬 수 있는 여지가 있다.

결론적으로 유머가 신체 건강에 유익하다는 증거는 암시적인 것에 불과하다. 입증된 연구는 없으며, 연구에 사용되는 방법 또한 과학적인 정밀함이 부족한 경우가 많다. 과학적인 정밀함은 주목할 만한 확실한 결론을 도출하기 위해 반드시 필요하다.

신체 건강보다 더 중요한 것은 당연히 전반적인 건강 상태다. 의학은 전통적으로 신체 건강에 주로 초점을 맞춰 왔으며, 우리 사회 역시 신체 건강, 수명을 중요하게 생각하는 경향이 있다. 그러나 그에 못지않게 중요한 건 정신 건강과 삶의 질이다. 누구도 절망으로 가득 찬 삶을 오래 살고 싶지는 않을 것이다. 여기서 유쾌 지능이 높은 사람들은 일상생활 속에서 유머를 어떻게 적용하는지 궁금증이 생긴다.

2007년 영국 런던에서 가족과 함께 살던 정보 기술 컨설턴트 하워드 데이비스 카는 세 살배기 아들 해리와 한 살배기 찰리의 홈 비디오를 촬영했다. 해리의 무릎에 앉아 있던 찰리가 갑자기 해리의 검지를 물어뜯기 시작했다. 찰리의 이는 일곱 개나 있었다. 해리는 놀랐지만 "찰리가 나를 물었어요!"라고 깔깔거리며 손가락을 뺐다. 호기심이 발동한 해리는 일부러 찰리의 입안에 자기 손가락을 집어넣었다. 그러자 찰리는 본능적으로 또 해리의 손가락을 깨물었다.

점차 찰리가 세게 물자 해리는 약간 겁이 난 표정으로 "아야! 찰리, 아파!"라고 비명을 질렀다. 해리의 비명에 놀란 찰리는 곧 울음을 터뜨릴 것 같은 표정을 짓더니 갑자기 큰 소리로 웃었다. 해리는 자기 손가락에 상처가 났는지 살펴보고는 찰리를 따라 웃었다. 이 순간이 이 비디오의 압권이었다.

형제의 아웅다웅하는 모습은 55초 동안 촬영되었다. 하워드는 당시 이 영상을 유튜브에 업로드했다. 콜로라도에 살고 있던 아버지에게 손자들의 모습을 보여 드리기 위해서였다. '찰리가 내 손가락을 물었어요. 또!'라는 사랑스러운 이름의 이 동영상은 최초의 바이럴 동영상 중 하나다. 이 영상은 조회수가 8억 회 이상이었고, '2017년에 가장 많이 조회된 유튜브 동영상' 순위에서도 11위를 차지했다.

어떤 점이 그렇게 많은 사람의 관심을 끌었을까? 펜실베이니아대학교 와튼스쿨의 마케팅학과 교수 조나 버거는 사회적인 영향력이 어떻게 특정 제품과 아이디어를 유행시키는가에 대한 연구의 일환으로 이 질문에 대해 연구했다. 이 연구를 통해 그는 높은 흥분 상태를 유도하는 콘텐츠가 다른 사람들과 공유될 가능성이 높다는 사실을 발견했다.

버거는 흥미로운 실험을 실시했다. 피험자들에게 무작위로 지미 딘 소시지 광고 중 높은 흥분 상태를 유도하는 버전과 낮은 흥분 상태를 유도하는 버전을 보여 주었다. 낮은 버전에서는 이 회사의 돼지고기 홍보대사로 농부를, 높은 버전에서는 랍비를 홍보대사로 내세웠다.(돼지고기는 코셔 식품이기 때문에 랍비가 돼지고기를 홍보한다는 유머러스한 상황을 설정했다.) 그런 다음 각 피험자 그룹에게 그 광고를 다른 사람들과 공유하길 원하는지 물었다. 당연히 높은 흥분 상태를 유도하는 버전의 광고를 본 사람들이 그 광고를 다른 사람들과 공유하는 확률이 높았다.

버거의 연구는 우리가 특별한 감정을 불러일으키는 콘텐츠를 접할 때, 그 콘텐츠를 다른 사람들과 공유하고 싶은 마음이 든다는 것을 증명한다. '찰리가 내 손가락을 물었어요. 또!' 영상의 경우, 이를 본 사람들은 동시에 여러 가지 감정을 느끼는데 그중에서도 유머의 비중이 가장 높다. 이러한 감정의 순수한 효과가 바로 유머다.

그렇다면 이것은 유쾌 지능이 높은 사람들이 유머를 사용하는 방식과 어떤 관계가 있을까?

재미있는 동영상은 입소문이 날 가능성이 높다. 사람들은 짧은 순간이나마 자신이 느끼는 감정을 다른 사람과 공유하고 싫어하기 때문이다. 그럴 때 타인과 감정적으로 더욱 연계된다. 우리가 재미있는 동영상을 공유하거나 다른 수단으로 웃음을 공유할 때 유머는 나와 타인을 연결하는 통로가 된다. 유머는 다른 사람들에게 함께 탐험을 하고, 놀이를 하고, 관계를 형성하는 게 안전하다고 말해 준다. 이것이 유쾌 지능이 높은 사람들이 자신의 삶에서 유머를 사용하는 방법이다. 하워드는 짧게나마 그의 아버지에게 해리와 찰리의 모습을 보여 주고 싶었다. 그리고 아버지와 감정적으로 연결되기를 원했다.

나는 의학적인 관점에서 환자들이 유머를 통해 건강에서 직접적인 유익을 얻는다는 증거는 발견하지 못했지만, 유머가 타인과 연결될 수 있는 문을 열어 준다는 것은 확신할 수 있었다.

웃음의 시작점을 낮추면 달라지는 것들

비비안은 필리핀의 수도 마닐라에서 성장한 어린 시절이 "매우 평범했다"라고 말했다. 그녀는 육남매 중에서 넷째였고, 인형을 갖고 놀거나, 나무에 오르거나, 음식을 만드는 소꿉장난을 하거나, 놀이터에서 놀면서 자랐다. 비비안이 일곱 살이었을 때, 엄마가 갑작스럽게 심장 마비로 사망하자 그녀의 아버지와 유모가 아이들을 돌보았다.

그녀의 아버지는 엄격한 불교 신자였고, 지나치게 심각하고 진지했다. 맥주를 마시면 재미있는 이야기를 들려주곤 했지만 그런 경우는 드물었다. 어린 비비안은 아버지가 그런 성격을 갖게 된 건 엄마가 너무 일찍 돌아가셨기 때문일 거라고, 그 충격에서 완전히 벗어나지 못해서 정신적인 여유가 없을 거라고 짐작했다. 그런 환경 속에서도 비비안은 충분한 사랑과 보호를 받고 있다고 느끼면서 성장했다.

20대 초반에 비비안은 마닐라의 유일한 이탈리아 식당에서 일하고 있었다. 어느 날 오후, 미국 청년 몇 명이 식당에 들어왔다. 그중 한 청년이 유난히 친근한 미소를 지으며 비비안에게 다가와서 "피자를 얼마나 빨리 만들 수 있죠?"라고 물었다.

그의 이름은 댄이었다. 잠수부였던 댄은 친구들과 마닐라에서 휴가를 보내는 중이었다. 그는 계산대에 서 있는 작은 체구의 아름다운 필리핀 아가씨에게 한눈에 반해서 갓 구운 피자 냄새조차 느끼지 못했다. 그는 "그녀에게는 뭔가 특별한 것이 있었죠. 그건 지금도 마찬가지입니다"라고 말했다. 댄은 비비안에게서 눈을 뗄 수가 없었다. 그는 비비안과 눈이 마주칠 때마다 미소를 보냈다. 그날 저녁, 댄의 적극적인 애정 공세에도 불구하고 비비안은 아무런 반응이 없었다. 댄은 비비안의 무관심한 태도에 실망하고 마닐라를 떠났다.

6주 후 댄은 다시 마닐라로 향했다. 마닐라에 도착한 댄은 택시를 타고 비비안이 일하는 식당으로 갔다. 데이트 신청을 할 작정이었다. 댄은 그녀의 눈에 잘 띄는 곳에 자리를 잡았다. 비비안은 계속 자신을 향해 야릇한 미소를 짓는 남자가 어딘지 낯이 익은 것 같다고 생각하며 그에게 "혹시 저를 아세요?"라고 물었다. 댄은 넋을 잃은 표정으로 몇 주 전에 이 식당에 왔었다고 말했다. 그러고는 재미있는 농담을 건넸다. 다행히 비비안은 전보다 자주 웃어 주었다. 댄의 유머 감각이 비비안의 호감을 산 것처럼 보였다.

댄은 그날 저녁 식사를 함께할 수 있는지 물었다. 비비안은 "손님과 데이트하는 건 금지예요"라고 말한 후 "일곱 시에 저 구석 자리에서 만나요"라고 그에게 속삭였다.

사랑에 빠진 댄은 멍한 상태로 호텔로 돌아갔다. 해 질 무렵 택시를 타고 다시 식당에 간 그는 설레는 마음으로 그녀를 기다렸다. 그러나 댄은 이내 긴장할 수밖에 없었다. 비비안 옆에 두 남자가 서 있었기 때문이었다. 알고 보니 비비안의 오빠들이었다. 다행히도 네 사람 모두 만족스러운 시간을 보냈다. 그 후 비비안과 댄이 데이트를 하던 1년 반 동안 가족 샤프롱(가족이 보호자로 따라다니는 것)이 데이트의 규칙이었다. 댄은 그 규칙을 당연하게 받아들였다. 비비안의 사랑을 얻을 수 있다면 그 무엇도 괜찮았다.

댄은 결국 마닐라로 이사했다. 두 사람은 비비안의 고모들과 사촌들이 살고 있는 집 근처에 아파트를 얻었다. 댄은 비비안의 가족이 그녀를 아끼고 사랑하고 있다는 것을 알았기 때문에 그들을 친절하고 점잖게 대했다. 댄의 쾌활함, 유머 감각, 미소 덕분에 지역 주민들은 댄이 공동체 안에서 유일한 미국인이고 현지어를 거의 못함에도 불구하고 그에게 호의적이었다.

어느 날 오후, 비비안이 댄에게 우유를 사다 달라고 부탁했다. 댄은 가게 직원에게 신선한 '수수(susu)'가 어디에 있는지 물었다. 댄이 잠수부로 일했던 브루나이에서는 말레이시아어를 썼는데, 그때 익힌 단어를 쓴 것이다. 직원은 킥킥대면서 냉장고를 가리켰다. 집에 돌아온 댄이 비비안에게 이 이야기를 했더니, 그녀는 웃음을 터뜨리며 타갈로그어(마닐라 대도시에서 사용되는 언어)로 '수수'와 가장 비슷한 단어가 젖가슴을 의미하는 '수소(suso)'라고 알려주었다.

이후 그들은 미국으로 이주해서 매사추세츠주에 정착했다. 미국에 도착했을 때 두 사람은 더 성숙한 부부가 되어 있었다. 그들의 러브스토리에서 많은 부분을 차지한 것은 유머였다. 비비안은 진지하고 심각한 아버지 밑에서 성장했지만, 댄은 정감어린 유머를 늘상 주고받는 분위기에서 성장했다. 댄은 부모님과 툭툭 치면서 장난치기도 했고 친구들과 재미있는 농담이나 유머를 나누었다. 그는 좀 더 나이가 들자 일상적으로 나누는 악의 없는 농담이 다른 사람들과 친밀한 관계를 맺는 데 도움이 됨을 깨달았다. 사람들과 대화를 나눌 때 유머가 벽을 허물고 열린 마음과 수용적인 태도를 갖게 한다고 생각했다.

물론 댄이 가장 친밀해지고 싶은 사람은 비비안이었다. 댄의 유머는 비비안을 항상 웃게 했다. 그녀의 웃음은 댄으로 하여금 계속 흥미로운 유머로 그녀를 즐겁게 해주고 싶은 마음이 들게 했다. 댄은 음정에 맞지 않는 노래를 크게 부르거나 앞니를 까맣게 칠하거나 친구들을 위트 있는 별명으로 불렀다. 그러나 항상 재미있고 즐거운 일만 있는 건 아니었다. 때로는 진지하고 심각한 태도가 필요하다는 걸 두 사람 모두 잘 알고 있었다. 2008년에 비비안은 숨 가쁜 증상이 점점 심해지는 것을 느꼈다. 병원에서 내린 진단은 류마티스성 심장 질환이었다. 비비안이 어릴 적 앓았던 패혈성 인두염을 치료하지 않고 방치한 게 악화되었다고 했다. 판막이 완전히 닫히지 않아 피가 폐로 역류하고 있었기에 심장 판막 이식 수술을 받아야 했다.

결국 비비안은 대동맥 판막 심장 절개 수술을 받았다. 수술이 잘되어서 닷새 만에 집으로 돌아왔지만, 5년 후 다시 호흡하기가 힘들어졌다. 이번에는 승모판이 문제였다. 비비안의 두 번째 심장 절개 수술은 순조롭지 않았다. 수술 도중 비비안의 심장이 쇼크 상태에 빠진 것이다. 급격한 혈압 저하로 집중 치료실에 옮겨진 그녀는 다양한 승압 처치 덕분에 정상으로 돌아왔다. 그러나 승압 처치가 필요한 환자들이 하루나 이틀 정도 입원 치료를 받는 것에 비해 비비안은 집중 치료실에 있었던 34일 동안 24일간이나 승압 처치를 받았다. 비비안의 손과 발에는 괴저가 시작되어 검게 변했다. 몸 전체의 혈관이 수축해 손과 발의 세포 조직에 산소가 부족했기 때문이다.

다행히도 비비안은 집중 치료실에서 살아났고 퇴원 후 재활 센터로 보내졌다. 댄에게 비비안이 집중 치료실에 있을 때의 일을 묻자 "비비안은 몇 번이나 내 앞에서 죽을 고비를 넘겼습니다. 몇 번이나"라고 말했다. 재활 센터에 도착했을 때 비비안의 목에는 기관 절개관이 꽂혀 있었고, 가슴에는 투석에 필요한 카테테르가, 복부에는 영양 공급관이 꽂혀 있었다. 집중 치료실과 입원실에서 재활 센터로 이동하는 환자가 튜브와 삽입관과 선을 줄줄이 달고 있는 것은 특별한 모습은 아니었다. 재활 팀이 항상 봐 온 것들이다. 그러나 비비안은 특별했다.

재활 센터에 도착한 날부터 비비안의 밝고 환한 미소는 주변 사람들에게 긍정적인 에너지를 주었다. 기관 절개관 때문에 정확한 발음을 할 수 없던 그녀는 노트북 자판을 더듬거리며 질문을 썼다(그녀의 손가락은 괴저돼 펜을 잡기도 어려웠다). 그러면서도 미소를 잃는 법이 없었다. 그녀는 재활 센터 직원들에게 자신은 오렌지 향기를 맡는 것 같은 작은 일에서도 기쁨을 느낀다고 말했다. 직원들은 그녀의 이야기를 듣고 사소한 것에도 감사해야겠다고 생각했다. 비비안은 간호사들에게 너무 먼 미래를 내다보는 것의 위험성을 말하며, 자신에게는 노란 젤로(과일의 맛과 빛깔과 향을 낸 디저트용 젤리-옮긴이)를 다시 먹는 것처럼 해낼 수 있는 작은 목표가 얼마나 중요한지에 대해 말했다. 비비안이 재활 센터에 도착하던 날 정한 목표였다. 직원이 "꼭 노란색이어야 하나요?"라고 묻자 비비안은 "네. 꼭 노란색이어야 해요!"라고 대답했다. 비비안 옆에 있는 사람들은 그녀 덕분에 언제나 웃을 수 있었다. 약 3개월 동안 매일 집중 치료를 받은 후 기관 절개관과 영양 공급관이 제거되었고, 그녀는 다시 음식을 먹을 수 있었다. 그녀의 소중한 노란 젤로도 함께 말이다. 그 무렵 비비안은 진한 핑크색 전동 스쿠터를 타고 다니는 레이서가 되었다. 비비안은 자신의 스쿠터를 '비브 모빌'이라고 불렀다. 비비안은 대단히 빠르고 능숙하게 전동 스쿠터를 몰고 복도와 방들을 돌아다녔다. 그녀가 홀을 돌아다니면 직원들은 히치하이커 흉내를 냈다. 비비안은 "부럽죠? 이런 건 아무나 탈 수 있는 게 아니에요"라고 말하면서 으스댔다.

재활 과정에서 괴사 부작용이 생긴 그녀는 왼쪽 손과 오른쪽 손가락, 두 다리 무릎 아래 부분을 절단해야 했다. 비비안은 일반적인 보조 기구를 쓰지 않고, 자신이 직접 기구를 변형시켜서 커다란 핀셋 같은 장치를 만들었다. 그녀는 그것을 '비브의 발톱'이라고 불렀고 그 발톱으로 물건을 집어서 옮겼다.

한 번은 수중 운동 치료를 받을 때 의족이 벗겨졌던 일을 떠올려서 치료사들에게 "살려주세요! 내 반쪽이 떠내려가고 있어요!"라고 외치기도 했다. 댄은 비비안의 의족이 샤워기에 매달려 있는 사진을 보며 다 함께 웃었다고 말했다. 사진에는 "내 다리, 내 다리! 내 다리를 잃어버리면 안 돼!"라고 적혀 있었다.

비비안과 댄은 유머를 통해 재활 센터 직원들과 친밀한 유대감을 형성하고, 서로를 믿고 의지할 수 있었다.

비비안은 운전, 요리, 그림 그리기를 다시 배웠다. 모두들 그녀가 다시는 그런 일을 할 수 없을 거라고 생각했지만, 그녀는 놀라운 회복력으로 해냈다. 댄과 비비안이 처음 만났을 때 유머는 댄과 비비안의 문화적 간극을 좁히는 수단이었다. 비비안에게 댄의 유머는 이제껏 자신이 있었던 답답한 분위기를 바꿔 주는 신선한 공기와도 같았다. 비비안은 댄 덕분에 숨어 있던 유머 감각이 깨어났다고 말했다. 비비안은 댄의 유머에 잘 웃어 주고 적극적인 반응을 보였다. 자기 자신에게 지나치게 집착하지 않는 비비안의 모습은 댄의 삶을 가볍고 밝게 했다. 시간이 흐르면서 그들은 유머가 그들의 관계뿐 아니라 다른 사람들과의 관계에서도 중요한 요소임을 확인했다. 유머를 일상에서 어떻게 활용하느냐는 질문에 그들은 이렇게 대답했다.

> 영감을 주는 영화나 재미있는 영화, 텔레비전 프로그램을 자주 봐요. 재미있으니까요. 주변 사람들과 친구들에게도 관심이 많아요. 특히 유머 감각이 있는 사람들과 어울리기를 좋아하죠. 그렇게 하지 않기에는 인생이 너무 짧잖아요.

비비안과 댄에게 대인 관계에서 유머를 사용하는 방법을 묻자, 그들은 이렇게 대답했다. "사람들과 함께 있을 때 늘 농담을 하지는 않아요. 진지함도 필요하니까요. 중요한 건 사물을 가볍고 유머러스하게 바라보는 태도라고 생각해요. 웃음의 시작점이 낮다고 할 수 있죠. 우리는 지금껏 그런 태도로 인생을 살아왔어요."

재활 치료가 끝날 때가 다가오자 '다리미 치료법'을 좋아한(푹 빠져 있었다!) 비비안은, 직원에게 재활 센터 세탁실 문에 '24시간 세탁'이라는 팻말을 걸어달라고 부탁했다. 지금도 그곳 직원들은 팻말을 볼 때마다 다림질을 하고, 노란 젤로를 먹고, 스쿠터를 타고 돌아다니고, 발톱을 사용하고, 웃음을 잃지 않았던 비비안을 떠올린다.

잘못된 유머를 사용하는 실수 줄이기

유머 심리학자 로드 마틴은 친화적인 유머를 "다른 사람들을 편안하게 하며 즐거움을 주고, 관계를 개선하는 대인 관계 유머의 형태"라고 정의한다. 친화적인 유머는 비비안과 댄이 자주 사용하는 유머다. 그것은 사람들 사이의 벽을 허물고 서로 연결될 수 있는 여지를 제공한다.

나는 이런 종류의 유머를 '건강한 유머'라고 부른다. 풍자, 공격적인 비웃음, 자멸적인 유머 등 건강하지 않은 유머와 달리, 건강한 유머는 타인과 보다 친밀해지는 긍정적인 결과를 준다. 유머에는 중요한 원칙이 하나 있다. 타인을 기분 나쁘게 하지 않는 것이다. 진정한 유머는 즐겁고, 행복하고, 타인과 연결된 느낌을 갖게 한다.

유머 감각에 관한 연구를 시작하기 전에 나는 유쾌 지능이 높은 사람들이 언제나 유머러스하고 즐겁게 살아갈 거라고 생각했다. 놀랍게도 항상 그렇지는 않았다. 비비안과 댄의 경우처럼 유쾌 지능이 높다는 것은 건강한 유머를 현명하게 사용하는 것을 의미했다. 다른 사람들보다 더 재미있는 성격이어서가 아니라 타인과의 관계에서 잘못된 유머를 사용하는 실수를 자주 저지르지 않는다는 것을 뜻한다. 다른 말로 표현하면, 유쾌 지능이 높은 사람들은 건강하지 않은 유머는 사용하지 않는 유머 전문가들이다. 그들의 유머러스함은 건강한 유머에 뿌리를 두고 있다.

이것을 농구 경기에 비유하면 어떤 팀이 실수를 하지 않는다는 건 그 팀이 공을 경계선 밖으로 던지거나 드리블 파울 같은 실책을 거의 하지 않는다는 것을 뜻한다. 운동 경기 관점에서 이런 팀은 기술이 뛰어나고 실력이 좋은 팀이 아니라, 실수를 덜하는 팀이다. 테니스 같은 다른 스포츠에서도 비슷한 경우를 찾을 수 있다. 테니스 경기에도 실책 통계가 있다. 이를 유머에 적용하면, 유머 감각이 있다는 것은 항상 재미있는 이야기나 행동을 한다는 뜻이 아니라 건강한 유머로 타인과의 관계를 향상시킨다는 것을 의미한다.

그렇다면 유쾌 지능이 높은 사람들은 어떤 방법으로 유머의 실수를 줄일까? 어떻게 하면 농구공이나 테니스공이 코트 밖으로 나가지 않게 할 수 있을까?

비결은 안전장치에 있다. 유쾌 지능이 높은 사람들은 건강하지 않은 유머를 방지하는 다양한 안전장치를 사용하고 있다(때로는 의식적으로, 때로는 무의식적으로). 앞서 상상력의 유희적인 특징이 자신을 타인의 상황에 투영하는 데 사용되는 것을 살펴보았다. 유쾌 지능이 높은 사람들은 상상력에 의한 공감을 통해 상대방이 자신을 공격한다고 느낄 수도 있는 부분을 재빠르게 파악한다. 그리고 그 지점은 건드리지 않는다.

유쾌 지능과 사교성이 높은 사람들에게서 나타나는 겸손에 대해 생각해 보자. 유머는 자신의 약점을 자연스럽게 드러내 상대방을 편안하게 만드는 겸손함으로도 표현된다.

나는 또한 유쾌 지능이 높은 이들이 다른 사람들보다 자주 많이 웃는다는 사실을 발견했다. 웃음은 그들이 사용하는 또 다른 안전장치다. 이것은 아무 때나 웃고 부적절한 상황에서 너무 많이 웃는다는 게 아니다. 유머러스한 상황을 다른 사람들보다 더 잘 받아들이는 성향을 뜻한다. 그들의 웃음은 분위기를 가볍고 유쾌하게 만들며 건강한 유머를 재생산한다. 그렇게 잘 웃는 사람의 좋은 예가 비비안이다.

잘 웃는 것은 생물학적 관점에서 우리가 타인과 어떻게 연결되는지를 분석했을 때도 유의미한 행동이다. 인간은 사회적인 관계를 맺고 그 관계를 돈독하게 만들기 위해 대화를 한다. 대화는 몇몇만 포함되지만, 웃음은 더 많은 사람들과 관계를 맺기 위해 발달한 의사소통 방식이다.

뇌에서 웃음을 담당하는 영역은 피질 하부다. 이 영역은 사고를 담당하지 않고, 호흡이나 근육 반사 같은 자동 반사적인 행동에 관여한다. 잘 웃는 성향(어떤 의미에서 자동적으로 웃는 성향)은 타인에게 그와 연결되고 결합되는 것이 안전함을 드러내는 생존 메커니즘으로도 볼 수 있다.

신경과학자인 로버트 프로빈은 이 개념을 포괄적으로 연구했다. 프로빈은 공원, 인도, 쇼핑몰 같은 자연스러운 장소에서 사람들을 관찰했고, 그 결과 웃음이 유머보다 대인 관계에 더 큰 영향을 미친다는 사실을 발견했다. 혼자 있을 때보다 누군가와 함께할 때 웃을 가능성이 30배나 더 높다는 것이다. 그는 성인들 대부분이 재미있는 이야기가 끝난 후에 웃는 경우보다 이야기하는 도중이나 이야기가 잠시 멈췄을 때 더 많이 웃는다는 현상도 발견했다.

유쾌 지능이 높은 사람들이 유머의 실수를 방지하기 위해 사용하는 또 다른 안전장치는 의도적으로 유머를 접하는 것이다. 그들은 미디어 활용, 공연 관람, 사람들과의 만남, 기타 여러 방법으로 즐거운 경험을 하는 시간을 마련하고 그 시간을 귀중하게 여겼다. 그런 방법을 통해 스스로 건강한 유머와 건강하지 않은 유머에 대한 이해를 지속적으로 높였다.

자신에게 이 질문을 한번 던져 보자. "나는 의식적으로나 의도적으로 유머에 시간을 투자할 만큼 유머를 중시하는가?" 나는 다른 사람들에게(그리고 나 자신에게) 이 질문을 했을 때, 대부분 유머를 중시하지만 우선순위에 두지는 않는다는 것을 알았다. 실제로 설문조사에서 '유머를 중요하게 생각하는가'라고 질문했더니, 대다수가 그렇다고 답변했다(유머가 중요하지 않다고 말할 사람은 없을 것이다). 남성들과 여성들 모두 이상적인 배우자의 특징으로 유머를 꼽았다. 기업 임원들의 91퍼센트는 직장에서 유머 감각이 승진에 중요한 역할을 한다고 답변했고, 84퍼센트가 유머 감각이 있는 사람들이 일을 더 잘한다고 생각했으며, 80퍼센트는 기업 문화와 조직 통합에 유머가 중요한 역할을 한다고 답했다.

이처럼 우리는 유머가 중요하다고 말한다. 그렇지만 실제로 유머에 시간을 투자하고 있을까? 유머의 역할을 이해하고 유머를 더 많이 사용하기 위해 유머를 배우고 있을까? 이런 질문들이 직접 연구된 적은 없지만 다른 데이터를 통해 간접적으로 답해 볼 수는 있다.

미국 노동 통계국에 따르면 미국인들은 매일 여가와 관련된 활동에 평균 5.26시간을 사용한다. 여가 관련 활동 시간은 지난 10년간 다섯 시간 내외로 일정하게 유지되어 왔다. 그 시간 중에서 유머와 관련된 활동에 얼마나 많은 시간을 썼는지는 확인할 수 없지만, 텔레비전 시청이 하루 여가 시간의 약 절반(2.8시간)을 차지했고, 두 번째는 사교 활동으로 여가 시간의 약 14

퍼센트(43분)를 차지했다.

먼저 사교 활동에 대해 살펴보자. 비비안과 댄의 사례에서 알 수 있듯이 우정이나 연애를 시작할 때 상대방의 유머 감각을 고려하는 것이 중요하다. 유머 감각은 관계 지속에 중요한 역할을 한다. 뿐만 아니라 평소 유머에 얼마나 많은 시간을 쓰는지도 중요하다.

여가 시간에서 절대적으로 많은 비중을 차지하는, 텔레비전 시청 형태를 자세히 들여다보자. 닐슨이 제공한 시청률 데이터를 보면 2001년부터 2011년까지 황금시간대에 가장 인기 있는 장르는 리얼리티 쇼와 드라마였다. 시트콤은 최하위였다. 흥미롭게도 이 데이터는 비행기 안에서 승객들이 시청하는 프로그램의 순서와 정반대다. 기내 엔터테인먼트 시스템에서는 리얼리티 쇼나 드라마보다 코미디물을 더 많이 시청한 것으로 나타났다. 이것을 우리가 누군가와 연결되어 있지 않을 때, 즉 여행을 떠나거나 휴가를 보낼 때, 시간적인 여유가 있을 때, 유머를 더 많이 추구한다는 의미로 해석할 수 있을까? 단정적으로 답변하기에는 어려운 질문이다. 이 질문과는 별개로 우리는 9000미터 상공에 있지 않을 때도 의식적으로 유머에 시간을 투자할 만큼 유머를 중요하게 생각해야 한다.

코미디 클럽과 코미디 영화는 어떨까? 코미디 클럽 관람에 관한 자료는 많지 않지만, 영국에서 실시된 최근 연구에 따르면 조사 대상 중 절반이 적어도 1년에 한 번 코미디 클럽에 가는 것으로 나타났다. 영화에 관해서는 어떨까. 역대 수익이 높았던 영화 100위 목록에 코미디 장르는 「슈렉」 시리즈뿐이었다. 아카데미 시상식에서 최우수 영화상을 받은 영화 중에서 코미디 영화는 「어느 날 밤에 생긴 일(1934)」, 「우리 집의 낙원(1938)」, 「나의 길을 가련다(1944)」, 「톰 존스(1963)」, 「스팅(1973)」, 「애니 홀(1977)」 여섯 편뿐이었다.

사실 유머에 사용하는 시간에 관해서 데이터가 보여 주는 것은 크게 중요하지 않다. 중요한 건 당신이 유머에 의도적으로 시간을 투자하고 있다고 느끼는지, 그리고 유머를 접할 때 건강한 유머를 분별할 수 있는지 여부다. 그 대답이 "시간이 부족하다"와 "잘 모르겠다"라면 유머를 더 자주, 더 많이 접해야 한다는 신호로 받아들여야 한다.

내가 가장 좋아했던 코미디 영화는 1986년에 나온 「페리스의 해방」이었다. 그 영화를 보지 않았다면 꼭 보기를 바란다. 유머를 내 삶의 우선순위에 놓기 위한 영감이 필요할 때 나는 종종 페리스의 이 대사를 떠올린다. "인생은 눈 깜짝할 사이에 지나가. 잠깐 멈춰서 둘러보지 않으면 그걸 놓칠 수도 있어.” 이 대사는 나에게 유머를 추구해야 할 필요성을 상기시킨다. 순식간에 지나가는 인생의 여정에서 한두 번 웃는 것으로 심호흡할 여유를 가져야 하지 않을까?

유쾌 지능이 높은 사람들은 건강한 유머를 구사하고, 자신의 약점을 드러내는 태도로 사교성을 높이며, 잘 웃고, 유머를 활용한다. 이 모든 것이 유머를 통해 타인과 연결되기 위함이다. 3장의 후반부에서 살펴보겠지만 사람들을 연결시키는 유머의 힘은 회복력과 연결된다. 회복력은 유쾌 지능이 높은 사람들에게 유머가 주는 또 다른 귀중한 선물이다.

신은 왜 항문을 거기에 만드셨을까요

브렌다 엘서거의 서른아홉 번째 생일이었다. 브렌다와 그녀의 친구들은 한 코미디 클럽에서 축하 파티를 하고 있었다. 그녀는 코미디를 좋아했고 사람들을 웃기는 뛰어난 유머 감각이 있었다. 그것은 아버지로부터 물려받은 재능이었다. 그녀의 아버지는 집안의 코미디언이었다. 지인들은 그를 '험프'(영국 전래 동요의 주인공으로 담벼락에서 떨어져 깨진 달걀인 '험프티 덤프티'의 애칭-옮긴이)라고 불렀다. 그는 사람들을 배꼽 잡게 하는 재미있는 이야기를 잘했는데, 한 예로 그는 저녁 식사 때 손님들에게 "당신은 모든 음식과 대화를 독차지하고 있군요(독차지하다라는 뜻의 영어단어 hog는 식용 수퇘지와 동음이의어-옮긴이)"라고 말했다. 그는 가족끼리 식사를 할 때도 브렌다의 엄마와 브렌다를 비롯한 일곱 자녀들에게 유머를 사용해서 그들을 웃겼다.

브렌다는 오랫동안 남몰래 코미디언을 꿈꿨다. 특히 조안 리버스의 자기 비하적인 유머와 우피 골드버그의 까칠한 유머를 좋아했다. 브렌다는 항상 무대에 선 자신의 모습을 상상했다. 그러나 자신이 머리가 좋다거나 매력적이라고 생각한 적은 없었다.

코미디 클럽에서 즐거운 시간을 보내고 있을 때 브렌다가 불쑥 말했다. "내 마흔 번째 생일에는 특별한 이벤트를 하겠어. 너희들은 무대에 선 나를 보게 될 거야!" 친구들은 웃으면서 고개를 끄덕였다. 그들은 브렌다가 취기에 하는 말이라고 생각했다.

브렌다는 스물한 살 때부터 헤어 스타일리스트로 일했다. 자신이 헤어 스타일리스트가 되리라곤 전혀 생각하지 못했다.

"10대 후반이었던 어느 날 머리를 자르러 미용실에 갔는데, 헤어 스타일리스트가 앞으로 무슨 일을 할 생각이냐고 묻더군요. 아직 모르겠다고 답했더니, 미용업계에서 일하는 게 어떻겠냐고 제안했어요. 그 말에 헤어 스타일리스트가 되기로 했죠!"

브렌다는 대학에 갈 돈이 없었고 그의 가족도 마찬가지였다. 미용은 생계를 유지하기에 적당한 일인 것 같았다. 고등학생 시절 전화 마케팅 리서치를 했던 그녀의 경험이 손님들을 대하고 대화를 나누면서 적절한 질문을 하는 데 도움이 되었다. 브렌다는 고객 응대에는 어려움을 느끼지 않았지만 자신이 머리를 아주 잘 자른다고 생각하지는 않았다. 그러나 기술이 늘면 자신감도 더해질 거라고 기대했다.

마침내 브렌다는 유능한 헤어 스타일리스트가 되었다. 손님들은 브렌다가 머리를 자르는 동안 그녀와 대화하는 것을 좋아했다. 브렌다 역시 손님들의 이야기를 들어주기를 좋아했고 때로는 조언도 해 주었다. 브렌다는 손님들의 조언과 경험담을 새겨들었다.

브렌다의 삶은 분주했다. 컴퓨터 업계에서 일하는 남편 바흐가트와 존과 한나라는 두 자녀가 있었다. 브렌다가 하는 일의 가장 큰 단점은 오랫동안 서서 일해야 한다는 점이었다. 그녀는 치질 때문에 매우 고생했다. 때로는 피가 흐르기도 했다. 브렌다는 "나는 동네 약국 직원들과 친해졌어요. 내 곁에는 항상 턱스(회음부 쿨링 패드-옮긴이) 용기와 프레퍼레이션 에이치(바르는 치질약-옮긴이) 튜브가 있었죠"라고 우스갯소리를 했다.

코미디 클럽에서 서른아홉 번째 생일 축하를 한 후 치질은 재발했고 브렌다는 서서 일하기가 힘들었다. 견딜 수 없을 정도로 고통이 심했다. 평소에 하던 치료법도 효과가 없었다. 어느 날 밤, 바흐가트와 사랑을 나누다가 통증이 너무 심해서 사랑을 멈출 수밖에 없었다.

다음 주에 그녀는 의사를 찾아갔다. 주치의는 검사를 하더니 치질이 악화된 것으로 진단했다. 그리고 외과의사에게 브렌다의 진단을 부탁했다. 브렌다는 그 외과의사가 "대담하고 진지하고 자신감이 넘쳤다"고 말했다. 검사를 받을 때 브렌다는 이전과는 비교할 수 없을 정도로 극심한 통증을 느꼈다. 브렌다는 주의를 다른 곳으로 돌리려고 의사에게 이렇게 말했다. "선생님, 하나님은 직장을 왜 그 자리에 만드셨을까요? 손이 쉽게 닿을 수 있는 곳에 만드셨으면 좋았을 텐데요."

의사는 웃지 않았다. 브렌다의 직장에서 커다란 종양을 발견했기 때문이었다. 그녀는 의사가 직장암이라고 말하던 순간을 기억했다. "미친 사람처럼 엉엉 울었어요. 내 척추가 젤리로 변해서 의자 속으로 녹아 들어가는 것 같았죠." 의사는 그녀에게 자궁을 적출하고 인공항문 수술을 해야 하며 직장과 질의 일부를 제거해야 한다고 했다. 이후에 화학 치료나 방사선 치료가 필요한지는 아직 알 수 없었다. 브렌다가 얼마나 더 살 수 있을지도 알 수 없었다. 아주 짧게 살 수도 있고 그렇지 않을 수도 있다고 했다.

울면서 진료실에서 나온 브렌다는 차를 몰고 가면서 머릿속으로 자신의 장례식을 그렸다. 평소에는 낙관적이었던 그녀였지만, 그 순간에는 앞으로 일어날 일들에 대한 생각을 멈출 수가 없었다.

> 내 머리가 빠지면 아이들과 바흐가트가 어떻게 생각할까? 계속 토하고, 잠옷 바람으로 축 늘어져 있고, 아이들을 안아 줄 힘도 없는 모습은 보이고 싶지 않아. 어떤 여자도 나만큼 우리 아이들을 잘 돌보지 못할 거야. 내가 책을 읽어 주고 밤에 함께 기도하는 걸 아이들이 얼마나 좋아하는데. 아이들이 성장하는 모습을 지켜보고 싶어. 아이들이 자라서 한나가 첫 번째 사디 호킨

스 데이(여자가 남자의 초대를 기다리지 않고 먼저 나서서 남자를 초대할 수 있는 날-옮긴이)에 드레스를 입은 모습과 존이 처음 운전하는 모습을 보고 싶어. 사소한 농담을 하면서 함께 웃을 수도, 미국의 50개 주를 함께 탐험할 수 없다고 생각하면 미칠 것 같아. 바흐가트에게는 재미가 필요해. 열심히 일만 하고 너무 진지해. 그와 파리에 가고 싶어. 서로를 알기까지 너무 오랜 시간이 걸렸어.

그날 밤에 브렌다, 바흐가트, 존, 한나는 이 소식을 전하기 위해 브렌다의 부모님을 찾아갔다. 브렌다는 부모님에게 직장암에 걸렸다고 말했고, 부모님은 안타까워했다. 브렌다는 아빠에게 경제적인 문제에 대해 얘기했다. "아빠, 내 앞으로 어떤 생명보험을 들었는지 몰라요. 내가 죽은 후에 바흐가트가 충분한 돈을 받을 수 있을까요? 아마 그 돈으로는 충분하지 않을 거예요." 그녀의 아빠는 브렌다의 질문을 다 듣고서 침착하게 말했다. "브렌다, 네가 살 수 있을 거라는 걸 너도 알고 있지?"

그 말에 모두들 웃음을 터뜨렸다. 웃음은 방 안에 가득 차 있던 팽팽한 긴장감을 순식간에 풀었다. 브렌다는 그때까지 자신이 살 수 있다는 생각을 하지 못하고 있었다. 여러 형제들과 친척들이 브렌다의 소식을 듣고 부모님의 집에 도착했다. 갑자기 브렌다의 고모 베티가 큰 소리로 말했다. "네가 대장암에 걸렸다고 했니, 직장암에 걸렸다고 했니?" 브렌다가 대답했다. "의사가 직장암이라고 했어요. 직장은 대장의 가장 낮은 곳에 있는 부분이래요. 그러니까 항문에 암이 있는 셈이죠." 브렌다의 말에 모두들 폭소를 터뜨렸다.

브렌다가 암 진단을 받았다는 소식이 그녀를 아는 많은 사람에게 알려졌다. 다행히 암이 직장 밖으로 퍼지지 않았을 가능성이 높다고 했다. 그녀는 일을 계속했고 동료들은 그녀를 격려해 주었다. 브렌다는 이렇게 회상했다. "어떤 때는 아무도 내 암에 대해 말하지 않았어요. 한 동료는 지나가면서 내게 가볍게 키스를 했고, 어떤 이는 내 손을 꼭 잡아 주었죠. 걸음을 멈추고 나를 안아 준 사람도 있었죠."

브렌다의 친구들과 가족들은 그녀의 집을 청소하고 식사를 준비하는 일부터 약속 장소에 데려다 주고 존과 한나를 돌보는 일까지 성심껏 도왔다. 그리고 브렌다가 유쾌함을 잃지 않도록 세심하게 신경을 썼다. 예를 들면, 브렌다의 자매 중에서 일본에 살고 있던 로리는 브렌다를 도와주고 싶다는 이메일을 보냈다. 이런 내용이었다. "브렌다, 네가 필요하다면 내 질을 기증할 수 있어. 내 질은 요즘 많이 사용하지 않았거든. 그렇지만 내 직장은 지키고 싶어. 사랑해."

암 진단을 받은 지 몇 주 후 부인과의사가 수술 중에 질 재건술을 할 수도 있다고 말했다. 의사는 흉터가 광범위하게 남을 수도 있고 질이 완전히 막힐 수도 있다고 했다. 그러나 브렌다는 아직 젊고 성적으로 활발한 시기이기 때문에, 질 벽이 막히지 않게 하려면 질 안에 확장기를 넣어야 한다고 했다. 브렌다는 그 말을 듣고 서슴없이 말했다. "확장기를 착용해야 한다고요? 그럼 최소한 진동은 하겠죠!"

수술하는 날이 다가오자 그녀는 긴장했다. 암 진단을 받은 날 다음으로 그녀의 일생에서 가장 두려운 날이었다. 수술이 잘못되면 어떻게 하지? 검사 결과보다 암이 더 진행되었으면 어떻게 하지? 걱정만 쌓이던 중에 뜻밖의 일이 벌어졌다. 브렌다의 엄마가 병원에 왔다. 그녀의 엄마는 브렌다의 가족 중에서 가장 진지했다. 잘 웃지 않았고, 항상 집안 청소와 정리로 분주했다.

"네게 주려고 가져왔단다."

엄마는 딸에게 작은 상자를 내밀었다.

"와! 엄마, 선물이에요?"

엄마가 즉흥적으로 뭔가를 하는 것, 특히 남들에게 뭔가를 선물하는 것은 그녀의 성격에 어울리지 않는 행동이었다. 브렌다는 그런 엄마가 자신에게 뭔가를 준다는 사실에 감동했다. 상자 안에는 예쁜 귀걸이 한 쌍이 있었다.

"정말 예뻐요, 엄마. 고마워요."

"수술이 끝나면 또 다른 귀걸이가 너를 기다리고 있을 거야."

브렌다는 웃으면서 말했다.

"이건 뇌물이죠, 엄마? 다른 귀걸이가 훨씬 더 예쁠 거야. 내가 죽을까 봐 엄마가 갖고 있는 거죠?"

"오! 브렌다, 어떻게 알았니?"

그녀의 엄마가 웃었다.

"내가 살아야 할 이유가 또 생겼네요. 어떤 귀걸이인지 너무 궁금한걸요."

브렌다와 엄마는 오랜만에 큰 소리로 웃었다. 엄마는 몸을 숙여 브렌다에게 입맞춤을 했다. 엄마의 사랑만이 줄 수 있는 평화로운 느낌이 그녀를 감쌌다. 수술실에 들어간 브렌다는 지금은 '해군 소장'이라고 부르는 직장 외과의사에게 수술을 잘해 달라고 부탁했다. 그리고 부인과의사에게는 손이 떨리지 않느냐고 물었다. 그는 "넵, 지금까지 커피 한 잔밖에 안 마셨습니다"라고 대답했다.

일곱 시간 후 브렌다는 집중 치료실에서 깨어났다. 수술은 잘되었다고 했다. 가슴에서부터 치골까지 스테이플을 박았고 복부에는 인공항문 성형술을 했다. 코에는 영양 공급관이, 다리 사이에는 도뇨관이 달려 있었고, 다리에는 혈전을 막는 압축 스타킹이 신겨 있었다.

브렌다가 깨어났을 때 바흐가트는 옆에 있었다. 그는 아내에게 몸을 숙여 뭔가 이야기하려고 했다. 브렌다는 남편이 자신을 위로하는 말을 할 거라고 기대했다.

"브렌다, 지금 당신의 모습은 내 오디오의 뒷면 같아."

브렌다는 그 말을 듣고 웃지 않을 수 없었다. 웃느라고 온몸이 아팠지만 기분은 유쾌했다. 수술 후 처음 브렌다를 방문한 의사는 해군 소장이었다. "좋은 소식이에요, 브렌다. 수술이 성공적이에요."

브렌다는 울음을 터뜨렸다.

"정말 감사합니다."

"천만에요. 그런데 하나님이 왜 항문을 거기에 만드셨는지는 아직 모르겠네요."

그들은 즐겁게 웃었다.

브렌다는 보름간 병원에서 지냈다. 회복하는 동안 브렌다는 그녀가 '새 유니폼'이라고 부르는 기구들에 대해 알아갔다. 거기에는 개조한 질과 인공항문도 있었다. 매일 한두 명의 친구가 찾아왔고 매일 밤 친구가 곁을 지켰다. 브렌다는 친구의 부축을 받아 천천히 복도를 걸으면서 기운을 회복했다. 브렌다의 입원실은 카드, 꽃, 풍선, 선물로 가득했다. 브렌다의 오빠 릭은 절대 잊을 수 없는 선물을 가져왔다.

"릭, 대체 무슨 선물을 가지고 온 거야?"

입원실에 들어서는 릭을 보고 브렌다가 놀라서 물었다.

"네가 예전에 내게 준 물건이야. 지금은 네게 필요할 것 같아서 가져왔어."

릭이 활짝 웃으면서 말했다.

릭이 가져온 것은 브렌다가 몇 년 전에 장난삼아 릭에게 준 잔디 장식품이었다. 그것은 화려한 색깔의 드레스 아래 통통한 엉덩이를 드러낸 채 몸을 굽히고 있는 여자 모형이었다. 릭은 여자의 엉덩이 위에 빨간 원을 그리고 그 원을 통과하는 빨간 선을 그려 넣었다.

집에 돌아온 브렌다는 가족들과 친구들의 든든한 지지와 격려를 받았다. 화학 치료나 방사선 치료는 하지 않아도 된다고 했다. 해군 소장은 그의 바람대로 브렌다의 암을 모두 제거했다. 브렌다에게 가장 큰 숙제는 인공항문에 익숙해지고 관리하는 방법을 배우는 것이었다. 급격한 변화를 받아들이고 배우는 일은 때때로 그녀를 좌절시켰다. 지금까지와는 완전히 다른 생활 방식이었고 그녀가 좋아하기 어려운 일이었다. 그러나 브렌다는 그 방법이 다른 대안보다 낫다는 걸 알고 있었다.

"살아 있다는 것에 감사했지만 인공항문과 함께 살아가야 한다는 사실이 슬펐어요. 그래도 되도록 많이 웃으려고 노력했죠. 억지로 웃어야 할 때도 있었지만."

존과 한나는 브렌다가 회복하는 데 큰 도움을 주었다. 브렌다는 "아이들은 나에게 살아야겠다는 의지와 동기를 주었어요"라고 말했다. 그녀는 아이들을 위해서 건강해지기로 결심했다. 아이들이 엄마를 필요로 할 때 그 자리에 있어 줘야 했기 때문이다. 브렌다는 아이들이 노는 모습을 바라보면서 기쁨과 경이로움을 느꼈다. 아이들과 함께 나이를 먹고, 아이들이 유년기와 청소년기를 지나, 가정을 꾸미고, 사회에 기여하는 모습을 지켜보는 자신의 모습을 상상했다. 직장암은 브렌다가 바쁜 삶을 멈추고, 아이들과 바흐가트 그리고 그들의 삶을 새로운 시각으로 바라보는 계기를 제공했고 그 소중함을 깨닫게 했다.

어느 날 친한 친구가 브렌다에게 '패스웨이즈'의 배지를 건넸다. 미네아폴리스에 있는 패스웨이즈는 불치병이나 만성질병으로 고통받는 사람들을 돕는 건강 위기 지원 센터였다. 브렌다는 처음부터 이 단체에 깊은 인상을 받았다. 그녀는 "모든 것들이 나를 따뜻하게 맞이하는 느낌을 받았다"면서 "내 이야기를 공유하고, 슬퍼하고, 지난 일을 되돌아볼 수 있는 편안한 장소였다"라고 말했다.

브렌다는 패스웨이즈에서 '새로운 삶'이라는 제목으로 9주간 수업했다. 그녀는 자신을 위해 더 좋은 선택을 하는 방법을 배웠고 질병의 의미를 깨달았다. 질병을 통해 삶의 목표와 의미를 발견할 수 있음을 알았다.

그녀는 다른 참가자들에게 유머 감각이 회복력의 근원이 된다는 걸 설명했다. 또한 그곳에서 에너지 밸런싱, 요가, 미술, 춤, 명상 등의 활동에 참가했다. 때로는 그런 일들이 자신에게 어울리지 않는 것처럼 느껴질 때도 있었다. "사람들이 내 이야기를 듣고 우는 모습을 보는 게 너무 어색했다"라고 하면서도 자신을 도와주려는 사람들의 마음에 감동을 받았다. 그리고 브렌다처럼 두려움에서 벗어나기 위해 그곳에 온 이들의 이야기를 듣고 위안을 받았다.

나중에 브렌다는 그때의 경험을 이렇게 표현했다.

나는 가능한 한 매 순간을 열심히 살기로 마음먹었습니다. 시간이 너무 소중해서 한시도 낭비할 수 없었어요. 다시는 청소하는 데 하루를 낭비하지 않기로 결심했습니다. 창문을 닦는 일도 중요하지만 내 딸과 아들보다 더 주의를 기울여야 하는 건 아니라고 생각했어요. 패스웨이즈는 나에게 남은 삶을 목적의식을 갖고, 올바른 선택을 내리고, 과감하게 사랑을 표현하면서 살아야 한다는 걸 깨닫게 했죠. 나는 후회하면서 살아가고 싶지 않았습니다. 아이러니하게도 암은 내 삶을 더 멋지게 만들 수 있는 기회를 선물했습니다.

고통까지 즐길 수 있는 힘

배우 찰리 채플린은 "진정으로 웃으려면 고통을 참아야 하고 나아가 고통을 즐길 줄 알아야 한다"라고 말한 바 있다. 브렌다를 포함해서 내가 이 책을 쓰기 위해 만났던 대부분의 사람들,

특히 유쾌 지능이 높은 사람들은 유머 감각을 지니고 있었다. 그것은 타인과 관계를 맺고, 스트레스를 주는 상황이나 경험에 현명하게 대처하기 위해 필요한 도구였다. 비비안과 댄이 그랬다. 그렇다고 유쾌 지능이 높은 사람들이 어려운 일에 직면할 때마다 유머를 활용한 건 아니다. 그런 의미에서 유머는 기본적인 대응 기제가 아니라, 필요할 때 의식적으로 다양하게 활용할 수 있는 능력이라고 할 수 있다. 이 말이 유머가 (관계를 좋게 만들거나 역경을 극복하는 일에) 항상 효과적이라는 뜻은 아니다. 유머는 특정한 증상에만 효과가 있는 약과 같다. 그러나 당신이 유머의 효용에 대해 아예 고려하지도 않는다면, 유머는 어떤 능력도 발휘하지 못할 것이다.

나는 많은 사람과 인터뷰를 했지만 단지 직면한 어려움을 회피하려고 유머를 이용하는 경우는 보지 못했다. 브렌다 역시 암을 겪는 과정에서 엄청난 고통을 느꼈지만, 단지 고통을 피하려고 유머를 이용하지는 않았다. 불가항력으로 느껴지는 상황에서 한숨 돌릴 수 있는 여유와 자신을 추스르는 방편으로 유머를 이용했을 뿐이다.

유머를 연구하는 이들은 유머가 이런 방식으로 우리에게 회복력을 제공한다는 가설을 내세운다. 스트레스가 심한 상황에서 웃을 수 있고 유머를 발견할 수 있다면, 감당하기 어려운 상황으로부터 심리적인 거리감을 유지할 수 있다는 것이다. 관찰자의 입장에서 고통을 객관적으로 바라보면, 그 고통을 덜 무겁게 볼 수 있다. 중요한 건 그 거리가 아주 멀지는 않다는 점이다. 우리는 현실의 스트레스로부터 도망칠 수 없다. 고통으로 인한 트라우마를 부정하는 것도 아니다. 다만 역경이 주는 힘든 감정과 심리 상태를 잠시나마 누그러뜨리기 위해 유머를 사용하는 것이다.

실험실에서는 스트레스를 유발하는 상황을 시뮬레이션하고 그 상황에 대한 피험자들의 반응을 측정하는 방식으로 유머와 회복력의 상호 관계를 연구한다. 피험자들은 보통 스트레스를 유발하는 동영상을 보거나, 풀리지 않는 수학 문제를 풀거나, (가짜로) 가벼운 전기 충격을 받게 될 거라는 말을 듣는다. 이런 실험이 실제로 행해진다는 걸 생각만 해도 고통을 느끼는데, 실험 결과 유머 수준이 더 높은 피험자들과 자신의 경험을 유머러스하게 표현한 피험자들은 상대적으로 스트레스를 덜 받았다.

그렇다면 실험실 밖 현실에서 유머와 회복력은 어떤 연관성이 있을까? 이 질문에 대한 답을 얻기 위해 나치 수용소의 생존자들과 전쟁포로들을 대상으로 많은 연구를 실시했다. 한 연구는 1969년 북한에 납치되었다가 풀려난 미 해군 정보함 USS 푸에블로호 승무원들의 심리 상태를 평가했다. 그 결과 심리적으로 잘 적응한 사례는 유머의 사용과 관련이 있었다. 그런 수감자들은 교도관의 특징을 두고 농담하고, 주변 사람들과 재미있는 이야기를 나누는 행동이 스스로의 감정을 통제할 수 있는 힘을 주었다고 설명했다. 북베트남군에게 포로로 잡혀 있었던 미국인들에 대한 연구 역시 유머가 높은 회복력을 지닌 사람들의 특성임을 알려준다. 어떤 수감자들은 고문당할 위험마저 무릅쓰고 벽을 통해 옆 감방의 수감자와 농담을 주고받았다고 말했다.

유머와 회복력의 관계를 연구한 이들 중 가장 유명한 사람은 빅토르 프랭클이다. 그는 나치수용소에서 살아남은 오스트리아의 정신과의사였다. 아우슈비츠 경험을 담은 그의 저서 『죽음의 수용소에서』에는 이런 구절이 있다.

> 유머는 자기 자신을 지탱하기 위한 싸움에서 영혼의 또 다른 무기였다. 인간의 기질 중에서 다른 어떤 것보다 유머가 단 몇 초만이라도 어떤 상황이든 초월할 수 있고 일어설 수 있게 한다는

것은 잘 알려진 사실이다.

유방암을 앓고 있는 여성들의 스트레스를 연구한 조사에서도 유머와 회복력의 뚜렷한 연관성은 발견되지 않았다. 다만 한 가지 예외가 있었다. 그들이 남편과 어떻게 지내는지에 초점을 맞췄더니, 유머를 적절하게 쓰는 남편을 둔 여성들의 스트레스 수준이 더 낮았다.

여기서 우리는 유머의 실제적인 효용성을 확인할 수 있다. 3장의 전반부에서 설명했던 것처럼 유머는 우리를 연결시킨다. 이것이 유머로 인한 회복력 효과의 본질이다. 스트레스를 받는 상황에서 유머를 통해 서로 유대감을 느낄 때, 상대방의 지지와 격려를 느끼고 회복력을 얻는다. 이것은 함께 고통을 겪는 사람들 사이에 공유되는 유머인 갤로우 유머(gallows humor)와 유사하다. 암 환자 그룹에서 많이 사용되는 이 유머는 그룹 내 사회적인 유대감과 개인의 회복력을 높인다고 증명된 바 있다.

죽음을 직면한 사람들이 그렇듯이 브렌다 역시 직장암이 생명을 앗아갈 수도 있다는 사실을 웃어넘길 수 없었다. 그녀는 자신의 슬픔을 다스리기 위한 대응 전략으로써 유머를 사용했다. 때때로 삶은 우리를 웃어야 할지 울어야 할지 모르겠는 상황에 던져 넣는다. 그럴 때 우리는 두려워하지 말고 웃음과 울음을 모두 받아들여야 한다. 영화「철목련」에 나오는 트루비 존스의 대사 "나는 눈물을 흘리면서 웃을 때의 감정을 좋아한다"는 이것을 멋지게 표현한 명대사다. 비비안, 댄, 브렌다는 분명히 이 대사에 동감할 것이다.

"잊지 마, 마흔 번째 생일날 실행하겠다던 너의 약속. 이제 여섯 달밖에 안 남았어!" 브렌다의 언니 에이미가 말했다. 패스웨이즈에서의 경험과 주변 사람들의 격려는 브렌다가 코미디언에 대한 꿈을 키울 수 있도록 자극과 자신감을 주었다.

브렌다가 회복하는 동안 한 친구는 그녀를 위해 코미디 수업을 등록해 주었다. 수업에 참석할 정도로 건강이 회복되었기 때문에 브렌다는 그녀의 권유를 받아들이기로 했다. 베테랑 코미디언이었던 강사는 학생들에게 코미디 소재를 글로 쓰는 습관을 갖도록 격려했고, 관객들의 호응을 얻어 내는 방법과 타이밍의 기술을 가르쳐 주었다. 브렌다는 자신이 코미디 소재를 글로 쓰는 일과 새로운 유머를 공유하는 데 가장 적합한 방식을 찾기를 정말 좋아한다는 사실에 스스로 놀랐다.

브렌다는 마흔 번째 생일이 지난 지 이틀 후, 작년에 생일 파티를 했던 그 코미디 클럽의 무대에 섰다. 가족들과 친구 150명을 초대해 10분 동안 공연했다. 공연 소재는 남편에 관한 이야기였다.

> 제 남편의 이름은 바흐가트입니다. 발음하기 힘들어하는 사람도 있다는 걸 알기에 그는 "바기라고 불러주세요"라고 말하죠. 그를 '지퍼락'으로 부르는 친구도 있죠.
>
> 그는 제가 아는 사람 중에 유일하게 스테레오 서라운드 시스템을 가지고 있었어요. 세 개의 벽에 스피커가 설치된 완벽한 스테레오 시스템이었죠. 한 가지 문제점은 정확히 동시에 아바 노래 테이프를 넣어 줄 친구 셋을 찾는 것이었습니다.
>
> 남편은 무슬림이고 저는 가톨릭 신자입니다. 그래서 우리는 아이들을 무슬릭이라고 부릅니다. 아이들은 묵주 기도를 할 때 동쪽을 향하고, 돼지고기는 안 먹지만 빙고 게임은 좋아합니다.

관객들은 브렌다의 공연에 열렬한 호응을 보냈다. 몇 주 후에는 주변의 권유로 도시에서 주최하는 아마추어 코미디 대회에 나갔다. 예선을 통과해 150명 이상의 참가자들 중에서 결승전까지 올랐다. 별 기대 없이 우승자 발표를 기다리던 그녀는 하마터면 입에 머금고 있던 와인을 뿜을 뻔했다. "브렌다, 어서 나오세요. 이 도시에서 가장 웃기는 사람이라는 타이틀을 얻었습니다!"

그 후 브렌다는 헤어 스타일리스트 일을 서서히 끝내고, 스탠드 업 코미디언 겸 암 환자들을 대상으로 하는 연설가로 활동하기 시작했다. 20년이 지난 지금 오늘날에도 꾸준히 활동하고 있으며, 무엇보다 여전히 아내와 엄마로 살아가고 있다. 한 인터뷰에서 기자가 브렌다에게 그녀가 투병한 암 이야기를 대중에게 했는지 물었다. 그녀는 별로 알리지 않았지만 "그랬다"라고 대답했다. 그러자 기자는 그 경험을 어떻게 소개했는지 물었고, 브렌다는 제목을 생각한 적이 없었기 때문에 즉흥적으로 "위기 속의 유머"라고 대답했다.

그녀의 이야기와 글의 대부분은 암 투병 경험, 특히 유머가 생존 전략이었다는 내용으로 이뤄져 있다. 토크를 시작할 때마다 브렌다는 관객들에게 이렇게 말한다.

"여러분 옆에 있는 사람과 함께 눈을 감고 '직장'이라고 크게 세 번을 외치세요."

브렌다는 직장암 선고를 받던 날 미친 듯이 울었지만, 그 다음 날에는 울지 않았다고 말했다. 오히려 모든 일을 웃음으로 받아들였다. 그녀는 그 상황을 감정적으로 극복하기 위해서는 웃으면서 울어야 한다는 것을 그때 깨달았기 때문이라고 했다.

브렌다는 다른 사람들의 격려가 없었다면 절대로 암을 극복할 수 없었다는 점과 그때나 지금이나 유머가 사람들과의 관계를 잇는 힘이라는 점을 강조했다. 그녀는 "사람들은 당신이 받은 선물"이라면서 "다른 사람들이 피규어를 수집하는 것처럼 나는 사람들의 이야기를 수집합니다. 27년간 헤어 스타일리스트로 행복할 수 있었던 이유는 그들의 이야기가 항상 나에게 새로움과 깨달음을 주었기 때문입니다. 우리는 즐거운 순간뿐 아니라 힘든 순간에도 이야기로 연결됩니다"라고 말했다.

첫 수술을 한 지 1년 후 브렌다의 가족은 바흐가트의 가족들을 만나기 위해 이집트에 갔다. 아스완이라는 도시를 관광하던 중 나일강의 서쪽 사막에 위치한 고대 사원 아부심벨에 갔을 때의 일이다. 네 시간 동안 버스를 타고 사막을 가로질러 가면서 브렌다는 모래 위에 흩어져 있는 낙타들의 사체를 발견했다. 대부분은 뼈 더미였다. 브렌다는 사체를 세기 시작했다. 적어도 수백 마리가 넘었다. 그녀는 운전기사에게 왜 그렇게 많은 낙타의 시체가 흩어져 있는지 물었다. 운전기사는 이렇게 설명했다.

이집트 남쪽에 있는 수단의 낙타 관리인들은 아스완에서 낙타를 팔기 위해 사막을 통과합니다. 먹을 것도, 물도, 낙타를 이송할 교통수단도 없는 길고 힘든 여정이죠. 낙타의 신체 구조는 오랜 시간, 심지어 몇 주간 굶주림과 갈증을 견디고 생존하도록 되어 있죠. 그렇지만 때때로 낙타들도 지치고 사막에 주저앉습니다. 그런 낙타를 다시 일으키는 건 거의 불가능합니다. 남은 낙타들이라도 구하려면 관리인은 주저앉은 낙타를 남겨 두고 갈 수밖에 없습니다. 그의 생계를 위해서는 어쩔 수 없는 선택이죠.

브렌다는 창문 밖으로 날리는 모래 먼지와 끝없이 이어지는 낙타 뼈 무더기를 보면서 상념에 잠겼다. 암을 비롯한 모든 치명적인 질병이 사람들이 어떻게든 무사히 지나가려고 하는 거대한 사막처럼 느껴졌다. 우리도 어떤 때는 낙타 관리인들처럼 소중한 것들을 버리고 갈 수밖에 없다는 생각이 들었다. 그것이 몸의 일부분일지라도 마찬가지였다. 어떤 이에게는 그것이 직업이나 결혼, 또는 꿈이 될 수도 있다.

당신이 버려야 하는 게 무엇이든, 기억할 것은 유머가 당신에게 다른 사람들과 연결되게 하고, 회복력을 주는 강력한 수단이라는 사실이다. 우리의 생존이 타인과의 관계와 사막을 통과할 수 있는 회복력에 달려 있다면, 유머의 힘을 인식하는 것은 우리를 더 밝은 미래로 안내하는 길잡이가 될 것이다.

유머 연습

연결

상대방이 공격으로 느낄 수 있는 지점을 염두에 두고 자신의 약점을 드러내는 겸손한 태도로 유머 감각을 활용하면, 대인관계에서 타인과 한층 가까워질 수 있다. 잘 웃는 것, 재미있는 영화를 보는 것, 코미디 클럽에 가는 것 등 유머와 관련된 활동으로 시간을 보내는 것도 유머 감각을 기르기에 도움이 된다.

실제로 타인과 교류하는 동안 상대방의 공격 지점을 상상하고 겸손함을 유지하기란 그렇게 어렵지 않다. 언젠가 나와 아버지가 나눈 대화가 그러했다. 아버지의 첫 번째 직업은 프로하키 선수였고, 두 번째 직업은 수집품 소매상이었다. 브렌다가 그랬던 것처럼, 아버지는 일하면서 만나는 상점 주인들의 이야기를 수집했고, 자신의 일이 많은 사람을 폭넓게 만날 수 있다는 점에서 보람과 의미를 느꼈다. 아버지는 고물을 팔아서 돈을 버는 사람으로 자신을 표현했다. 그중에는 삶의 특별한 순간들을 기념하는 좋은 고물도 있었지만, 삶을 어수선하게 만드는 나쁜 고물도 있었다.

어느 일요일 저녁, 아버지와 나는 저녁으로 피자를 사러 갔다. 아버지는 내게 요즘 하는 일이 어떤지 물었다. 새로운 시스템에서 소화기내과를 맡은 지 얼마 되지 않은 때였다.

"새롭게 하게 된 일은 어떠냐?"

"아주 좋아요. 동료들이 정말 마음에 들어요."

"네가 변화에 잘 적응하는 것 같아서 다행이구나."

"고마워요, 아버지."

"그런데 네가 어떻게 그걸 처리하는지 궁금하구나."

"네?"

"대장 내시경을 하는 동안 쓰레기를 처리해야 하지 않니!"

우리는 웃음을 터뜨렸다.

"부전자전이네요. 아버지도 쓰레기나 고물을 엄청나게 많이 처리하셨잖아요!"

너무 웃어서 눈물이 날 지경이었다. 서로 직업은 달랐지만 건강한 유머로 하나가 될 수 있었던 순간이었다.

누군가에게 유머를 사용할 때는 상대방이 공격으로 느낄 수 있는 지점을 염두에 두고, 겸손한 태도를 유지하고, 많이 웃어야 한다는 점을 기억하라. 그렇게 하면, 당신과 함께 웃는 그 사람과 한결 친밀해지고 지속적으로 좋은 관계를 유지할 수 있을 것이다.

회복력

어려운 상황에서 유머를 발견하기란 쉽지 않다. 특히 당신이나 당신과 가까운 사람의 건강이 좋지 않다면 더욱 어려울 것이다. 그러나 그런 상황에서도 작은 유머를 발견할 수 있다면, 그것은 회복력의 큰 원천이 될 수 있다.

유머가 필요한 순간에 그 진가를 누리고 싶다면 평소에 유머를 발견하는 연습을 해야 한다. 생사가 걸린 상황이 아니라면 유머 감각을 연습하기가 어렵지는 않을 것이다. 이 과정을 통해 유머를 쉽게 사용할 수 있는 준비를 해 두자.

끝으로 이 점을 기억하자. 유머는 어떤 상황에서 웃을지 안 웃을지를 결정하는 것이 아니라 울면서 동시에 웃는 것에 관한 문제라는 것을.

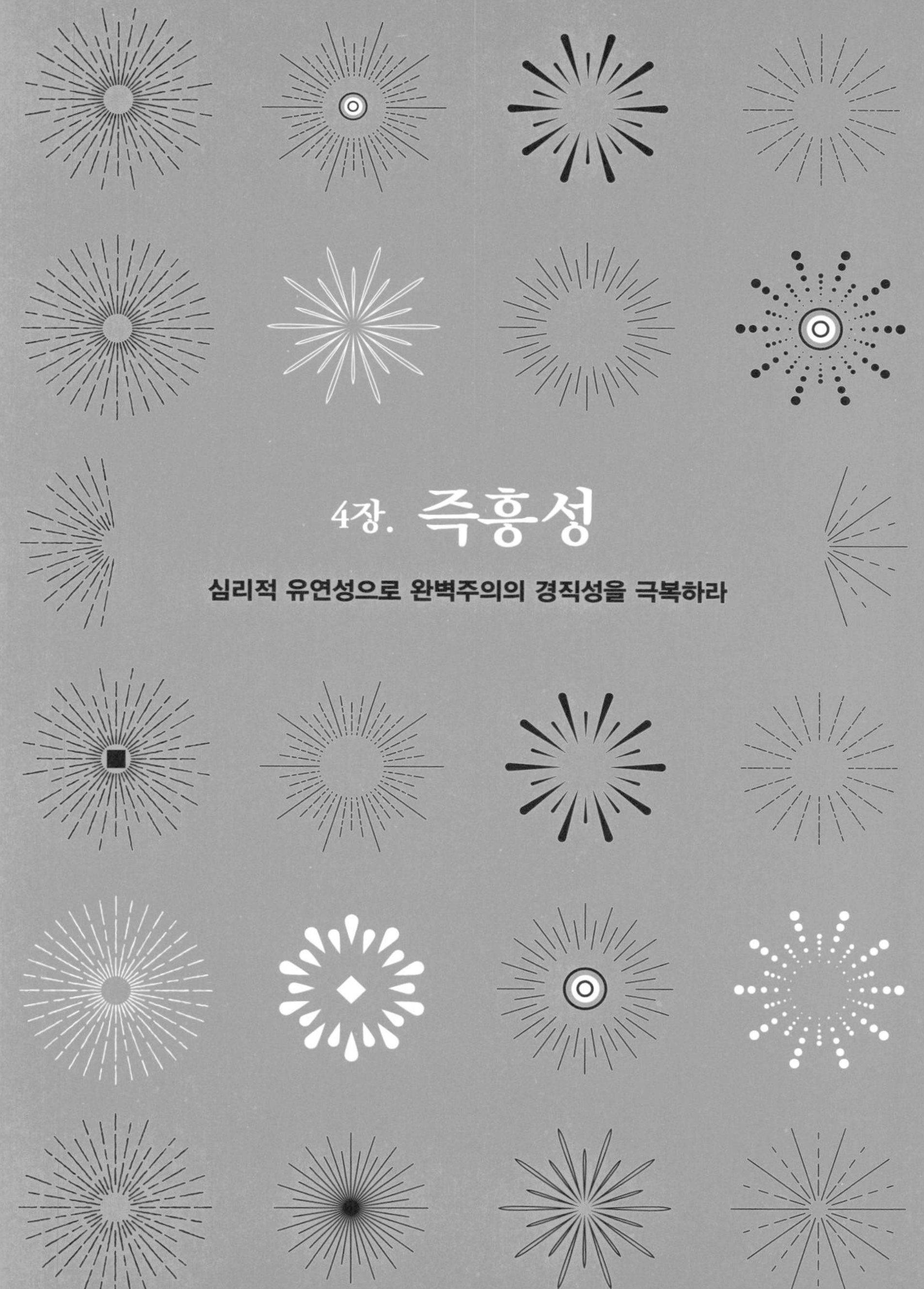

4장. 즉흥성

심리적 유연성으로 완벽주의의 경직성을 극복하라

◆◇

밥 서덜랜드는 1960년대 미시간주에서 교사인 어머니 메리와 교장 선생님인 아버지 데일 밑에서 자랐다. 밥의 부모는 육남매에게 평소에는 너그러우나, 몇몇 중요한 문제에서는 완고하고 철저하게 원칙을 지켰다.

서덜랜드 가족은 여름을 미시간주 로어 반도에서 보냈다. 그곳 주민들이 업 노스 또는 북 미시간이라고 부르는 이 지역은 미시간에서 자연이 가장 잘 보존된 비밀스러운 장소였다. 미시간 호수의 북쪽에 형성된 구불구불한 모래 언덕은 멋진 절벽과 어우러져 절경을 이루었다. 또한 아이스크림 가게, 아트 갤러리, 피자 가게가 늘어선 매력적인 마을이 많았다.

1960년대 후반에 들어서자 미시간주가 속한 미국 남동부의 인구는 빠르게 증가하고 있었다. 밥의 부모는 그런 상황이 어린 자녀들에게 미칠 영향을 걱정했다. 이곳에서 좋은 경험을 했지만 사람이 붐비지 않는 한적한 곳을 좋아했던 그들은 1971년에 미시간 남동부를 떠나 미시간 호수 북동부의 작은 마을 글렌 아버로 이사했다.

이사를 강력하게 주장한 사람은 메리였다. 그녀는 글렌 아버가 아이들이 자유롭게 놀고 자랄 수 있는 장소라고 판단했다. 밥은 "엄마는 늘 가족들의 스트레스를 풀어 주는 역할을 했다"라고 설명했다. 그녀에게 영향을 준 사람은 그녀의 아버지 폴이었다. 1900년대 초, 폴은 오하이오주 벨몬트 카운티의 유명한 검사였다. 폴이 사건을 심리할 때마다 법원에 수백 명의 방청객이 몰려들 정도였다. 폴은 자신의 논고에 시사만화와 재미있는 이야기를 활용했다. 법적 요지에 코미디를 녹인 그의 행동은 판사와 배심원들에게 친밀감을 쌓고 긴장감을 상쇄했다. 밥은 "할아버지의 내면에는 흥미진진하고, 겸손하고, 그러면서도 매우 재미있는, 수많은 매틀록(Matlock, 미국 TV 법정 드라마에 등장하는 주인공-옮긴이)이 있었다"라고 설명했다.

어릴 때 가난했기 때문에 경제적인 문제에 민감했던 데일은 글렌 아버로 이사하면 월급이 줄어들까 봐 걱정했다. 그러나 메리는 그곳에서의 생활비는 적게 들 테고, 전보다 자유롭게 생활할 수 있다면서 데일을 안심시켰다. "데일, 여섯 명을 기르기에 돈은 언제나 부족할 거예요. 가난하지만 행복한 편이 낫지 않아요?" 메리의 낙천적인 성격과 새로운 경험에 대한 열린 자세 그리고 심리적 유연성은 데일에게 많은 영향을 끼쳤다. 밥은 "엄마는 항상 '재미있게 놀자!'라는 태도로 살았다"라고 말했다. 메리는 유쾌하게 살아가기 위해서 자기 자신과 데일의 즐거움을 늘 우선순위에 두었고, 삶이란 예측 불가능하다는 사실을 잊지 않았다.

서덜랜드 가족은 얼마 지나지 않아 글렌 아버의 새로운 환경에 경제적으로나 정서적으로 적응했다. 데일은 여전히 아이들과 즐겁게 놀아 주었다. 밥은 매일 아침 식구들을 깨우던 아빠의 멋진 휘파람 소리를 기억했다. 데일은 날마다 새로운 하루와 기회가 펼쳐지며, 경쾌한 휘파람 소리야말로 기분 좋은 알람이라고 생각했다. 데일은 저녁 식사 전에 집에 돌아와 아이들과 함께 탐험을 하거나 게임을 했다. 깃발 뺏기, 등산, 버섯 채취, 탁구 게임을 즐겼다. 게임 벌칙은 설거지였다.

메리와 데일이 아이들에게 준 가장 큰 가르침은 공부와 놀이가 공존할 수 있다는 것이었다. 그들은 아이들이 공부와 놀이를 하나로 여기기를 원했다. 그리고 재미와 놀이가 건강하고 생산적인 일과 병행될 수 있으며, 그것이 그 일을 더 유익하고 의미 있는 것으로 만들어 준다고 믿었다.

이런 개념을 실제적으로 경험하기 위해서 데일과 아이들은 매년 여름 프로젝트를 기획했다. 어느 해에는 뒷마당에 나무 갑판을 만들었다. 데일은 아이들이 제재소를 찾아가는 것부터 마지막 못을 박는 것까지 모든 과정을 하나의 모험처럼 느끼게 했다. 보물찾기를 하듯 제재소에서 적당한 나무판자를 찾아내는 일, 갑판 난간을 죄수들이 갇혀 있는 감방의 쇠창살로 가정하기 등 아이들은 모든 과정을 즐거운 도전으로 받아들였다. 모두들 땀을 흘리면서도 웃음을 잃지 않았다. 그해 여름 프로젝트는 대성공이었다.

또 다른 프로젝트는 피토스키 돌로 레모네이드 스탠드(레모네이드를 팔 수 있는 가판대-옮긴이) 만들기였다. 피토스키 돌은 빙하시대에 형성된 산호석으로 주로 미시간주 북부 지역에서 발견된다. 그들은 피토스키 돌을 구하기 위한 여행을 떠났고 그 돌들을 마당에 전시하고 개당 10센트에 팔았다. 카드 게임용 작은 테이블 위에 물이 담긴 작은 접시를 놓고 그 안에 돌을 넣었다. 손님들은 돌의 무늬와 아이들의 놀라는 표정을 보며 즐거워했다. 프로젝트를 완성하려면 노동을 해야 했지만, 그 과정에는 재미도 있었다. 메리와 데일이 의도한 결과였다.

10대에 들어선 밥은 농구를 가장 좋아했다. 밥은 운동 신경이 뛰어났고 외향적이었다. 농구는 밥의 재능을 발휘할 수 있는 좋은 스포츠였다. 고등학교에 입학할 즈음 밥의 키는 180센티미터를 넘어 반에서 가장 컸다. 졸업반이 되자 밥은 학교 대표팀의 스타 선수로 성장했다.

그러나 그때 충격적인 소식이 들렸다. 데일이 부신암 진단을 받은 것이었다. 부신 땀샘은 생존에 필요한 중요한 호르몬을 만들어 낸다. 데일은 몇 달 전부터 유난히 피곤함을 느껴서 검사를 받았는데 암이 발견된 것이다. 부신암은 인구 100만 명당 한두 명이 걸리는 매우 드문 질병이었다. 평균적으로 미국에서는 매년 600명이 부신암 진단을 받는다.

대부분의 10대 청소년들이 그렇듯이 밥 역시 고등학교 졸업을 앞두고 자기 자신에 대한 생각에만 몰두해 있었다. 그러나 아빠가 암에 걸렸다는 소식을 듣고 밥은 아빠의 불확실한 미래를 걱정하지 않을 수 없었다. 데일이 암 진단을 받았을 때는 이미 암이 상당히 진행된 상태였다. 암 전문의는 데일에게 남은 시간이 1년도 안 될 것 같다고 말했다. 농구팀을 우승으로 이끌어야 한다는 부담감과 더불어 아빠의 암 선고는 밥의 마음을 무겁게 짓눌렀다.

건강이 악화되는 상황에서도 데일은 밥의 경기에 참석하기 위해 최선을 다했다. 밥은 아침마다 듣는 데일의 휘파람 소리를 스탠드에서도 들을 수 있었다. 경기 시작 전 데일은 항상 밥에게 "게임을 즐겨. 그저 즐기면 돼!"라고 말했다. 경기가 끝난 후에는 아들이 경기하는 모습을 지켜보는 게 무척 흥미로웠다고 했다.

밥은 예전에는 아빠가 경기 전에 자신을 격려해 주던 말들을 그다지 중요하게 듣지 않았다. 아빠가 관람석에 있는 모습을 보면 든든해지는 정도였다. 그러나 돌이켜 보면 아들의 부담감을 조금이라도 덜어 주려던 아빠의 마음이 느껴졌다. 누군가가 데일에게 왜 굳이 아픈 몸을 이끌고 관람하러 갔냐고 물으면 그는 아마도 (웃으면서) 밥의 부담감을 조금이라도 덜어 주기 위해서였다고 말할 것이다. 그리고 밥이 어린 시절 가족 프로젝트를 하면서 얻은 교훈, 즉 재미가 일의 일부분이 될 수 있는 것처럼 재미가 경기의 일부분임을 잊지 않기를 바란다고 이야기할 것 같다.

밥이 대학교에 입학하던 해 데일은 세상을 떠났다. 예상했던 일이었지만 아빠의 죽음은 밥에게 큰 상실감을 안겼다. 그는 그 시절에 대해 "삶에 대한 모든 열정을 잃어 버렸다"라고 회상했다. 밥은 대학 생활을 하면서 피토스키 스탠드를 만든 정신을 바탕으로 작은 사업을 구상했다. 야외 활동과 자연을 좋아했던 그는 어린 시절 아빠와 함께했던 하이킹 모험과 모의 사냥 같은 활동에서 사업 아이디어를 얻었다. 밥은 20대 초반에 잔디 서비스 회사를 차렸다. 처음에는 작은 회사를 운영하는 흥분과 도전 정신으로 동기부여가 되었지만, 정원을 가꾸는 일에 큰 흥미를 느끼지는 못했다. 수입은 괜찮았지만 따분했다. 그에 대해 밥은 이렇게 말했다. "내가 그 일에서 재미를 발견하지 못했던 건 그 일 때문이 아니었습니다. 그 일에 몰두했다면 재미를 느꼈을 수도 있죠. 그보다 아직 아빠를 잃어버린 슬픔에 잠겨 있었던 것 같습니다."

문을 연 지 1년 후 밥은 첫 회사를 접고, 일과 놀이가 조화를 이룰 수 있는 더 좋은 기회를 모색했다. 그가 생각해 낸 첫 번째 아이디어는 아이들을 위한 일일 캠프였다. 그는 "어렸을 때 자연에서 가족들과 함께 뛰놀던 느낌을 다시 경험하고 싶었습니다. 그리고 그런 감정이 나에게 필요했습니다"라고 설명했다. 그는 몇몇 사람들과 그 일에 대해 의논하고 동네에 전단지를 붙였다.

얼마 지나지 않아서 밥은 매일 아침 10시에 미시간 호수 모래 언덕에서 아이들을 만났다. 그는 어린 시절 엄마 아빠가 다섯 시간 동안 그랬던 것처럼, 피리 부는 사람(많은 사람을 선동하여 몰고 다니는 사람-옮긴이)으로 아이들을 모험으로 이끌었다.

호수에서 아이들과 함께 수영하고, 진흙탕을 터벅터벅 걷고, 죽은 나무를 넘어뜨리고, 신비로운 보물을 찾아다니면서 밥은 인생을 다시 사는 듯한 기분을 느꼈다. 모험을 할 때마다 삶에 대한 열정이 조금씩 되살아나는 것 같았다. 그는 아이들과 어떻게 시간을 보낼지 미리 계획하지 않았다. 그것이 재미의 핵심이었다. 밥은 "나는 즉흥적인 생각이 이끄는 대로 따라갔다"라고 말했다.

일일 캠프에서 활기와 의욕을 되찾은 밥은 야간 아르바이트를 병행했다. 밥은 식당 웨이터로 일하면서 과장된 말과 행동으로 손님들에게 웃음을 선사했다. "손님들이 음식을 주문할 때 일부러 장난스러운 말대꾸를 했습니다. 손님이 버거에 양파를 빼달라고 하면 '네, 알겠습니다. 특별히 양파를 추가해 드리죠. 양파튀김도 곁들여서요'라고 대답하는 식이었죠." 손님들은 밥의 그런 말장난을 좋아했다. 다시 식당에 오면 피리 부는 사람을 불러 달라고 할 정도였다.

밥은 "그때의 경험은 아빠가 돌아가신 후 나를 다시 삶으로 돌아가게 했다"면서 "아이들, 손님들과 함께했던 그 시간과 재미를 결코 잊지 못할 것"이라고 추억했다.

어느덧 대학을 졸업할 시기가 가까워지고 있었다. 그는 일일캠프와 식당 아르바이트를 계속할 수 없으며 피토스키 스탠드의 어른 버전을 추구하는 일을 멈출 수 없음을 알고 있었다. 그러나 그다음 단계가 오래전부터 이미 만들어지고 자라나고 있음을 그 시절의 밥은 아직 깨닫지 못하고 있었다.

작전명 : 불가피한 선택

1989년 어느 날, 밥은 티셔츠를 디자인해서 팔면 재미있겠다는 아이디어를 떠올렸다. 티셔츠는 그가 자란 곳을 대표하고, 미시간 북부 지역의 정신과 그곳에 사는 사람들의 문화를 전달하는 것이어야 했다.

밥은 그 지역의 화가 크리스틴 헐린을 만났다. 두 사람은 셔츠 디자인을 논의했다. 몇 주 후, 프린트된 셔츠가 밥의 차 트렁크에 실렸다. 그해 여름 밥은 티셔츠 1만 장을 팔았다. 찾는 사람이 많아서 공급이 부족할 정도였다. 옷 가게와 지역 주민들 그리고 관광객들은 그의 티셔츠를 좋아했다. 밥은 이 일에서 큰 흥미를 느꼈다.

사람들은 무엇 때문에 이 티셔츠를 샀을까? 셔츠에는 작은 너구리가 체리를 먹고 있는 단순한 그림이 있었고, 나무 밑에는 '삶, 자유, 해변, 그리고 파이'라는 문구가 빈티지한 스타일로 쓰여 있었다. 그것은 그 옷을 보고 입는 사람들의 마음속에 평화, 기쁨, 유희성을 불러일으켰다.

티셔츠는 여름과 가을까지 날개 달린 듯 팔려 나갔다. 두둑해진 지갑과 트렁크에 가득 실린 티셔츠는 그가 피토스키 스탠드의 어른 버전을 실현하는 길에 들어섰음을 나타냈다. 밥은 셔츠를 상점에 운반하고, 상점 주인들에게 체리를 그 지역의 상징으로 표현한 이유를 설명하면서 재미와 즐거움을 느꼈다. 그러나 반팔 티셔츠를 겨울에도 팔 수는 없었다. 연중 생산하고 판매 가능한 식품을 생각하던 중 그는 '루비 빛깔의 작은 즐거움'이라는 아이디어를 떠올렸다. 밥은 그 과자를 미시간 체리라고 불렀다. 밥은 초콜릿 칩 쿠키를 능가하는, 체리를 연상시키는 쿠키의 제작을 시도했고, 최종적으로 건체리와 초콜릿 칩이 섞인 오트 쿠키를 완성했다. 밥은 그 쿠키를 먹는 사람들이 첫 한입부터 마지막 한입까지 유쾌함을 느끼기를 바라는 마음에서 '체리 붐춘카 쿠키'라는 이름을 붙였다.

이 쿠키는 티셔츠처럼 크게 히트했다. 밥의 티셔츠를 구매했던 상점들은 그의 쿠키도 구매했다. 1990년대 초에 밥은 '체리 리퍼블릭'이라는 기업을 설립하고 티셔츠와 붐춘카를 대표 상품으로 내세웠다. 체리를 소재로 한 체리 살사, 체리 바비큐 소스, 체리 초코 퐁듀, 체리 트레일 믹스 같은 제품들을 연이어 출시했다.

밥의 기업은 빠른 속도로 성장했다. 그는 과정이 오래 걸리더라도 재미를 우선시했다. 1995년 체리 리퍼블릭의 본점을 준비할 때, 밥과 몇몇 직원들은 상점 바닥에 구불구불한 보도를 만들고 그 위에 깔 판석을 찾기 위해 미시간 어퍼반도에까지 갔다. 채석장에 도착하자 밥은 동행한 직원들에게 프레드 플린트스톤(영화 「고인돌 가족」의 주인공으로 채석장 중장비 운전사-옮긴이)이나 바니 러블(영화 「고인돌 가족」에 나오는 가상의 인물-옮긴이)이 된 것처럼 하라고 말했다. 트랙터가 트럭 옆에 판석을 쌓아 올리는 동안 밥과 직원들은 채석장 한쪽에서 점프 대회를 열었다. 큰 소리로 "야바 다바 두!"라고 외치면서 고공 점프를 가장 멋지게 하는 사람이 우승하는 게임이었다.

체리 리퍼블릭은 미시간 북부의 상징이 되었고 필수 관광지로 인기를 얻었다. 지금도 체리 리퍼블릭 본점을 방문하면 유쾌함과 즐거움을 경험할 수 있다. 곳곳에서 재미있고 기발한 감각이 발견된다. 그의 엄마 메리는 특히 "주인은 단순합니다. 한 개 이상의 과일을 파는 건 주인에게 너무 복잡할 것입니다"라고 적힌 안내문을 좋아한다. 카탈로그 속 체리 상품의 종류는 200가지가 넘는다. 체리 리퍼블릭은 체리 밟기, 침 뱉기, 파이 먹기 대회 같은 이벤트를 자주 열고 매년 지역 장기 자랑을 후원한다. 메리는 치키타 바나나 복장을 하고 매장에 등장하기를 좋아하는데, 이는 사람들에게 체리 이외에도 다른 과일이 있다는 걸 알리기 위해서였다.

밥은 중소기업을 운영하면서 여러 가지 어려움에 직면할 때마다 민첩하게 생각하려고 노력했다. 2012년에 체리 리퍼블릭은 큰 위기에 직면했다. 2012년 3월에는 이례적으로 미국 전역의 기온이 상승했고, 많은 지역이 최고 기온을 갱신했다. 미시간은 몇 차례나 다른 해의 그 시기 평균 기온보다 14도나 높은 26도씨를 기록했다. 그러자 보통 5월에 피던 체리 나무의 꽃이 3월부터 피기 시작했다. 밥과 체리 리퍼블릭, 수백 명의 미시간 체리 농부들이 긴장할 수밖에 없는 상황이었다.

북미에서 가장 큰 타르트 체리 작물 기업의 공동 창업자인 돈 그레고리는 당시의 상황에 대해 이렇게 말했다. "3월에 우리 집 창문이 열리고 내가 이불도 덮지 않고 자고 있다는 걸 깨달았을 때, 우리가 심각한 곤경에 빠졌다는 것을 알았습니다."

3월의 이상 고온이 지나가자 4월에는 이상 한파가 닥쳤다. 농부들은 체리 과수원을 따뜻하게 유지하기 위해 온갖 방법을 동원했으나 아무 소용이 없었다. 영하의 기온은 90퍼센트 이상의 작물을 파괴했다.

평소에 매년 수확량이 200억 킬로그램이었던 그레고리의 농장은 그해에 겨우 1억 킬로그램밖에 수확하지 못했다. 농장들은 노동자들을 해고해야 했고 농기구 유지비를 감당하기도 어려웠다. 그레고리는 다음과 같이 설명했다. "누군가가 우리에게 이렇게 말하는 것과 같은 상황이었습니다. '앞으로 16개월간 월급을 받지 못할 겁니다. 그래도 매일 일해야 하고 발생하는 모든 비용은 당신의 몫입니다. 그렇게 하면 16개월 후에는 정상적으로 월급을 지급하겠습니다.'"

매년 체리 수확에 전적으로 의존했던 밥과 체리 리퍼블릭은 엄청난 충격에 빠졌다. 모든 수확을 잃을지도 모른다는 끔찍한 상상이 현실이 된 것이다. 엎친 데 덮친 격으로 지난 몇 년간 작황도 좋지 않았던 탓에 체리 재고량도 거의 바닥이 난 상태였다. 밥의 어른 버전 피토스키 스탠드(체리 나무)는 다리가 휘어졌고, 피토스키 돌(체리)은 모래 속에 파묻혀 점점 빛을 잃어갔다.

2012년 4월 하순 어느 날, 밥은 직원들을 소집하고 긴급회의를 열었다. 직원들은 모두 회사에 닥친 재난을 짐작하고 있었다. 이미 다른 일자리를 찾고 있는 직원들도 많았다. 밥은 직원들의 근심 어린 표정을 쳐다보며 말문을 열었다. "솔직히 무슨 말을 해야 할지 모르겠습니다. 할 말을 준비하고 이 자리에 오지는 않았습니다."

그는 심호흡을 한 뒤 말을 이었다.

오늘이 쉬는 날인 분들도 있을 텐데, 이 자리에 참석해 주셔서 감사합니다. 저는 지난 주말 체리 농사를 짓는 분들과 대화를 나누었습니다. 이미 알고 계시겠지만 좋은 소식은 아닙니다. 사실 최악의 상황이죠. 작물이 모두 사라졌습니다. 90퍼센트 이상 쓸 수 없게 되었습니다. 이런 일이 일어나리라고는 상상조차 못 했습니다. 현재로서는 어떠한 계획도 없습니다. 저는 여러분이 걱정하기를 원하지 않습니다. 여러분의 일자리를 지키기 위해 최선을 다할 것입니다. 여러분은 저의 가족입니다. 우리는 함께 이 상황을 헤쳐 나갈 방법을 생각해 낼 수 있을 것입니다.

밥은 그날 밤 집에 돌아와 브레인스토밍을 시작했다. 다음 날 대안이 떠올랐다. 나중에 그는 그때의 상황을 이렇게 전했다. "가장 중요한 건 모든 것을 긍정적으로 생각하는 태도였습니다. 재미를 찾을 수 있다면 그것이 이 상황을 전환시킬 거라고 보았죠." 그는 이런 생각을 바탕으로 '작전명 : 불가피한 선택'을 시작했다.

밥은 직원들에게 개별적으로 이 계획을 구체적으로 설명하고, 4만 5000명의 고객에게 메일을 보냈다. 체리 리퍼블릭이 크랜베리와 임시휴전을 선언할 거라는 내용이었다. 이 메일을 받은 크랜베리 연구소의 전무이사 테리 험펠드는 "휴전이라니 반갑습니다. 솔직히 말하면, 저는 우리가 전쟁 중인지 몰랐습니다!"라는 답신을 보냈다.

밥의 플랜 B는 체리 대신 크랜베리를 사용하는 것이었다. 그리고 밥은 폴란드 루블린 지역에서 루토우카 체리(미시간의 몽모리시 타르트 체리와 매우 비슷한 체리)를 최대한 많이 주문했다.

밥은 분위기를 띄우기 위해 체리 리퍼블릭 본점 앞에 폴란드 국기를 내걸었다. 국기 옆에는 "폴란드 만세!"라는 커다란 팻말이 붙어 있었다. 밥은 크렌베리와 폴란드 체리를 재료로 쓰고, 많은 제품에 '체리 베리' 이름을 넣는 방법으로 체리 리퍼블릭을 회생시켰다. 그가 한 일은 기업을 살려 내는 것 이상의 의미가 있었다. 결과적으로 2012년은 체리 리퍼블릭에게 역사적인 해였다. 밥은 "그해만큼 많이 팔았던 적은 없었다"라고 말한다. 또한 그전에는 타르트 체리 같은 특수 작물들을 재배하는 농민들이 이상 기후로 피해를 입어도 연방 농작물 보험 혜택을 받지 못했는데, 2012년에 밥이 플랜 B를 실행한 후에는 보험 혜택을 받을 수 있다.

최악의 상황을 반전시킨 건 체리 대신 크랜베리를 이용하고 대체 작물을 수입한 밥의 심리적 유연성(psychological flexibility)이었다. 또한 그가 자신의 아이디어에 민첩하게 대응할 수 있었던 건 높은 유쾌 지능과 순발력 덕분이었다. 밥은 어린 시절 명확한 규칙과 유동성 있는 규칙을 동시에 정하고, 새로운 경험과 모험을 하는 데 있어 개방적으로 일과 재미를 결합하는 방법을 배웠다.

밥이 지닌 피리 부는 사람의 자질 또한 심리적 유연성을 기르는 데 탁월했다. 밥은 여름에는 직원들과 하이킹을 가고 겨울에는 얼어붙은 연못에서 아이스하키 게임을 즐긴다. 정기적으로 본점에 나타나서는 몇몇 직원들과 짧은 소풍을 즐기기도 한다. 남은 직원들은 다른 직원들의 할 일을 즐거운 마음으로 처리한다. 다음에는 그들에게 기회가 올 것을 알기 때문이다.

2012년 겨울, 밥은 글렌 아버 역사상 가장 큰 축제를 개최했다. 체리를 잃은 사건으로 인한 심리적인 트라우마를 되돌아보고 앞으로의 일을 도모하기 위해서였다. 이 행사의 주빈은 체리 농사를 짓는 농부들이었다. 밥은 그들에게 뭔가를 선사하고 싶었다. 그들에게 매우 힘든 시간이었음을 누구보다 잘 알기 때문이었다. 농부들은 "최고의 축제였다. 밥의 환대는 잊지 못할 것이다"라며 진심으로 고마워했고, 그레고리는 "밥은 미시간 북부의 체리 산업에 크게 기여했다"라고 말했다.

완벽주의자의 가식적인 삶 뒤에 따라오는 것들

나는 자라면서 할머니로부터 "날씨가 어떻든지 그날 네가 할 일은 하렴"이라는 말을 듣곤 했다. 축구 경기 같은 야외 행사가 비가 와서 취소될 때마다 나는 할머니의 그 말을 떠올렸다. 어린 시절에는 그 말이 단순히 나쁜 날씨 때문에 하루를 망치면 안 된다는 뜻으로만 생각했다. 물론 그런 뜻도 있었을 것이다. 그렇지만 나이를 먹으면서 할머니의 그 말에는 다른 의미도 있음을 깨달았다.

나와 가까운 사람들은 내가 완벽주의자라는 것을 잘 안다. 완벽주의자는 학교를 다닐 때 열심히 공부하고, 의사가 된 후에는 최선을 다해 환자들을 치료하는 훌륭한 협력자 역할을 한다. 그러나 때로는 지나친 자기 비판적인 태도 때문에, 어려운 상황을 극복하고 회복할 수 있는 힘을 잃는다.

프롤로그에서 언급했듯이 나는 내 삶이 완전한 소진 상태로 달려가고 있다고 느꼈다. 그런 자각은 성인기의 유쾌함 추구에 대한 영감을 주었다. 나는 성인의 삶에 요구되는 많은 과제가 나의 유쾌함을 말살하고 있음을 인식했다. 그리고 내면의 유쾌함을 일깨우고 거기에 초점을 맞춰야 한다는 것을 깨달았다. 성인으로서 내가 감당해야 하는 책임(건강한 결혼 생활, 효율적인 육아, 안정적인 직장 생활)이 내 안의 유쾌함을 깊이 잠들게 했다는 걸 알았다.

나는 더 완벽한 사람이 되려 노력했고, 이상적인 남편, 아버지, 의사가 되려 최선을 다했다. 그것이 성인의 책임에 부응하는 길이라고 생각했기 때문이다. 그러나 완벽주의자(완벽주의로부터 회복되고 있는 사람들도 여기에 해당한다)들은 너무 많은 것을 완벽하게 해내려고 하기 때문에 심리적인 여유와 융통성을 잃기 쉽다. 모든 결과물을 흠 없이 완벽하게 해내려는 욕심은 생각을 경직시키고 신경과민 상태에 빠지게 한다. 그러나 그들은 그렇게 보이지 않으려고 노력한다. 완벽주의자는 짜증스러운 모습을 보여서는 안 되기 때문이다. 언제나 행복한 모습을 보여야 하고, 무너지는 모습을 절대로 보여서는 안 된다. 그것이 완벽주의자들의 신조다. 그런 완벽주의자의 가식적인 삶 뒤에는 연약함, 취약함, 실패가 바짝 따라온다. 그들의 유일한 목표는 자신의 능력을 인정받는 것이다. 그러나 이미 때는 늦었다. 이것이 그들이 소진 상태로 치닫는 완벽한 시나리오다. 적어도 내 경우에는 그랬다.

그러나 결말은 달랐다.

즉흥성의 유쾌함이 표출되는 방식을 연구하던 초기에 나는 즉흥적인 행동들(습관에서 벗어나 계획하지 않은 일을 하는 것)이 재미있는 경험으로 이어지리라고 예상했다. 물론 나는 그 과정을 확인할 수 있었다. 그러나 더 많은 데이터를 수집하면서 기대하지 않았던 것을 발견했다. 그것은 즉흥성이 흔히 심리적 유연성으로 나타난다는 사실이었다. 내가 유쾌 지능이 높은 사람들의 삶을 관찰하면서 발견한 것은, 그들이 즉흥적인 행동을 무심코 넘기지 않을 뿐 아니라, 예측하거나 계획하지 않았던 일들이 일어나는 삶의 속성 앞에서 끊임없이 유연하게 반응한다는 것이었다. 체리를 크랜베리로 대체한 밥의 민첩한 사고가 대표적인 예다.

우리는 심리적 유연성을 갑자기 휴가를 떠난다든지, 연락이 뜸해진 친구에게 불쑥 전화를 거는 것 같은, 눈에 보이고 경험할 수 있는 것으로 생각하는 경향이 있다. 그러나 심리적 유연성은 눈에 보이는 것만이 아니다. 그것은 즉흥성을 통해 나타난다. 심리적 유연성은 일이 계획대로 되지 않을 때 마음속에서 작동하기 시작해 새로운 방향을 모색하는 심리적 안내자 역할을 한다. 이는 우리가 일상을 뒤흔드는 상황에 맞닥뜨렸을 때 평안을 유지할 수 있게 한다.

"날씨가 어떻든지 그날 네가 할 일은 해라"라는 할머니의 충고는 즉흥성, 즉 심리적 유연성에 대한 가르침이었다. 살아가면서 예상하지 못했던 일이 일어날 때 우리 반응은 두 가지로 나타난다. 하나는 유연하고 융통성 있게 대응하는 것이고, 다른 하나는 경직되고 고지식하고 완벽주의적인 방식으로 대응하는 것이다. 인생은 예측하기 어려운 우여곡절로 가득한 드라마다. 따라서 유연하고 융통성 있는 대응이 우리에게 더 유리하다. 이러한 자세는 삶이 우리의 계획과 바람대로 흘러가지 않아 난관을 헤쳐 나가야 할 때 의미와 만족을 찾을 수 있게 한다. 나는 심리적 유연성을 뇌 안에서 일어나는 찰나의 즉흥성으로 이해했고, 이는 완벽주의의 경직성을 극복하는 데 도움이 되었다.

1장에서 우리는 문제를 재구성하기 위해 상상력을 활용하는 방법을 살펴보았다. 심리적 유연성은 다른 상황에서 다른 관점을 상상할 수 있는 능력을 의미한다. 또한 문제를 재구성해야 할 때와 현실을 그대로 받아들이고 순응해야 할 때를 구별하는 능력이다. 유쾌 지능이 높은 사람들은 심리적 유연성을 발휘하는 데 능숙하다. 그들에겐 삶을 지나치게 진지하고 치열하게 살아가지 않으려는 사고방식이 있기 때문이다. 다시 말해서 그들은 삶을 가볍게 살아갈 수 있는 능력이 있다. 심리적 유연성은 삶을 너무 꽉 움켜쥐지도, 너무 느슨하게 잡지도 않는 태도를 통해 도달할 수 있는 능력이다.

학문적으로 심리적 유연성은 개인이 자신의 환경에 반응하는 방식과 연결해서 설명할 수 있다. 상황적인 요구에 순응하는 것, 심리적 자원을 활용하는 것, 관점을 바꾸는 것, 경쟁심을 가지고 일하는 것, 이 모든 것이 심리적 유연성의 외적인 표출이다. 그리고 각 요소는 우리가 삶의 예측 불가능성에 유연하고 즉흥적으로 대응하게 한다.

이를 실제로 증명한 실험이 있다. 2001년 미국에서 9·11 테러가 일어난 후, 뉴욕의 대학생들을 대상으로 학생들에게 감정을 자극하는 사진 몇 장을 보여 주었다. 그런 다음 한 그룹의 학생들에게는 그들이 느낀 감정을 표현하게 하고, 다른 그룹의 학생들에게는 표현하지 못하게 했다. 다음으로 학생들에게 두 번째 사진들을 제시하고, 그 사진들에 대한 감정을 표현하거나 표현하지 않을 수 있는 선택권을 주었다. 그 결과 학생들에게 자신의 감정을 표현하거나 표현하지 않을 수 있는 심리적 유연성(그리고 자유)이 주어졌을 때, 9·11 테러의 트라우마를 전반적으로 더 잘 조정한다는 것을 알 수 있었다. 이 실험은 자신의 감정을 타인과 항상 공유하는 것이 낫다는 기존의 상식과는 모순되며, 오히려 심리적 유연성을 발휘하는 편이 효과적임을 나타낸다. 왜냐하면 선택권이 없는 경우보다 심리적 유연성이 있을 때 다양한 문제 해결 전략(감정의 내면화를 포함해서)을 수립할 수 있기 때문이다.

신경학적인 관점에서 볼 때, 심리적 유연성의 신경 회로는 뇌의 피질 하부의 선조체에 위치한다. 이것은 선조체의 콜린성 중간 뉴런(다양한 충격에 직면했을 때 행동 변화를 돕는다)의 기능에 의존한다. 중간 뉴런의 역할을 확인하기 위해 쥐들의 중간 뉴런을 손상시킨 후, 예기치 못한 상황에 대처하는 쥐들의 행동 반응을 관찰한 연구가 있다.

첫 번째 실험에서 쥐들은 설탕을 입힌 알약을 얻기 위해 레버 A와 B 중 하나를 눌러야 했고, 레버 A를 누를 때만 보상을 얻을 수 있었다. 정상적인 쥐와 중간 뉴런이 손상된 쥐들 모두 레버 A를 누를 때 보상을 받을 수 있음을 재빨리 알아차렸다. 그러나 설탕을 입힌 알약을 얻을 수 있는 레버에 불빛을 비추는 방식으로 바꾸자, 중간 뉴런이 손상된 쥐들은 보상을 얻을 수 있는 레버를 찾아내지 못했다. 정상적인 쥐들은 손전등의 불빛이 비추는 레버로 유연하게 전략을 바꿀 수 있었지만, 중간 뉴런이 손상된 쥐들은 변화에 적응하지 못하고 레버 A만 눌렀다. 연구 팀은 이 결과를 인간에게 적용하면 나이가 들수록 중간 뉴런의 퇴화로 인해 심리적 유연성이 감소할 것으로 추정했다.

심리적 유연성은 업무 수행, 만족도, 정신 건강, 통증 완화와도 상관관계가 있었다. 추위를 이용해 신체적인 고통을 가하는 실험에서는 심리적 유연성이 높은 사람들이 추위를 더 오래 견뎠으며 정상으로 돌아오는 회복 속도도 빨랐다. 심리적 유연성은 시간관념에 있어서도 유리하게 작용한다. 일반적으로 지혜는 현재에 충실하고 과거나 먼 미래에 대해 깊이 생각하지 말라고 한다. 그러나 때로는 과거의 긍정적인 경험을 떠올리는 것은 좋은 감정을 선사한다. 또한 미래를 생각하고 미래의 자기 자신과 삶을 그려 보는 것은 목표 설정과 성취에 필수적이다. 과거, 현재, 미래를 오갈 수 있는 심리적 유연성은 삶에 대한 만족감, 긍정적인 기분, 가정과 직업에 대한 만족감과 높은 상관관계를 가지고 있다.

그러나 심리적 유연성을 위해서는 의도적으로 노력해야 한다. 그러한 노력의 첫 번째 단계는 2장에서 설명했던 대니엘 카너먼의 시스템 1과 시스템 2와 연관성이 있다. 시스템 1은 문제를 신속하게 해결하고 판단하고 앵커링하는 것을 목표로 한다. 반면에 시스템 2는 유연하고 수용적이고 철저한 방식으로 선택 가능한 사항들을 고려하는 것을 목표로 한다. 여기서 심리적 유연성이 발휘되기 위해서는 시스템 2의 의도적인 활성화가 필요하다. 그럴 때 여러 가지 접근 방식과 해결책에 대해 열린 태도를 가질 수 있다. 하지만 이 과정이 쉽지는 않다. 앞에서 살펴본 것처럼 일단 시스템 1이 작동하면 방향 전환이 쉽지 않기 때문이다.

사람들의 시각적인 집중도를 측정한 실험이 그 예다. 연구진은 피험자들에게 농구공을 드리블하고 패스하는 두 가지 버전의 동영상을 보여 주고 패스 횟수를 측정하게 했다. 첫 번째 동영상에는 한 여성이 우산을 펼쳐 들고 코트를 지나가고, 두 번째 동영상에는 고릴라로 분장한 남자가 카메라를 응시하면서 코트 중앙으로 걸어와 고릴라처럼 가슴을 두드리며 지나간다. 피험자들 중 약 64퍼센트는 우산을 들고 걸어가는 여성을 알아차리지 못했고, 놀랍게도 피험자들 중 73퍼센트는 고릴라를 눈치채지 못했다! 어떻게 된 것일까?

대부분의 피험자들에게 있어서 패스 횟수를 세는 일이 시스템 1을 강력하게 활성화시켰고, 그 결과 우산을 든 여성과 고릴라를 인지하는 데 필요한 심리적 유연성이 비활성화된 것이다. 이처럼 시스템 1이 뇌의 심리적 유연성에 얼마나 많은 영향을 미치는지 인식한다면 시스템 2의 활성화에 도움이 될 것이다.

가령 토요일 아침에 즉흥적으로, 오랫동안 못 본 친구를 만나기 위해 친구가 사는 곳으로 여행을 떠나기로 했다(시스템 1)고 하자. 그러나 그곳에 도착하자 그 친구가 이사했다는 걸 알게 되었다. 이때 당신은 어떻게 하겠는가. 주유소에서 휘발유만 채우고 곧장 집으로 향할까? 시스템 2는 그렇지 않다고 대답한다. 약간의 심리적 유연성을 발휘해서 그 도시의 문화를 체험하고 시야를 넓히는, 예측 밖의 상황을 즐길 수 있는 기회라고 할 것이다.

이처럼 심리적 유연성을 높이는 첫 번째 단계는 시스템 1을 비활성화하고 시스템 2를 활성화하는 것이다. 그러나 아이러니하게도 두 번째 단계는 시스템 1을 망각하지 않는 것이다. 그것은 심리적 유연성에 어떤 영향을 미칠까? 시스템 1은 즉흥적인 행동을 하도록 유도한다. 즉흥적으로 일상적인 삶에서 벗어날 수 있는 용기와 대담함 또한 시스템 1에서 나온다. 성격 심리학에서는 이를 '경험에 대한 개방성'이라고 부른다. 어떤 사람이 경험에 대해 열려 있을 때 그는 일상생활에서 즉흥적인 행동을 할 가능성이 높다. 그는 즉흥적인 행동을 하면서 미지의 것과 예측 불가능한 것에 대해 심리적 유연성과 편안함을 갖는다. 이것은 시스템 1과 시스템 2의 선순환을 일으킨다. 삶에서 의외의 일들이 일어날 때 시스템 1은 즉흥적인 행동을 촉발하고, 그런 행동을 할 때 시스템 2와 시스템 2가 제공하는 심리적 유연성이 단련되고 강화되는 것이다.

제1차 세계대전과 크리스마스 배의 항해

릴리안 벨은 남북 전쟁이 끝난 지 얼마 되지 않은 1867년 미국 시카고에서 태어났다. 참전 용사가 많았던 집안에서 자란 벨은 전쟁의 복잡한 문제에 관심이 많았다. 릴리안의 증조 할아버지 토마스 벨 대위는 미국 독립 전쟁에 참가한 버지니아 주의 애국 투사였고, 릴리안의 할아버지 조셉 W. 벨 장군은 연합군을 위해 열세 번째 일리노이 기병대를 조직했다. 릴리안의 아버지 윌리엄 W. 벨 소령은 남북 전쟁 당시 연합군에서 용감하게 싸웠다.

릴리안은 어릴 때부터 글쓰기에 대한 열정이 있었고 그 일에서 기쁨을 느꼈다. 스물여섯의 젊은 나이에 첫 번째 소설 『늙은 하녀의 사랑』을 출간했다. 비평가들은 그녀의 유머 감각과 재치를 높이 평가했다. 7년 후 릴리안은 이벤트 기획자인 아서 호이트 보그와 결혼하고 두 사람은 뉴욕으로 이사했다. 결혼 생활은 그녀에게 『소녀의 관점에서』라는 소설을 쓸 수 있는 영감을 주었다. 이 작품 역시 비평가들로부터 위트가 뛰어나다는 찬사를 받았다. 1900년대 초에 그녀는 많은 소설을 발표하며 작가로서의 입지를 굳혔다. 그러나 1914년 여름의 끝 무렵만 해도 릴리안은 자신이 세상에 엄청난 영향력을 주리라는 사실을 전혀 몰랐다.

1914년 7월 28일, 오스트리아-헝가리 제국의 사라예보에서 유고슬라비아의 민족주의자 가브릴로 프린체프가 오스트리아의 황태자 프란츠 페르디난트와 그의 아내 소피 쵸텍을 두 발의 총탄으로 살해하는 사건이 발생했다. 황태자 부부는 그날 자동차 퍼레이드를 하며 도시로 향하던 길이었다. 페르디난트는 오스트리아-헝가리 제국의 왕위 계승자였다. 프린체프는 그를 살해하면 오스트리아-헝가리 제국의 남부 슬라브 지역이 오스트리아-헝가리 제국에서 분리돼 독립적인 유고슬라비아 국가를 세울 수 있을 거라고 믿었다. 그러나 이 암살 사건은 외교 위기를 촉발했고 그것은 오스트리아-헝가리 제국이 세르비아(프린체프와 그의 급진적인 단체 흑수단이 거주하던 곳)에게 전쟁을 선포하는 도화선이 되었다. 이러한 상황에 이내 이웃 유럽 국가들이 개입했고, 그 국가들은 오스트리아-헝가리 제국 편에 서거나 세르비아 편에 서서 전쟁을 선포했다. 민족적인 정체성을 쟁취하려는 급진주의자의 시도로 시작된 이 사건은 제1차 세계대전을 촉발했다.

전쟁 초기에 미국과 우드로 윌슨 대통령은 대체로 중립적인 입장을 고수했다. 실제로 미국은 1917년 4월, 독일 잠수함이 대서양에서 영국으로 향하던 미국의 선박을 침몰시키기 전까지는 전쟁에 참가하지 않았다.

신문은 미국 시민들에게 전쟁 상황을 전달하는 주요 정보원이었다. 전쟁이 진행되는 동안 끔찍하고 비극적인 소식들이 전해졌다. 잔인한 침략, 수많은 사상자, 무고한 시민들의 죽음. 사람들은 전쟁이 1년이면 끝날 것으로 예상했다. 전쟁 초기의 잔인함을 생각하면 그렇게 믿지 않으면 견딜 수 없었을 것이다.

전쟁이 시작된 지 몇 주가 지난 1914년 8월 27일, 평소 공상하기를 즐겼던 릴리안은 그날도 한가롭게 거실에서 공상에 빠져 있었다. 그날 따라 릴리안의 공상은 엉뚱한 방향으로 흘러갔다. 그녀는 공상을 시작하기 전에 전쟁의 발발에 관한 신문 기사를 읽었다. 상상력은 릴리안을 거실에서 전쟁의 포화에 시달리는 유럽으로 데려갔고 그녀는 신문에서 읽었던 전쟁의 공포를 실감했다. 릴리안의 표현에 따르면 그녀는 전쟁터에서 "햇볕에 말라 굳어지고 물에 잠긴 참호"의 먼지와 진흙을 뒤집어쓴 채 쪼그리고 앉아 있었다. 릴리안은 군인들(그녀가 "죽음 앞에 내몰린 힘없는 사람들"이라고 표현한)의 육체적인 고통과 정신적인 고뇌를 느꼈다.

릴리안은 이제 평화롭게 쉴 수 없었다. 땀을 흘리며 악몽으로 변해 버린 공상에 머릿속이 뒤엉켰다. 그녀는 유럽의 어린 아이들에게로 생각을 옮겼다. 조금 전보다는 행복한 장소였음에도 불구하고 공상을 이어 나갈 수는 없었다. 전쟁 때문에 가족을 잃은 아이들의 상처와 고아가 된 아이들이 연상되었기 때문이다. 릴리안은 아버지나 할아버지가 전쟁에 참가하기 위해 집을 떠나는 모습을 본 적은 없었다. 그렇지만 아빠가 집에 돌아오지 않을까 봐 걱정하는 아이들이 얼마나 두려움에 떨고 있을지 그릴 수 있었다.

릴리안은 갑자기 공상에서 깨어나 벌떡 일어섰다. 공상에서 깨어난 릴리안은 텅 빈 거실에서 두 손을 꽉 쥐고 울부짖었다. "오, 하나님! 그 불쌍한 아이들을 돕기 위해 제가 할 수 있는 일이 있을까요? 무엇을 할 수 있을까요?" 그녀는 곧 닥칠 추운 겨울과 크리스마스가 생각났다. 그리고 "황폐한 나라의 어린아이들 얼굴에 웃음이 사라진 크리스마스"를 떠올렸다.

그때 갑자기 그녀에게 한 가지 아이디어가 반짝했다. "유럽에 있는 모든 어린이가 크리스마스를 누릴 수 있다면 얼마나 좋을까!" 그렇지만 어떻게, 무슨 방법으로? 릴리안은 "배!"라고 큰 소리로 외쳤다. 그 순간 그녀는 다시 즐거운 공상에 빠져들었다. "내 방의 푸른 벽이 하늘과 같은 파란색으로 바뀌면서 보라색과 금색의 돛을 단 배가 항해하는 모습이 보였다."

릴리안은 배에 대한 공상을 하기 시작했다. 유럽의 어린이들에게 줄 선물을 가득 싣고 미국에서 유럽 해안으로 항해하는 '크리스마스 배'였다. 릴리안은 배가 도착해서 선물을 나눠 줄 때 어두웠던 아이들의 표정이 밝아지는 순간을 상상했다. 그리고 전쟁 중인 나라의 어른들과 군인들이 잠시 전쟁을 중단하고, 전쟁의 불안과 공포를 뒤로한 채 그 순간을 즐기는 모습을 상상했다. 그리고 적십자사가 유럽의 어린이들에게 선물을 나눠 주는 일을 돕는 광경을 상상했다.

공상에서 깨어나 영감으로 가득 찬 릴리안은 원대한 박애 정신에서 비롯된 아이디어를 즉각 구체적인 상상으로 옮겼다. 선물을 어디에서 구할 것인가? 그 선물들을 어떻게 배로 운송할 것인가? 배는 어떻게 구할 것인가? 릴리안은 행복한 미국 어린이들이 노는 모습을 상상하기 시작했다. 미국 어린이들이 유럽 아이들을 위한 산타클로스 놀이를 하도록 설득하면 어떨까? 그녀의 얼굴에 미소가 점점 크게 번졌다. 바로 그거야! 선물은 미국의 어린이들이 준비하면 돼. 그녀는 종이 위에 "우리나라 어린이들이 전쟁 고아들을 위해 하는 일"이라고 썼다. 그렇다면 어떻게 수백만 명의 어린이들을 모을 것인가?

그 대답은 아이디어만큼이나 빨리 떠올랐다. 신문.

다음날 릴리안은 크리스마스 배의 아이디어를 설명하는 짧은 글을 써서 《시카고 헤럴드》의 편집장으로 일하는 그녀의 친구 제임스 킬리에게 보냈다. 다음 날 킬리에게서 전보가 날아왔다. "어서 기차를 타고 와. 네 제안을 의논하고 싶어." 릴리안은 들뜬 마음으로 시카고로 향했다. 1914년 8월 31일, 사무실에 도착한 릴리안에게 킬리는 흥분된 목소리로 말했다. "네 편지를 받고 한잠도 못 잤어. 그렇게 굉장한 이야기는 들어본 적이 없어!"

릴리안은 신문 칼럼에 글을 써서 미국 어린이들의 박애 정신을 고취하고 아이들에게 유럽의 어린이들이 처한 상황을 이해시키려는 자신의 계획을 설명했다. 어린이들이 그 아이디어에 관심과 흥미를 보이면 부모들과 어른들도 자발적으로 참여하게 될 거라고 말했다. "부모들은 크리스마스 배가 자녀들에게 중요한 교훈을 줄 수 있는 특별하고 멋진 방법이라는 걸 알게 될 거야. 다른 이들에게 무언가를 줄 때의 기쁨, 자기가 갖고 싶은 것을 남에게 줄 때의 즐거움, 누군가와 공감할 때의 감동, 무엇보다 전쟁의 공포와 평화의 축복 간의 엄청난 차이를 알려줄 수 있는 기회라는 걸 말이야." 릴리안은 그 계획을 실행으로 옮기기 위해 시카고로 돌아가기로 했다.

그녀가 떠나기 전에 킬리는 미국 어린이들에게 보내는 첫 번째 편지를 써달라고 했다. "내일 워싱턴에 가서 윌슨 대통령께 그 편지를 읽어 드리려고 해."

그날 밤 릴리안은 편지를 썼다.

미국의 어린이들에게

여러분은 매일 아침 아빠가 출근할 때마다 저녁이 되면 아빠가 돌아올 거라고 생각하죠? 만일 아빠가 집으로 돌아오지 않는다면 어떨까요? 굉장히 슬프겠죠. 왕이 나라를 다스리는 유럽에서는 많은 아빠들이 전쟁터에 나가고 있어요. 왕들이 아빠들에게 싸우러 나가라고 하면 아빠들은 어쩔 수 없이 전쟁터로 가야 해요. 입을 것과 먹을 것을 사고, 집세를 낼 돈을 벌 사람이 집에 없어도 말이에요. 많은 아빠들은 어린 아들과 딸이 기다리는 집으로 돌아갈 수 없어요. 역시나 아들과 딸이 있는 다른 아빠들이 그 아빠들을 죽게 할 테니까요. 그 아빠들이 다른 아빠들을 죽이는 건 그들을 미워해서가 아니라 죽이라는 명령을 받았기 때문이에요.

여러분은 곧 즐거운 크리스마스를 맞이하겠죠. 그렇지만 유럽에 있는 친구들은 크리스마스를 어떻게 보낼지 생각해 보세요. 부모를 잃어버린 어린이들은 산타클로스를 만나지 못할 거예요. 독일의 검은 숲에 썰매 방울 소리가 울리지 않을 거고요. 루돌프 사슴이 러시아 대초원에 쌓인 눈을 밟으며 달리지도 못하겠죠. 프랑스의 오두막집에 걸린 양말에는 아무것도 들어 있지 않을 거예요. 연기로 자욱한 영국의 굴뚝에는 산타가 찾아오지 않겠죠. 제인은 인형을 받지 못할 거고, 존은 빨간 장갑을 받지 못할 거예요. 그 친구들은 크리스마스가 와도 얼마나 슬플까요? 어린이 여러분, 여러분이 이 친구들을 도울 수 있어요. 여러분은 그 어린이들을 돕고 싶을 거예요! 분명히!

나라를 지키려고 싸우다 돌아가신 아빠를 잃은 소년 소녀들에게 여러분이 산타클로스가 되어 주세요. 행복한 미국에서 바다

너머에 있는 불행한 유럽의 어린이들에게 사랑과 희망과 동정심이 담긴 손을 내밀어 주세요.

그럼 어떻게 이런 일을 할 수 있을까요?

아주 쉬운 방법이 있어요. 하지만 그 일의 진정한 기쁨을 느끼려면 여러분이 직접 그 일을 해야 해요. 여러분이 선물을 살 돈을 벌거나 직접 선물을 만드는 거예요. 남자 어린이들은 서커스에 가기 위해서 돈을 벌어본 적이 있죠? 불쏘시개를 쪼개거나, 석탄을 나르거나, 아궁이를 청소하고 아빠에게 돈을 달라고 하세요. 캔디를 사 먹을 돈으로 저축을 하세요. 자신을 위해 쓸 돈을 아끼세요.

여러분은 이렇게 묻겠죠. "내 선물이 그 친구들에게 어떻게 전달되죠?" 여러분의 선물은 기차를 타고, 다음에는 배를 타고, 그 다음에는 다시 기차를 타고 갈 거예요.

그러면 여러분은 이렇게 말하겠죠. "신문에서는 대포로 무장한 영국, 프랑스, 독일의 배가 내 선물을 실은 배를 막을 거라고 하던데요."

그렇지 않을 거예요! 영국과 프랑스와 독일은 여러분의 선물을 실은 배를 멈춰 세우지 않고 오히려 배를 향해 경례를 할 거예요. 여러분의 배는 '사랑의 배'니까요. 그 배는 산타클로스의 배가 될 거예요. 전쟁 중인 모든 나라들이 그 배를 보면 깃발을 내릴 거예요.

여러분이 할 일은 선물을 마련하는 것뿐이에요. 그 배가 여러분의 선물을 싣고 유럽으로 가는 멋진 광경을 그려 보세요. 미국의 어린이들이 보낸 수천 개의 선물을 실은 배의 모습을 상상해 보세요. 그 배는 여러 소년 소녀들의 아빠들이 잘 맡아서 전쟁 때문에 물자가 부족한 나라까지 무사히 도착하게 할 거예요.

부모님들께

여러분의 자녀들이 값진 교훈을 배울 수 있도록 도와주세요. 남에게 주는 기쁨, 자기가 필요한 것을 양보하는 마음의 소중함, 공감의 따뜻함, 전쟁의 비참함, 평화의 축복을 알게 해 주세요. 소중한 가르침을 배울 수 있도록 도와주세요. 이것은 전 세계적인 평화의 운동이 될 겁니다. 그리고 빠른 시일 안에 반드시 결실을 맺을 겁니다.

학교 선생님들께

교과서에서 이것보다 더 중요한 주제를 찾을 수 있다면 그걸 알려 주세요.

목사님들께

여러분은 풍성한 텍스트를 가지고 있습니다. 그 텍스트의 사상을 가르치세요. 여러분의 주님은 평화의 주님이시니까요.

전진합시다!

릴리안 벨

릴리안이 쓴 편지의 반응은 폭발적이었다. 킬리는 이렇게 말했다. "워싱턴은 열광했습니다! 나는 대통령을 찾아가 대화를 나누었죠. 내 인생에서 그렇게 진지하게 누군가와 말해 본 적은 없었어요. 대통령은 흰 옷을 입고 있었고 얼굴은 핼쑥하고 초췌해 보였어요. 내가 크리스마스 배와 그 배가 평화를 위해 어떤 일을 할 수 있는지 이야기하자 그는 손으로 얼굴을 감쌌고 그의 손가락 사이로는 눈물이 흘러내렸습니다."

킬리는 내각의 장관들, 많은 상원의원들, 외교관들과도 면담했다. 방문이 끝날 즈음 킬리는 정부의 지원뿐 아니라 각각 156미터, 200미터 크기에 2만여 톤을 실을 수 있는 석탄선 USS 제이슨의 지원을 약속받았다. 제이슨이 릴리안의 크리스마스 배가 될 것이었다.

릴리안과 킬리는 약 3주 동안 미국 전역의 100여 개 신문사들에게 연락해 이 프로젝트에 참여하도록 설득했다. 각 신문사는 크리스마스 배 코너를 만들고 유능한 작가들에게 이 아이디어를 고취할 것을 요청했다. 다음은 1914년 9월 10일자 《피츠버그 프레스》에 실린 글이다.

> 크리스마스 배의 항해는 세계 역사에 남을 중요한 사건이 될 것이다. 미국 어린이들의 선의와 사랑에서 비롯된, 전쟁 고아들을 위한 크리스마스 선물을 실은 이 배는 드레드노트(20세기 초에 사용된 전함-옮긴이)와 구축함과 치명적인 폭탄을 무용지물로 만들고 영원히 쓸어 가 버릴 것이다. 이 배의 항해로 다른 나라 어린이들의 크리스마스를 즐겁고 행복하게 해 주고 싶은 미국 어린이들의 따뜻하고 깊은 사랑은 오랫동안 기억될 것이다. 이것은 어떤 불행한 사건이 일어난다고 해도 사라지지 않을 견고한 박애 정신이다.

릴리안은 매일 《시카고 헤럴드》의 「산타클로스」라는 칼럼을 통해 어린이들에게 지시하는 내용("선물을 작게 만드세요. 여러분의 손으로 직접 선물을 만드세요" 등등)을 업데이트했다. 수천 개의 학교와 교회를 비롯해 엘크스, 무스 같은 여성 단체와 보이스카우트, 캠프파이어걸스 같은 청소년 단체도 선물 만들기에 참여했다. 기업들은 기금을 기부했다. 극장에서도 모금 행사가 열렸다. 재소자들도 프로젝트에 참여했다. 릴리안은 일리노이주 교도소에서 한 통의 편지를 받았다. "동봉한 1달러를 크리스마스 배를 위한 굿윌 모금에 넣어 주세요." 그 편지에는 "토마스 제이 벤트, 재소자 195"라는 서명이 있었다.

전국에 있는 신문사에는 어린이들의 편지가 넘쳤다. 그중 대부분이 릴리안에게 온 것이었다.

릴리안 언니에게

저는 크리스마스 배를 위해서 돈을 벌고 있어요. 제가 받아쓰기에서 만점을 맞을 때마다 엄마가 5센트를 주셔요. 받아쓰기를 해서 돈을 버는 건 저에겐 굉장히 힘든 일이에요!

랄프

미국 어린이들은 유럽 어린이들에게 보내는 선물에 개인적인 편지를 동봉했다.

바다 건너편에 살고 있는 언니에게

언니가 내 인형을 좋아했으면 좋겠어요. 그 인형은 내가 가지고 있는 것 중에서 가장 예뻐요. 언니가 내 편지에 답장해 주면 좋겠어요. 언니의 나라와 언니의 집에 대해 이야기해 줄래요? 언니의 아빠가 이제 집에 올 수 없다는 게 슬퍼요. 불쌍한 언니, 언니를 안아 주고 싶어요. 이 편지를 읽을 수 없다면 다른 사람에게 언니 나라 말로 해석해 달라고 하세요. 언니가 편지를 써 주면 내가 다른 사람에게 영어로 읽어 달라고 부탁할게요. 안녕, 언니. 끔찍한 전쟁이 빨리 끝나기를 기도할게요.

테레사

릴리안이 가장 감동했던 순간은 미니애폴리스에 사는 한 소녀가 신문사에 갈색 종이로 포장한 작은 꾸러미를 들고 왔을 때였다. 포장지에는 '어떤 소녀에게'라고 적혀 있었고 카드에는 '아빠로부터'라고 쓰여 있었다.

그 당시 미국인들은 대부분 기독교를 믿고 있었지만 다양한 종교적인 배경을 가진 사람들이 이 프로젝트를 위해 봉사와 기부를 했다. 기독교를 제외하고는 유대교 공동체가 가장 큰 도움을 주었다. 유대인 상인들은 크리스마스 배를 위해 가장 많은 액수의 돈을 기부했다.

사회 경제적인 지위를 초월한 즉흥적인 박애 정신이 표현되었다. 《샌프란시스코 크로니클》은 캘리포니아주 전역(또한 미국의 나머지 지역)에서 일어나고 있는 현상을 이렇게 표현했다. "박애 정신의 뜨겁고 강렬한 파도가 캘리포니아 골든스테이트를 휩쓸고 있다. 어린이를 사랑하고 보호하는 것이야말로 인류애의 가장 강력한 표현이라는 영원한 진리를 증명하는 이 프로젝트를 통해 모든 연령, 계층, 신념, 국가가 하나로 통합되고 있다."

프로젝트에 참여한 어린이들은 인형, 테디 베어, 썰매, 스케이트, 롤러스케이트, 사탕, 과자, 옷, 그림책, 장난감, 게임 등을 기증했다. USS 제이슨에 선물을 실을 시간이 다가오자 각 도시에서 가져온 선물을 가까운 철도 창고로 운반했다. 그런 다음 수백 대의 열차가 전국에 있는 마흔네 개의 철도 시스템을 이용해서 선물을 뉴욕 브루클린 부시 터미널로 운반했다.

모든 과정이 끝났을 때 릴리안의 크리스마스 배는 25억 원 상당의 700만 개 이상의 선물을 싣고 있었다. 그보다 훨씬 더 감동적인 것은 당시 미국의 1억 명 인구 중에서 4200만 명이 크리스마스 배에 도움을 주었다는 사실이다. 대부분이 여성과 어린이였다. 게다가 이 모든 프로젝트가 불과 70일밖에 걸리지 않았다는 것도 놀라웠다. 실제로 릴리안이 첫 발걸음을 내딛었을 때부터 1914년 11월 10일에 배가 항해를 시작할 때까지 걸린 시간은 석 달이 안 된다.

배가 출항하는 날은 순수한 기쁨과 축하가 넘쳤다. 다리 위와 거리에 수천 명의 시민, 군인, 적십자사 직원들이 몰렸다. 그날《피츠버그 프레스》에는 다음과 같은 기사가 실렸다.

> 오늘 오후 12시 8분, 군악대의 연주, 휘파람 소리와 종소리, 사람들의 환호 속에 USS 제이슨 크리스마스 배가 여섯 척의 예인선을 따라 브루클린 부시 1 터미널을 빠져나왔다. 미국 어린이들이 유럽의 전쟁 고아들에게 보내는 수백만 개의 선물을 실은 이 배는 대서양을 횡단하기 위해 뉴욕 항구로 향했다.
>
> 역사상 이와 비슷한 상황에서 비슷한 여정으로 대서양 횡단을 시작한 배는 없었기에 그에 걸맞는 의식이 이 배의 출발을 알렸다.
>
> 사람들의 얼굴에서는 하염없이 눈물이 흘러내렸다. 여자들은 소리를 내어 흐느껴 울었고 아이들은 열광적인 환호를 보내며 박수를 쳤다. 이보다 더 감동적인 광경은 없을 것이다.

크리스마스 배는 마침내 영국의 팰머스, 프랑스의 마르세유, 이탈리아의 제노아, 그리스의 살로니카에 정박했고 각 지역의 적십자사가 유럽 어린이들에게 선물을 나눠 주었다. 미국이 중립적인 위치를 유지했기 때문에 연합국과 동맹국의 어린이들 모두 선물을 받을 수 있었다.

전쟁 양측의 주요 관계자들은 이러한 박애 정신이 군부가 잠시 전쟁을 중단하고 전쟁이 그들의 국가에 미치는 영향에 대해 깊이 숙고하게 했다고 보도했다. 그 공로로 릴리안과 킬리는 전 세계의 정부와 신문사로부터 수많은 훈장을 받았다.

1918년 제1차 세계대전은 끝났고, 릴리안 벨은 1929년에 세상을 떠났다. 릴리안은 죽기 전까지 아홉 편의 소설을 발표했으나 그녀는 자신의 가장 큰 업적으로 크리스마스 배의 항해를 꼽았다.

그 프로젝트에 대한 영감을 어디서 받았느냐는 질문에 릴리안은 “갑자기 아이디어가 떠올랐다”라고 대답했다. 실제로 그랬다. 크리스마스 배 프로젝트의 거대한 규모에 비하면 그 아이디어는 정말 갑자기, 그리고 즉흥적으로 떠올랐다. 흥미롭게도, 과학 역시 자선심은 즉흥적으로 일어난다고 설명한다.

숙고가 닿을 수 없는 직관의 영역

경제 분야에서 자주 인용되는 '공공재 게임'이라는 실험이 있다. 이 실험은 다양한 방법으로 실행된다. 대표적인 실험에서는 각 피험자에게 일정한 금액의 돈이나 화폐를 대신할 만한 토큰 또는 칩 등을 배부한다. 피험자는 아무도 모르게 각자 공동 포트에 얼마를 기부할지 결정한다. 모든 피험자가 기부할 돈을 결정하면 진행자는 포트에 든 돈을 1부터 참가자의 숫자 사이에 있는 숫자로 곱하고, 그 금액을 모든 참가자에게 똑같이 분배한다.

가장 기본적인 형태의 공공재 게임은 사람들이 자신의 이익만 챙기는지 아니면 이타적으로 협력하는지에 대한 정보를 제공한다. 각 참가자가 자신이 가진 모든 돈을 포트에 넣으면 모든 참가자가 처음보다 훨씬 더 많은 돈을 가져갈 수 있다. 그러나 한 사람(또는 소수)이 포트에 아주 적은 돈을 넣으면, 그(또는 그들)는 다른 사람에 비해 자신이 넣은 돈보다 훨씬 더 많은 돈을 가질 수 있다. 물론 모든 참가자가 돈을 넣지 않고 가지고 있으면 모두가 이익을 얻지 못한다.

예일대학교의 경제학자 데이비드 랜드는 다양한 공공재 게임 실험을 통해 인류의 협력을 연구하고 있다. 그가 최근에 연구한 주제는 인간이 본성적으로 이기적인가, 아니면 협력적인가에 관한 것이다. 다시 말해서 인간의 본성이 자신의 최대 이익을 추구하는가, 아니면 타인과 협력할 수 있는 기회를 추구하는가 하는 문제다. 이 질문에 대해 대다수가 반사적으로 인간의 본성은 이기적이라고 대답할 것이다. 이 가설은 다윈의 이론에 의해 뒷받침된다. 다윈의 이론에 따르면 적자는 당연히 이기적이어야 한다. 그러나 인류에게 협력하는 능력이 없다면 오늘날과 같은 환경은 존재할 수 없다.

이 질문을 명확하게 증명하기 위해 랜드는 먼저 직관에 대한 정의를 내렸다. 그는 대니얼 카너먼의 시스템 1, 시스템 2를 바탕으로 인간의 직관은 빠르고, 자동적이고, 자연스럽고, 감정적이라는 전제를 세웠다. 직관은 우리에게 빠르게 다가오고, 우리가 빠르게 움직이도록 자극한다. 직관은 시스템 1에 의해 움직이는 과정이다. 반대로 숙고(직관의 반대)는 느리고, 의도적이고, 비감정적이다. 숙고는 우리에게 천천히 다가온다. 숙고는 시스템 2에 의해 움직이는 과정이다. 이 아이디어를 종합해서 랜드는 빠른 결정은 숙고보다는 직관에 의한 결정일 가능성이 높고, 반면에 더딘 결정은 직관보다는 숙고에 의한 결정일 가능성이 높다고 추정했다.

인간의 직관이 이기적인지 협력적인지 판단하는 방법으로 그는 공공재 게임을 생각해 냈다. 빠르게 결정을 내린 사람이 그렇지 않은 사람보다 더 많은 돈을 기부한다면, 그것은 인간의 직관이 이기심보다 협력과 연관성이 많다는 가설을 뒷받침할 것이다.

212명을 대상으로 한 첫 번째 실험에서는 피험자들이 기부할 금액을 결정하는 데 필요한 시간을 마음대로 정하게 했다. 그 결과 10초 이내에 결정한 사람들이, 결정하는 데 10초 이상 걸린 사람들보다 훨씬 더 많은 금액을 기부했다. 그다음 실험에서는 처음에는 빠르게 결정하게 하고, 다음에는 천천히 결정하게 했다. 이번에도 역시 빠르게 결정한 참가자들이 훨씬 더 많은 돈을 기부했고, 천천히 결정한 참가자들은 더 적은 돈을 기부했다. 연구 결과를 검증하기 위해 랜드는 협력의 관점에서 결정 시간을 포함한 과거의 모든 연구를 재분석했다. 그 결과 신속하고 즉흥적인 결정을 내릴수록 협력과 자선심의 수준이 높아지는 것을 확인할 수 있었다. 랜드는 직관과 시스템 1의 사고가 이기심보다 협력과 더 연관성이 있다는 결론을 내렸다.

가령 길을 걸어가다가 노숙자를 만났다고 가정하자. 노숙자 앞에는 적선을 부탁하는 쪽지와 돈을 넣는 통이 있다. 보행자가 노숙자에게 다가갈 때 그의 시스템 1은 "적은 돈이라도 이 노숙자에게는 도움이 될 거야"라는 신호를 보낸다. 그러나 다음 순간 시스템 2는 "저 노숙자는 그 돈으로 술과 마약을 살 거야"라는 신호를 보낸다. 시스템 2의 신호는 협력적이고 자선적인 시스템 1의 에너지를 약화시킨다. 다시 말해서 자선은 대부분 최초의 즉흥적인 충동이며, 그것이 옳건 그르건 시스템 2의 숙고하는 능력이 자선심을 중단시킬 수 있다는 것이다.

더 간단한 예를 생각해 보자. 당신이 탄 엘리베이터의 문이 열려 있고, 복도에서 누군가가 엘리베이터를 향해 걸어온다고 가정하자. 아마도 당신은 그 사람이 오기를 기다리면서 아무 행동도 하지 않을 것이다. 그러나 문이 닫히려고 하거나 그 사람이 뛰기 시작한다면, 당신은 문이 닫히지 않도록 잡아둘지 아니면 그냥 둘지 빨리 결정해야 한다. 아마도 당신은 문이 닫히지 않도록 잡아둘 것이다. 엘리베이터에 그 사람이 탈 수 있는 공간이 있다면 당연히 그럴 것이다. 그것은 비록 사소한 일이지만 시스템 1에 의해 표출된 즉흥적인 관대한 행동이다.

릴리안의 크리스마스 배에 대한 아이디어는 실제로 즉흥적으로 떠올랐다. 그 아이디어는 그녀가 거실에서 유쾌함의 주요 특징 중 하나인 상상력을 이용한 공상을 하고 있을 때 찾아왔다. 크리스마스 배는 가장 규모가 큰 자선이었고 여러 가지 의미에서 가장 규모가 큰 즉흥성의 표현이었다. 크리스마스 배의 아이디어가 탄생하고 결실을 맺어 항해를 나서기까지 결정적인 역할을 한 것은 즉흥성의 유희적인 특징이었다. 크리스마스 배를 위해 기부한 사람들은 빠르고, 직감적으로, 그리고 즉흥적으로 결정해야 했다. 그렇지 않았다면 그들은 시스템 2의 작동으로 "이 아이디어는 실현 불가능한 생각이야.", "그 아이디어를 실행에 옮길 수 없을 거야.", "이 일이 성공하려면 수백만 명의 미국인들이 협조해야 해!"라는 생각을 했을 것이고 결국 도움의 손길을 내밀지 않았을 것이다. 크리스마스 배에 도움을 주지 않았던 미국인들은 아마도 그렇게 생각했을 것이다.

크리스마스 배의 성공에는 프로젝트의 즉흥성이 촉발한 자선심 이외에도 즉흥성의 또 다른 방식인 심리적 유연성이 크게 작용했을 것이다. 이것을 증명할 수 있는 기록은 없지만, 크리스마스 배 같은 거대한 프로젝트가 성공하기 위해서는 심리적 유연성으로 극복해야 할 많은 장애물이 있었을 것이다. 크리스마스 배의 출항 이후 몇 년간 릴리안은 프로젝트의 성공에 중요한 역할을 했던 일과 놀이의 조화를 자주 강조했다. "엄마와 아이들이 배에 실을 선물을 준비하는 경험보다 놀이와 일이 즐겁게 융합되는 적이 이전에 있었을까?" 일과 놀이가 적절한 조화를 이루기 위해서는 심리적 유연성이 반드시 작용해야 한다.

릴리안과 크리스마스 배, 랜드의 연구는 모두 즉흥성의 유희적인 특징이 자선심과 상관관계를 갖고 있음을 나타낸다. 또한 어린이들이 어른보다 즉흥적으로 남을 돕는 행동을 많이 하는 이유가 시스템 1에 의한 직감적인 사고를 많이 하기 때문이라고 짐작해 볼 수 있다. 이것은 내가 유쾌 지능이 높은 사람들에게서 발견했던 특징과 정확하게 일치한다.

다시 밥 서덜랜드와 체리 리퍼블릭으로 돌아가자. 밥의 즉흥성은 그의 심리적 유연성, 그리고 그의 자선심을 통해 드러났다. 체리 리퍼블릭은 2012년 말에 체리 농부들을 위한 축제를 개최했고, 이밖에도 미시간 북부의 환경, 농장, 지역 사회를 보존하는 사업에 몇 년간 7억여 원을 기부했다. 체리 리퍼블릭을 방문하면 언제나 샘플을 넉넉하게 받을 수 있다. 그 종류가 보통 열다섯 가지 이상이다. 밥은 "샘플(보통 판매로 이어지는)이 심리에 미치는 영향을 알고 있다"라면서 "그러나 또한 내가 고객들에게 기분 좋은 일을 선사하고 싶어 한다는 것을 잘 알고 있다"라고 그 이유를 설명했다.

요즘 체리 리퍼블릭의 상징물은 미시간주 트래버스 시티의 최신 상점들 사이에 자리한 놀이터다. 이 놀이터에는 깨끗한 체리 씨(모래 대신)로 가득 차 있는 거대한 모래 상자와 아이들이 올라갈 수 있는 커다란 나무가 있다. 나무 안에는 아이들이 들어가서 놀 수 있는 요새가 있다. 밥이 놀이터에 대한 아이디어를 제안했을 때 직원들은 우려했다. "우리는 놀이터가 너무 많은 공간을 차지할까 봐 걱정했습니다. 상자 안에 체리 씨를 보관하기도 쉽지 않을 거라고 생각했죠." 그러나 밥과 직원들은 아이디어를 행동으로 옮겼다. 상점을 방문한 어린이들에게 즐거움을 줄 수 있는 방법이라고 생각했기 때문이다. 그 놀이터는 또한 밥과 체리 리퍼블릭이 고객들에게 보여 주려는 유희성을 상징하는 공간이기도 했다.

즉흥성의 유희적인 특성이 자선심을 촉구한다면, 과학은 자선심이 우리의 삶에 미치는 영향을 어떻게 설명하고 있을까? 개인이 삶에서 즉흥성과 조화를 이루고 그 결과 새로운 자선심을 발견할 때 자선심은 그에게 어떤 유익을 줄까?

노트르담대학교 사회학과 교수인 크리스티안 스미스는 아마도 자선심에 대해 가장 많이 연구한 사람일 것이다. 2010년에 스미스와 그의 동료들은 약 2000명의 미국인을 대상으로 자선심에 관한 설문조사를 실시했다. 같은 분야의 조사로는 가장 규모가 큰 것으로 양적·질적 데이터가 모두 수집되었다.

설문조사의 첫 번째 질문은 자선심이 행복을 증진시키는가 하는 것이었다. 그들은 경제적인 자선, 봉사활동, 자선과 관련된 활동(자신과 관계를 맺고 있는 사람들에게 시간과 에너지를 투자해서 도움을 주는 것, 이웃 사회에 자선을 베푸는 활동도 포함했다)을 살폈다. 그리고 다음으로는 자선심과 행복의 다양한 척도의 관계를 조사했다. 전반적으로 모든 형태의 자선심은 사람들에게 어떤 형태로든 더 큰 행복, 육체적인 건강, 정신적인 건강, 삶의 목적의식을 주는 것으로 나타났다. 그렇다면 이것이 더 행복한 사람들이 더 많이 베푸는 것으로 볼 수 있는가라는 질문을 연구 팀은 제기했다. 닭이 먼저냐, 달걀이 먼저냐였다.

연구 팀은 이 가설이 양쪽 방향 모두 성립한다는 것을 알았다. 더 큰 행복은 더 큰 자선심을 촉발하며, 자선심은 더 큰 행복을 가져다 준다. 스미스와 그의 연구 팀은 결과를 이렇게 도출했다. "자선심은 더 큰 행복에 의해 일어나지만, 행복 또한 부분적으로 더 큰 자선심에 의해 만들어진다. 타인의 유익을 위한 관대한 행동들은 복합적이고, 다양하고, 상호 연결된 방식으로 신체와 뇌, 정신, 마음, 사회적인 관계를 고무하고, 연결하고, 활성화한다."

흥미롭게도 조사에서 자선심이 높은 편으로 분류된 이들 중에는 정기적으로 자선적인 행동을 하는 경우가 많았다. 자선적인 행동은 근본적으로 즉흥적이다. 따라서 연구 팀은 자선심이 지속적인 삶의 방식이 되려면 반복적으로 실행해야 한다고 주장했다. 즉흥성 역시 마찬가지다.

이 조사에서 두 번째 중요한 질문은 미국인들에게 자선심이 있는가 하는 것이었다. 그 질문에 대해 그렇지 않다는 결론이 나왔다. 미국인들 중 2.7퍼센트만이 소득의 10퍼센트 이상을 기부했고, 86퍼센트는 소득의 2퍼센트 미만을 기부했다. 더 많은 소득이 더 많은 기부로 연결되지는 않았다. 또한 해마다 어느 정도 자원봉사를 한다고 답한 이는 25퍼센트에 불과했다. 스미스는 다음과 같은 결론을 내렸다. "미국인들은 그들의 행복, 건강, 목적의식, 정신 건강을 증진시키는 수준의 자선적인 행동을 실천할 수 있는 능력을 '유지'하지 못하고 있다. 어떤 방식으로 측정하든, 명백하게 자선적인 삶을 살고 있는 미국인은 소수에 불과하다."

릴리안의 크리스마스 배 프로젝트 아이디어가 100년이 지난 오늘날에 나왔다면 어떻게 되었을까? 위의 조사 결과대로라면 그 배는 출항하지 못했을 것이다. 현재의 미국인들이 그때보다 베푸는 삶을 살고 있지 않은 이유는 무엇일까? 연구 팀이 설문 조사를 실시했던 2010년에 미국이 경제 공황을 겪고 있었다는 점도 한 가지 이유가 될 수 있다. 데이터를 수집한 그 당시 사람들의 삶에서 자선은 중요 관심사가 될 수 없었다. 미국인들이 개인주의적인 성향이 강하다는 것 또한 이유가 될 수 있다. 개인주의는 자선심과 역행하기 때문이다. 우리는 어떤 일이 있어도 자기 것을 지키기 위해 필사적으로 노력한다. 그것만이 우리의 자원과 가족을 지키는 방법이라고 믿기 때문이다.

또 다른 이유는 즉흥성과 유쾌함의 관계에서 찾아볼 수 있다. 책임져야 할 것이 많은 바쁜 삶에서 성인들이 유쾌함을 잃지 않으려면 높은 수준의 의식과 노력이 있어야 한다. 그런 측면에서 즉흥성은 유쾌함의 특징 중에서 가장 지속하기 어려운 특징이다. 삶이 바빠질수록 우리의 삶은 더 기계화되고 계획화되기 때문이다. 빈틈없이 더욱 철저하게 자신을 통제해야 한다. 물론 하루하루 생존하기 위해서는 그렇게 할 수밖에 없다. 그러나 심리적 유연성이나 자선심으로 표현되는 즉흥성이 우리에게 더 큰 행복을 줄 수 있다는 사실을 기억한다면, 바쁜 일상

속에서도 즉흥성이라는 즐거움의 작은 주머니들을 발견할 수 있을 것이다.

인생이 접시에 예쁘게 담긴 먹음직스러운 체리가 아닐지라도

조지 화이트는 1900년대 초 뉴욕 브로드웨이에서 활동했던 미국의 연극 연출가 겸 감독이다. 제1차 세계대전이 끝난 다음 해인 1919년, 그는 노래, 춤, 코미디로 구성된 「조지 화이트의 스캔들」을 개봉했다. 유쾌한 분위기로 관객들의 인기를 끈 이 공연은 브로드웨이에서 15년 이상 선보였다. 1931년, 유명한 브로드웨이 여배우이자 가수였던 에설 머먼은 이 공연에서 루 이 브라운스타인이 작사하고 레이 핸더슨이 작곡한 노래 「인생은 체리 한 접시일 뿐이야」를 처음 발표했다. "심각하게 생각하지 말아요, 웃으면서 살아가요, 웃고 사랑하세요" 같은 가사는 사람들에게 걱정, 근심에 사로잡히지 말고 유쾌하게 살아가라는 메시지를 전했다.

시간이 흐른 뒤 이 노래 제목은 관용어처럼 널리 사용되고 있다. 그러나 그 의미는 이 노래가 본래 의도했던, 인생에 대한 좀 더 가벼운 감정과 태도를 전달하기보다는 어떤 일이 계획대로 잘되지 않을 때 냉소적으로 비꼬는 의미로 사용된다.

우리는 모두 인생이 접시에 예쁘게 담긴 먹음직스러운 체리가 아님을 알고 있다. 인생은 결코 완벽하게 계획된 순간의 연속이 아니다. 혼란스럽고 복잡하고 예측할 수 없다. 인생은 접시에 담길 수 없는 체리라는 게 더 정확한 표현일 것이다. 인생은 불완전한 체리, 기대처럼 탐스럽게 여물지 못한 체리, 어디에서 상처받고 흠집이 난 체리와도 같다.

그러나 중요한 점은 즉흥성의 유희적인 특성이 인생의 가파르고 울퉁불퉁한 언덕을 조금은 더 편평하게 만들어 줄 수 있다는 것이다. 즉흥성은 심리적 유연성을 길러 주고, 자기 자신에게 집착하지 않는 관대한 삶을 살 수 있는 능력을 준다. 그것은 접시에 담기지 못한 흠집 난 체리를 이용해 맛있는 파이나 잼을 만들게 한다. 우리는 그 파이나 잼을 이웃에 갖다 주거나 멀리 사는 친지에게 보낼 수 있다.

체리 리퍼블릭의 제품 대부분에는 오래전 밥의 티셔츠에 적혀 있던 '삶, 자유, 해변, 그리고 파이'라는 슬로건이 있다. 그 슬로건은 밥이 지키고 싶은 중요한 원칙을 떠올리게 한다. 그리고 자신이 피토스키 스탠드의 어른 버전 앞에 서 있음을 처음으로 깨달았던 순간을 잊지 않게 한다.

여기서 '삶'은 당신의 현재의 삶(당신이 있는 곳, 당신이 살고 있는 공동체, 당신 주변에 있는 사람들)을 의미한다. 그것은 가깝고 작은 것에서 만족을 발견할 수 있다는 개념이다. '자유'는 즉흥적으로 행동할 수 있는 자유를 뜻한다. 체리 리퍼블릭 직원들에게 그것은 상점 문을 열고 들어오는 모든 고객의 마음을 감동시키는 것을 의미한다. 그리고 소녀의 부모들이 체리 맛 와인을 시음하고 있는 동안, 카운터에 있던 직원이 그 소녀와 술래잡기를 할 수 있는 자율성을 말한다. 고객의 하루를 즐겁게 하기 위해 즉흥적으로 메뉴에 없는 바나나 스플릿을 만들어 내는 직원의 마음가짐을 가리킨다. '해변'은 삶에서 유쾌함의 중요성을 나타낸다. 그리고 '파이'는 자선심을 상징한다. 갓 구워낸 파이보다 자선심을 더 잘 나타내는 것은 없을 것이다.

어느 날 나는 밥에게 체리 리퍼블릭 제품 중에서 어떤 제품을 가장 좋아하는지 물었다. 그는 이렇게 운을 뗐다. "글쎄요, 나는 막대기 형태의 쌀 튀김과자를 가장 좋아합니다. 땅콩버터, 다크초콜릿 덩어리, 건체리, 작은 마시멜로가 든 바삭한 쌀 시리얼과 중국 국수로 만든 과자죠."

"맛있겠네요. 그 과자를 좋아하는 특별한 이유가 있나요?"

"막대기 때문이에요."

"막대기요?"

"네, 그 막대기는 체리 나무의 나뭇가지예요. 먹고 나서 숲에 던져도 되는 진짜 나뭇가지죠. 어느 날 식품 의약청에서 진짜 막대기를 사용하면 안 된다고 하더군요. 그래서 진짜 막대기를 사용하려면 어떻게 해야 하는지 물었죠. 그는 먼저 살균을 하고, 굽고, 액체에 담그고 그 밖의 여러 가지 처리를 해야 한다고 말하더군요. 그래서 이미 그렇게 하고 있다고 말했죠. 직원들이 그 모든 과정을 매우 재미있게 하고 있다고요. 그래서 문제가 완전히 해결되었습니다."

"정말 대단하네요. 그 과자 이름이 뭔가요?"

밥은 잠시 뜸을 들이더니 웃으면서 대답했다.

"체리 원더바."

즉흥성 연습

심리적 유연성 발견하기

즉흥성의 유희적인 특성이 내면에서 심리적 유연성을 발휘하는 순간은 어떤 일이 계획이나 예상대로 되지 않을 때다. 예상 밖의 일이 일어날 때 심리적 유연성을 연습하라. 그럴 때 생산적인 방향으로 사고를 전환하는 심리적 유연성을 기를 수 있다. 다음은 심리적 유연성을 높이는 방법이다.

- **정기적으로 일상의 틀을 깨뜨려라** 인간은 습관의 동물이다. 우리는 틀에 박힌 생활을 좋아한다. 이는 성인들이 책임을 느끼고 수행할 수 있게 한다. 그러나 시간표와 일상의 틀에

갇히면 무감각한 상태에 빠지기 쉽다. 일상의 틀에 약간의 즉흥성을 더하면 기계처럼 살아가는 경직된 태도를 조정할 수 있다. 즉흥적인 행동은 심리적 유연성을 계발하는 기회다. 유연하고 열린 자세는 즉흥적인 행동을 끌어내 우리가 미지의 것을 모험하게 한다.

일상의 틀을 깨뜨리는 몇 가지 방법을 생각해 보자.

아침에 습관적으로 하는 행동의 순서를 바꿔 본다. 눈을 감은 채 옷을 입는다. 다른 손으로 이를 닦는다. 시간을 내서 5분이라도 한동안 가지 않았던 곳이나 한 번도 가지 않았던 곳을 걸어 본다. 새로운 음식이나 최근에 먹지 않았던 음식을 먹어본다(체리?). 퇴근할 때 다른 길로 가 본다. 식사할 때 늘 앉던 자리가 아닌 다른 자리에 앉는다. 토요일에 즉흥적으로 계획하지 않고 차를 몰고 떠난다(더 즐거운 여행을 위해 작은 여행 가방을 챙긴다. 간단하게!).

- **감정 상태를 가볍게 유지하라** 힘든 일이나 예상하지 못했던 일이 일어날 때 우리는 무거운 감정과 기분에 파묻히기 쉽다. 이것은 시스템 1이 활성화된 결과다. 내면의 감정을 느끼고 경험하는 것은 중요하지만, 그 감정에 압도되는 건 위험하다. 감정의 홍수에 휩쓸리지 않는 비결은 감정을 가볍

게 유지하는 것이다. 그런 태도는 시스템 1을 비활성화하고 시스템 2(심리적 유연성의 발동)를 활성화한다.

그렇다면 어떻게 감정을 가볍게 유지할 수 있을까? 쉬운 일은 아니지만 그 감정을 소리 내서 표현하거나 글로 쓰는 것도 방법이다. 또 다른 방법은 감정에 압도되는 순간에 당신만의 재미있는 암호(내가 좋아하는 암호는 '닌자'다)를 만들어 사용하는 것이다. 암호를 말할 때 그 상황을 의식하면, 뇌는 자연스럽게 시스템 2를 활성화하고, 심리적 유연성을 발휘한다. 여기서 한 가지 기억할 점은 평소에 이 연습을 자주 해야 한다는 것이다. 그래야 주변에 다른 사람들이 있을 때 암호를 소리 내서 말하는 게 창피하지 않다.

자선의 장애물

4월 초의 쌀쌀한 토요일 아침이었다. 그때 나는 열두 살이었다. 그 전날 학교 봄 방학을 맞이한 나는 느긋하게 일어나 욕실로 향했다. 졸린 눈으로 유리창 밖으로 동네를 내다보니 친구들의 집 차고는 대부분 닫혀 있었다. 제프와 그렉은 디즈니월드로 놀러 갔고, 케니는 캘리포니아로 날아갔다. 조이와 토미는 매머드 동굴에 간다고 했다. 마이크는 어딘가 따뜻한 곳으로 간다고 했다.

나는 욕실에서 뛰쳐나가면서 소리쳤다.

"엄마, 우리는 어디 안 가요? 이건 너무 불공평해요!"

"우리도 갈 거야, 앤서니."

엄마가 차분하게 대답했다.

"오늘 갈 거야. 그러니 옷 입고 아침 먹자. 한 시간 후에 출발할 거야."

"어디 가는데요?"

"그건 비밀이야."

나는 옷을 입고 아침을 먹은 후 못마땅한 표정으로 자동차로 걸어갔다. 엄마는 운전석에 앉아 있었다. 나는 잔뜩 심술이 났다. 비밀이라는 말은 휴가를 가는 게 아니라는 뜻이기 때문이다. 여행 가방을 챙기지 않았고, 여동생과 아빠는 여전히 텔레비전의 아침 만화를 보고 있었다.

차를 타고 가는 내내 나는 친구들이 방학을 어떻게 보내는지를 이야기했다. 엄마는 참을성 있게 내 말을 듣고 있었다. 40분 후 엄마는 낡은 공장 건물 앞 작은 주차장에 차를 세웠다.

"다 왔어. 여기는 볼드윈 수프 키친이야."

"볼드윈 수프 키친이요?"

나는 어리둥절했다.

"그래. 노숙자들이 따뜻한 음식을 먹고 쉬는 곳이야. 오늘 여기서 봉사할 거야."

엄마가 주차장에서 그렇게 말했을 때 내가 어떤 기분이었는지는 기억나지 않는다. 당연히 좋지 않았을 것이다. 그러나 수프 키친에 들어가자 처음으로 가난이 어떤 것인지 알 것 같았다. 방금 전까지 느꼈던 불만은 사라지고, 알 수 없는 안타깝고 측은한 감정이 차올랐다.

점심시간이 가까워지고 있었다. 엄마는 볼드윈 직원들에게 우리가 갈 거라고 며칠 전에 말해 두었다. 우리는 작은 옷장에 코트를 걸고 봉사활동에 합류했다. 점심 메뉴는 핫도그, 구운 콩, 수박, 달콤한 차, 초콜릿 컵케이크였다.

점심시간이 끝나자 엄마와 나는 다른 자원봉사자들과 함께 건물 뒤쪽에 있는 방으로 갔다. 다음 날이 부활절이어서 그날 오후 동네의 어린이들에게 부활절 바구니를 나눠 준다고 했다. 바구니는 수백 개에 달했다. 수프 키친의 짐 싣는 곳으로 커다란 트럭이 후진했다. 봉사자 중 한 명이 나에게 방 안에 있는 부활절 바구니를 트럭에 실어 달라고 부탁했다. 나는 한 시간 동안 트럭을 오르내리며 부활절 바구니를 날랐다.

집으로 돌아오는 길에 나는 엄마에게 수프 키친에 데려가서 고맙다고 말했다. 그 경험을 통해 나는 처음으로 가난과 자선이 무엇인지 어렴풋하게나마 깨달을 수 있었다. 그때 나는 자선을 베푸는 삶을 살기 위해서는 "자선의 장애물(볼프윈 수프 키친에서 나의 장애물은 트럭을 오르내리는 것이었다)"을 뛰어넘어야 한다는 것을 알았다. 즉, 대가를 기대하지 않고 무조건적으로 자선을 베풀 수 있어야 한다는 것이다.

당신에게 자선의 기회가 주어진다면, 투자한 것에 대한 보상을 기대하지 않고 이타적인 마음가짐으로 행동해야 한다는 점을 기억하라. 더 빠르고, 더 즉흥적으로 자선에 참여할 결정을 내리는 연습을 해 보라. 이 간단한 두 가지를 따를 때, 보다 관대한 삶으로의 유쾌한 여정이 시작될 것이다.

5장. 경이감

내 삶의 놀이공원을 발견하라

◆◇◆

리사와 브라이언 도버는 1996년 1월 말 금요일 오후, 미시간주의 어느 쇼핑몰 주차장에서 처음 만났다. 그들은 미시간대학교에 다니고 있었는데, 브라이언이 속한 사교 클럽의 겨울 모임이 이번 주말 토론토에서 열릴 예정이었다. 사교 클럽 남학생들과 여학생들은 캐나다로 갈 카풀 계획을 짜고 있었다.

브라이언은 미시간주 디트로이트 남쪽의 작은 도시 먼로에서 자랐다. 리사는 뉴욕에서 허드슨강을 사이에 두고 있는 뉴저지주 포트리 출신이었다. 미국 중서부 출신은 동부 출신에 대해 편견이 있었다. 브라이언도 예외는 아니었다. 그는 "동부 출신들은 거칠고 허세가 심해. 정말 골치 아플 때도 있다니까!"라는 농담을 던졌다. 사실 리사는 브라이언의 데이트 상대가 아니었다. 친구의 데이트 상대였다. 리사가 뉴저지에서 왔다는 말을 듣고 그는 "오, 대단한걸!"이라고 짓궂게 말했다.

리사와 브라이언은 주차장에서 인사를 나눈 후 각자 다른 차를 타고 토론토로 갔다. 다음 날 저녁 식사 시간에 우연히 서로의 옆자리에 앉은 둘은 유머 코드와 관심사가 비슷하다고 느꼈다. 두 사람은 자신의 데이트 상대보다 더 많은 이야기를 나누었다. 브라이언은 리사의 아름다움과 발랄한 매력에 빠졌고, 리사는 브라이언의 잘생긴 외모와 위트에 호감을 느꼈다. 그날 밤 리사와 브라이언은 함께 춤을 추었다. 마카레나 열풍이 전 세계를 휩쓸고 있었을 때였다. 리사를 포함한 모든 젊은이가 마카레나 스텝을 배우면서 즐거운 시간을 보냈다.

집으로 돌아가는 길에 두 사람은 줄곧 서로를 생각했다. 리사의 친한 친구가 주말을 어떻게 지냈는지 묻자 리사는 "결혼할 남자를 만난 것 같아"라고 대답했다. 다음 주말에 리사와 브라이언은 대학 댄스파티에서 다시 만났다. 그들은 토론토에서 못다 나눈 대화를 주고받았다. 그때보다 더 진지한 대화였다. 어느 순간 브라이언은 자기도 모르게 리사에게 키스했다. 그는 그 순간 "파티에 나와 그녀만 있는 것 같았다"라고 말했다.

브라이언은 리사를 기숙사에 데려다 주었다. 가는 길에 작은 물웅덩이가 있자 브라이언은 리사를 안아서 마른 땅에 그녀를 조심스럽게 내려놓았다. 리사는 "그 순간 시간이 멈춘 것 같았다"라고 회상했다. 리사의 기숙사 앞에서 둘은 키스를 하고 작별 인사를 나누었다. 그들은 서로 사랑에 빠졌음을 알았다.

대학 생활이 계속되면서 리사와 브라이언의 사랑은 더 깊어졌다. 2000년 브라이언은 차로 그녀를 데리러 갔다. 그 무렵 리사는 미시간대학교 사회복지대학원에 다니고 있었고, 브라이언은 경제학과 학사를 졸업하고 골드먼삭스에서 애널리스트로 일하고 있었다.

브라이언은 그날 저녁 리사에게 옷을 선물했다. 연보라색 상의와 검은색 스커트, 검은색 부츠였다. 두 사람은 씨푸드 식당에서 밥을 먹고 캠퍼스를 거닐었다. 4년 전 물웅덩이를 만났을 때처럼 브라이언은 리사를 안아서 웅덩이를 건넜다. 리사를 내려놓은 그는 바닥에 무릎을 꿇었다.

그는 반지를 꺼내 리사에게 말했다. "당신 없이는 시카고로 돌아갈 수 없어. 당신이 나에게 얼마나 많은 자신감을 주는지 모를 거야. 당신이 내 여자 친구 이상이었으면 해. 나와 결혼해 줄래?"

리사는 브라이언의 청혼을 기쁘게 받아들였다. 이 캠퍼스

커플은 그해 시카고로 이사했다. 브라이언은 골드먼삭스에서 계속 일했고 리사는 사회복지 업무를 맡았다. 두 사람은 쉬는 날이면 함께 결혼 계획을 세우며 즐거운 시간을 보냈다. 호숫가에서 인라인 스케이트를 타거나 시카고의 맛집을 탐방하기도 했다.

그다음 해 리사와 브라이언은 뉴저지의 포트리에서 결혼식을 올렸다. 리사와 브라이언을 축하할 뿐 아니라 리사의 어머니와 아버지의 나라를 기념하는 이탈리아식 전통 결혼식이었다. 그날은 비가 내리고 흐렸지만, 리사와 브라이언이 결혼 서약을 할 때 교회 스테인드글라스 창문으로 햇빛이 비쳤다. 그날 밤 그들은 밤늦게까지 춤을 추며 즐거운 파티를 했다.

결혼식과 신혼여행을 마친 후 리사와 브라이언은 시카고에서 행복한 시간을 보냈다. 그러나 얼마 후 브라이언은 고향에서 부동산 벤처사업을 시작했고, 리사 또한 근처 학교에서 사회복지 업무를 맡아 두 사람은 미시간으로 돌아갔다. 브라이언은 그곳에서 부동산 관리 사업과 금융 서비스 사업을 시작했고, 리사는 공립 학교에서 어린이들을 위한 일을 했다.

미시간으로 돌아온 직후 리사와 브라이언은 아이를 갖는 문제에 대해 의논했다. 그리고 임신을 시도한 첫 달에 성공했다.

그날부터 두 사람은 아이를 가진 부모가 할 수 있는 모든 일을 찾아서 했다. 리사는 임신에 관한 책들을 읽었고, 브라이언은 그 책들을 읽는 시늉을 했다. 산전 검사와 초음파 검사에서 문제는 없었다. 그들은 부모님에게 아기의 초음파 사진을 보냈다. 여자 아기였다! 양가에서 첫 번째 손녀였다. 브라이언은 흰색 크라운 몰딩으로 된 분홍색 아기 침대를 만들었다.

상냥한 표정, 미소, 까르륵 웃던 모습

2005년 어느 날 새벽, 리사가 브라이언을 깨웠다. 양수가 터졌다고 했다. 그날 아침 리사와 브라이언의 딸이 태어났다. 아기의 몸무게는 2.3킬로그램, 키는 43센티미터였다. 한 달 일찍 태어나서 보통 아기들보다 작았지만 신생아 검사 결과는 정상이었다. 리사와 브라이언은 더할 나위 없이 행복했다. 그들은 아기의 이름을 엘라 로스라고 지었다. 병원에서 돌아온 리사, 브라이언, 엘라는 양가의 사랑과 지지를 듬뿍 받았다. 모두들 엘라를 안고 사진을 찍었다. 엘라의 할아버지와 할머니는 식사 준비와 세탁, 청소를 도왔다. 브라이언은 "모든 것이 완벽했다"라고 회상했다.

그러나 집에 돌아온 지 몇 주 후 리사에게 산후 우울증이 찾아왔다. 자신이 모든 것을 완벽하게 해내지 못할 거라는 불안감에 사로잡힌 그녀는 엘라를 안는 것조차 불안해했고 집에서 한 발자국도 나가지 않았다. 리사의 주치의는 리사에게 항불안제를 처방했다. 그 약이 약간 도움은 되었지만 리사의 증상을 완전히 호전시키지는 못했다.

그보다 더 큰 문제는 엘라의 신체적인 발달이 다른 아이들보다 느리다는 것이었다. 사회적 발달 단계로 보면 그 나이에 맞게 미소를 짓고 웃었지만, 신체적인 발달은 평균에 미치지 못했다. 태어난 지 석 달이 되었는데도 엘라는 머리를 가누지 못했다. 물건을 잡지도 못했고 눈앞에 물건이 매달려 있어도 손을 내밀지 않았다. 엘라의 소아과의사는 예정일보다 일찍 태어나서 발달이 느린 것 같다고 말했다. 리사는 엘라가 뱃속에 있을 때 너무 자주 옮겨 다녔던 것 때문이라고 자책했다.

엘라는 2주마다 물리 치료를 받았다. 치료를 받은 지 3개월 즈음에는 조금씩 머리를 가누었고 복부에 힘도 생긴 것 같았다. 9개월 후에는 다른 사람의 도움 없이 혼자 앉아 있을 수 있었다. 그러나 첫 돌이 가까워질 무렵 엘라의 코어 근육이 약해지기 시작했다. 리사는 엘라의 뇌 MRI를 찍기로 했다.

MRI를 찍은 지 일주일 후 직장에 있던 리사에게 전화가 왔다. 엘라의 MRI 사진을 본 소아 신경외과의사였다.

"엘라의 MRI에서 발견한 소견을 말씀드려야 할 것 같습니다." 리사는 심장이 터질 것 같았다. "엘라는 피질하 띠 이소증(subcortical band heterotopia), 다른 용어로 이중 피질 증후군(double-cortex syndrome)이라는 질병을 가지고 있습니다. 아주 희귀한 질병입니다. 엘라는 발달 장애를 겪을 가능성이 높습니다. 최악의 시나리오는 엘라가 심한 발작과 함께 치료 저항성 간질을 앓게 되는 것입니다."

신경외과의사는 설명을 계속했지만 리사에게는 아무 말도 들리지 않았다. 꿈꾸던 밝은 미래가 한순간 사라진 것 같았다. 엘라가 정상적인 아이로 자랄 수 없다니! 리사는 몸을 떨면서 울음을 터뜨렸다.

브라이언 역시 망연자실했다. 그는 얼마 전 엘라의 대학 학자금을 위한 저축 계획을 세웠는데, 이제 그 저금이 필요 없을 수도 있다. 리사와 브라이언은 피질하 띠 이소증이라는 병을 조사했다. 이 질병은 태아기에 뇌세포가 있어야 할 곳이 아닌 다른 부분에 자리를 잡을 때 발생한다. 제자리에 자리하지 못한 세포들이 정상적인 뇌의 기능을 방해한다. 이 질병을 앓더라도 정상적인 지능에 발작이나 신체적인 장애가 거의 없는 경우가 있고, 심한 인지 장애와 난치 발작을 보이는 경우도 있다.

다행히도 엘라는 물리 치료를 받으면서 호전하는 것처럼 보였다. 엘라는 미소를 잘 짓고, 까르륵 웃고, 사람들에게 적절히 반응하는 등 사회성이 발달했다. 아이들은 엘라의 활발한 태도와 아름다운 눈과 즐거운 표정에 끌렸다.

엘라는 물리 치료와 함께 작업 치료, 언어 치료를 받기 시작했다. 기능 장애 치료 후 증상 악화를 예방하기 위한 것이었다. 이 치료법은 처음 몇 달 동안은 효과가 있었다. 엘라는 사람들의 눈길을 끌었다. 리사는 "엘라는 우리가 가는 곳마다 관심을 받았다"고 말했다. 엘라는 리사와 브라이언이 살아갈 수 있는 힘을 주었다. 브라이언은 "엘라에게 가장 좋은 약은 엘라 자신이었어요. 매우 즐겁고 활기가 넘쳤기 때문에 함께 있으면 슬픔을 느낄 새가 없었죠"라고 말했다.

무엇보다 중요한 것은 엘라가 천천히 리사와 브라이언의 경이감을 일깨우기 시작했다는 것이다. 엘라가 의도적으로 어떤 동작을 하거나 단어 비슷한 소리를 낼 때마다 두 사람은 깊은 감동과 경이로움, 놀라움을 느꼈다.

리사와 브라이언은 엘라가 치료를 잘 받으면 정상적으로 자랄 거라고 믿고 싶었다. 그러나 엘라의 세 번째 생일을 몇 달 앞둔 어느 날, 갑자기 엘라의 증상이 악화되었다. 그때 리사는 식당에서 엘라와 함께 점심을 먹고 있었는데 갑자기 엘라의 눈꺼풀이 떨렸다. 리사는 엘라의 이름을 부르면서 주의를 돌리려고 했지만 소용이 없었다. 리사는 더 큰 소리로 엘라를 부르면서 엘라의 팔을 흔들었다. 엘라의 발작은 약 90초 동안 이어졌다. 그리고 잠시 멈췄다가 다시 발작을 일으켰다. 리사는 브라이언에게 전화를 걸어서 "엘라가 발작을 하는 것 같아. 엘라를 응급실로 데려가야 해!"라고 다급하게 소리쳤다.

병원에 도착하자 신경과 의료진이 신속하게 엘라의 머리에 컴퓨터에 연결된 전극을 씌웠다. 엘라가 뇌전도 검사를 하는 모습은 리사와 브라이언의 가슴을 아프게 했다. 그들은 이때를 "엘라가 수많은 선으로 묶여 있는 것 같았다"라고 표현했다. 각 전극이 엘라가 정상적인 아이로 자랄 수 없다는, 잃어버린 꿈을 나타내는 것 같았다.

그날 엘라는 열일곱 번이나 더 발작을 일으켰다. 그리고 그 후 6개월간 수많은 항경련제 투여에도 불구하고, 그녀의 작은 몸은 매일 마흔 번에서 여든 번의 발작을 견뎌야 했다. 고개를 까딱거리거나 눈꺼풀에서 연속적으로 경련이 일어나기도 했고, 심할 때는 온몸이 몹시 흔들리기도 했다. 발작은 시간과 장소를 가리지 않고 일어났다. 엘라의 팔과 다리가 통제할 수 없을 정도로 심하게 떨리거나 입술이 파랗게 변할 때도 있었다. 리사와 브라이언은 엘라가 이런 상황을 얼마나 오래 버틸 수 있을지 두려웠다.

발작은 엘라가 치료를 받는 동안 발달했던 운동 신경을 퇴화시켰다. 그녀의 특별하고 때로는 신비롭기까지 한 특징들도 사라졌다. 상냥한 표정, 미소, 까르륵 웃던 모습도 볼 수 없었다. 엘라의 의료진은 다른 약을 처방했지만 효과가 없었다. 리사와 브라이언, 집에서 그들을 도와주는 사람들은 약의 효과를 확인하기 위해 날마다 엘라의 발작을 기록했다. 그러나 그들이 발견한 한 가지 패턴은 엘라의 발작에 패턴이 없다는 것이었다. 발작은 엘라의 모든 것을 빼앗았다. 엘라가 머리를 까딱이거나, 눈썹이 떨리거나, 경련을 일으키거나, 몸이 뒤틀리거나, 흔들릴 때마다 엘라가 회복될 거라는 희망은 산산조각이 나는 것 같았다.

인간에게 가장 큰 영감을 주는 감정

현대 의학과 과학이 발달하기 전에, 치료자들과 의사들은 질병 치료를 위해 다양한 화학제품과 물질을 산발적이고 무계획적으로 사용했다. 그들의 처방이 효과적인 경우도 있었지만 환자가 쓰러지는 경우가 더 많았다. 다양한 식이요법도 있었지만 대부분 실패했다. 한 가지 예외가 있는데, 그게 바로 금식을 통한 발작 치료였다.

수천 년 동안 간질의 발작 증상을 치료하기 위한 금식과 단식 요법이 연구되었다. 1921년에 뉴욕의 저명한 소아과의사인 롤리 게예린은 단식을 통한 중증 간질 치료 성공 사례를 발표했다. 그는 실제로 환자들에게 금식을 처방한 정골 전문의 휴 콘클린의 연구 결과를 제시했다. 논문에 따르면 "4년 동안 대발작과 지속적인 경미한 발작을 일으킨" 열 살 소년에게 총 보름간의 금식을 실시했다. 놀랍게도 금식 이틀째부터 "그 소년은 발작을 멈췄고 다음 해에는 발작을 전혀 일으키지 않았다."

게예린의 보고서는 전 세계의 신경과의사와 환자를 놀라게 했다. 당시에 발작을 치료하는 유일한 방법은 심각한 부작용을 수반하는 페노바르비탈과 브롬화물이라는 화학 물질을 투약하는 것뿐이었다. 콘클린의 발표는 비슷한 결과를 발표한 후속 보고서들과 함께 간질 연구의 대혼란을 야기했다.

간질 연구에 대한 새로운 관심과 더불어 신진대사와 당뇨병에 대한 관심도 높아졌다. 연구진들은 인슐린이 어떻게 탄수화물 대사에서 나온 포도당을 신체의 세포에 흡수시키고, 세포 활동을 위한 연료로 사용하는지를 탐구하고 있었다. 그들은 인슐린이 부족하거나 세포가 인슐린에 반응하지 않으면 축적된 에너지(지방)를 사용하는, 제1형 당뇨병과 제2형 당뇨병이 발생한다는 것을 발견했다.

이 연구를 통해 드러난 문제점은 지방 대사가 혈액을 지저분하게 한다는 것이었다. 지방이 분해될 때 혈액 속에 케톤체가 남는데 케톤체의 비중이 높으면 우리 몸은 '케톤산증'이라는 산성 상태가 된다. 그런 상태에서는 세포가 정상적인 기능을 하지 못하고, 심한 경우 혼수상태나 사망에 이르기도 한다.

탄수화물을 거의 섭취하지 않거나 전혀 섭취하지 않는 금식은 우리 몸을 당뇨병이 일어나는 증상과 유사한 상태로 만든다. 체내의 지방은 세포의 주요 연료가 되며, 지방 대사의 결과로는 케톤체가 생성된다. 당뇨병이 없을 때는 체내에 포도당이 충분해 케톤산증을 막을 수 있다.

간질 연구자들은 간질 환자가 단식하면 케톤체가 신경 세포의 활성화를 억제하고 따라서 발작을 멈추게 할 수 있다고 생각했다. 그러나 환자들이 계속 금식할 수는 없기 때문에 지방은 많이 섭취하고, 탄수화물과 단백질은 적게 섭취하는 식사가 금식을 대신할 수 있는지가 관건이었다.

1924년에 오늘날 '케톤 식이요법'라고 불리는 식이요법이 중증 간질 치료법으로 도입되었다. 결과는 충격적이었다. 이 식이요법을 실시하자 고질적 발작 병력을 가진 환자들, 특히 소아 환자들의 발작이 나타나지 않았다. 케톤 식이요법은 획기적인 과학적 성과로 인정받았고, 1930년대에는 간질의 주요 치료법이 되었다. 완벽하지 않았고 모든 환자가 효과를 보지는 않았지만, 부작용이 많았던 항경련제의 대안으로 환영받았다.

1939년에 부작용이 훨씬 적은 새로운 항경련제 딜란틴이 발견되었다. 딜란틴은 간질 연구의 새로운 시대를 촉발했지만 이 연구는 약물 개발에 의존하고 있었다. 부작용이 적은 새로운 항경련제가 시판되면서 케톤 식이요법을 포함한 다른 간질 식이요법은 탄력을 잃었다.

반세기 후인 1990년대 초에 찰리 에이브러햄스라는 두 살

남자 아기가 항경련제에 반응하지 않는 심한 발작을 일으켰다. 그의 아버지 짐은 스스로 치료법을 찾기 시작했다. 그는 오래 전에 사용되었던 고지방 식이요법에 대한 자료를 발견했다. 짐은 심한 간질 증상에 케톤 식이요법을 쓰는 존스홉킨스대학교로 찰리를 데려갔다.

식이요법을 시작한 지 며칠 후 찰리의 발작은 줄었고 얼마 지나지 않아 완전히 사라졌다. 찰리는 그 후 2년간 한 번도 발작을 일으키지 않았다. 영화 제작자이자 자선 사업가인 짐은 자신의 재능과 인맥을 이용해 케톤 식이요법에 대한 인식을 높이기 위해 노력했다. 이는 식이요법에 대한 현대적인 연구를 촉발했고, 간질 치료법의 대안으로 주목하게 했다.

엘라의 어린 시절에서 가장 암울했던 2008년 겨울, 리사와 브라이언은 케톤 식이요법을 알게 되었다. 그들은 두세 증후군(간질의 경미한 형태)을 앓는 어린 아들을 둔 친구에게서 크리스마스 카드를 받았다. 카드에는 케톤 식이요법을 시작한 이후 아들의 발작이 없어졌다는 내용이 적혀 있었다. 리사와 브라이언은 전에도 이 식이요법의 효과를 들은 적이 있었지만, 아이의 삶을 훨씬 더 제한하게 될까 봐 시도하지 않았다. 그러나 이번에는 친구의 권유대로 그 방법을 시도하기로 했다.

케톤 식이요법은 지방, 탄수화물, 단백질을 그램 수까지 정확하게 측정해서 섭취해야 한다. 그렇게 하지 않으면 위험하고 치명적일 수도 있기 때문이다. 모든 음식의 무게를 측정하고, 케톤 식이요법에 충족하는 브랜드의 제품만 이용하고(다른 브랜드 식품에는 다른 영양소가 포함되어 있을 수도 있기 때문에), 총 칼로리도 면밀하게 모니터해야 했다. 또한 체내에 케톤체가 너무 높지 않은지도 매일 검사해야 했다.

케톤 식이요법을 시작한 지 2주 후 엘라의 발작이 멈췄다. 그리고 이틀 후인 부활절 일요일에 엘라는 6개월 만에 처음으로 미소를 지었고 웃었다. 리사와 브라이언은 믿을 수가 없었다. 몇 달 후 엘라는 항경련제 치료를 중단했고 그녀는 다시 예전의 모습으로 돌아오기 시작했다. 심지어 단어를 사용해 말을 했다. 케톤 식이요법이 실제로 효과를 나타낸 것이다. 엘라가 다시 명랑한 아이로 변하는 것을 지켜보면서 리사와 브라이언은 서서히 엘라에 대한 꿈(재구성된 꿈)을 다시 꾸기 시작했다.

엘라는 유치원에 들어갔고 물리 치료도 다시 시작했다. 엘라는 성인용 보행기와 비슷한, 어린아이가 앉을 수 있게 슬링이 달린 걷기 훈련용 휠체어인 게이터를 사용했다. 2009년 가을, 리사와 브라이언은 엘라의 학교에서 열린 첫 번째 학부모 간담

회에 참가했다. 교실에 들어서자 브라이언은 구석에 놓인 엘라의 게이터에 슬링이 연결되어 있지 않은 것을 보고 슬링을 연결했다. 엘라의 선생님에게 이 사실을 말하자 그녀는 당황한 표정으로 말했다. "엘라는 슬링을 사용하지 않아요. 자기 힘으로 일어서서 게이터를 보행기로 사용해요."

리사와 브라이언은 어안이 벙벙했다. "엘라가 걷는다고요?" 브라이언이 소리쳤다.

엘라는 집에서는 게이터의 슬링을 사용했지만, 학교에서는 선생님이 앉아 있지 않고 걷도록 격려했던 것이다. 리사와 브라이언은 엘라가 걷는다는 사실도 놀라웠지만, 엘라가 자신들에게 반항하고 있었다는 것과, 학교와 집에서 할 수 있는 것과 할 수 없는 것을 구별할 줄 안다는 사실에 더욱 흥분했다.

2010년 봄에 엘라의 학교에서 연례 발표회가 열렸다. 리사와 브라이언은 엘라가 춤추는 모습을 지켜보았다. 엘라는 자신의 순서가 아닌데도 춤을 추었다. 친구들의 춤까지 모두 외우고 있었던 것이다. 엘라의 선생님과 친구들은 그런 엘라를 격려했다. 관객들은 엘라의 모습에 집중했다.

엘라는 원래의 모습으로 돌아왔다. 리사와 브라이언 또한 한마음으로 엘라의 간질에 맞서 싸웠다. 엘라로 인해 인생을 새롭게 바라보게 되었다. 브라이언은 이렇게 말한다. "엘라는 우리가 세상을 완전히 다르게 보게 했습니다. 아주 작은 일들이 의미를 갖기 시작했죠. 우리는 그녀가 하는 아주 작은 행동에서도 기적을 발견합니다. 엘라가 우리의 기적 레이더를 계속 작동하게 만드니까요. 특별한 장애를 가진 아이의 부모에게 중간 지점은 없습니다. 그 아이는 부모를 갈라서게 하거나 하나로 결합시킵니다."

거의 1년 반 동안 엘라는 케톤 식이요법과 적절한 항경련제 치료를 병행했고, 발작은 일어나지 않았다. 물리 치료를 받는 동안에는 신체적인 발전을 보였다. 가장 큰 목표는 보조 장치 없이 걷는 것이었다. 엘라의 상태가 호전되는 속도로 볼 때 그것은 달성 가능한 목표였다. 엘라는 학교에서나 아이들과 어울릴 때나 항상 그 모임의 꽃이었다.

그러나 불행하게도 엘라의 발작이 다시 시작됐다. 리사와 브라이언은 발작이 재발할 거라고 예상했지만 언제인지는 알 수 없었다. 엘라가 케톤 식이요법을 시작하기 전보다 심하지 않았지만, 발작은 서서히 엘라의 모습을 빼앗아가기 시작했다.

엘라의 의료진은 지방·탄수화물·단백질의 비율, 항경련제 투여량, 투여 일정을 조정했다. 어떤 조합은 몇 주 또는 몇 달간 발작 횟수를 줄였지만 지속적인 효과는 없었다. 발작은 다시 시작했고 갈수록 악화했다. 브라이언은 엘라의 상태를 불안정한 댐에 비유했다. "엘라의 발작은 강과도 같습니다. 케톤 식이요법과 약은 댐이죠. 그 댐이 무너지면 우리는 다시 세워야 합니다."

엘라의 발작은 케톤 식이요법을 하기 전보다 악화됐다. 하루하루가 전쟁의 연속이었다. 리사와 브라이언은 매일 아침 눈을 뜰 때마다 그날이 엘라의 마지막 날일까 봐 두려웠다. 엘라의 의료진에게는 다른 대안이 없었다. 리사와 브라이언은 온라인의 간질 협력 모임과 네트워크에 의지할 수밖에 없었다. 온라인 게시판을 읽던 그들은 오일 형태의 마리화나 추출물을 치료제로 사용하는 방법을 접했다.

"뒤뜰에서 마리화나를 취급하는, 작은 약국을 운영하는 부모들의 이야기를 읽었습니다. 그 이야기는 나에게 희망과 성공할 수 있다는 기대감을 주었습니다."

그들은 곧 그 지역에서 마리화나를 재배하는 사람들을 수소문해서 마리화나 나무를 사고, 부엌에 임시 실험실을 설치했다. 금속으로 만든 긴 실린더에 마리화나 잎을 채우고, 특수 필터를 사고, 가연성이 높은 부탄가스를 실린더에 불어넣는 복잡한 과정을 실행했다. 모든 과정이 소량의 마리화나 오일을 추출하기 위한 것이었다.

그러나 엘라의 증상에 차도는 없었고 오히려 발작이 더 심해지는 것 같았다. 당황한 리사와 브라이언은 콜로라도에 가서 마리화나 오일을 발작 치료제로 사용하는 전문가들을 만나기로 했다.

그 여행은 그들이 지금까지 한 일 중에서 가장 좋은 결과를 가져왔다. 리사와 브라이언은 마리화나 추출물 중에 필요한 치료 물질인 CBD-THC 비율을 정확하게 알고 있는 공급자에게서 마리화나 오일을 사는 게 가장 안전한 방법임을 알았다. 또한 엘라에게 그들이 사용하고 있는 고용량 CBD와 저용량 THC보다 균형 잡힌 CBD-THC 비율이 더 효과적일 수 있다는 걸 알게 되었다.

엘라에게 다양한 CBD-THC 비율의 마리화나 오일이 사용되었다. 그녀의 상태가 좋은 날도 있었고 좋지 않은 날도 있었다. 엘라를 치료하는 모든 이들은 지금도 그녀에게 가장 적합한 약물 치료와 케톤 식이요법, 마리화나 오일의 조합을 찾아내려고 노력 중이다.

엘라는 어떤 상황에서도 한결같다. 바비 인형을 좋아하고, 팔꿈치를 맞대면서 인사하기를 좋아하고, 체조를 좋아하고, 다른 사람과 껴안는 것을 좋아한다. 리사와 브라이언은 다른 부모들이 자식을 사랑하는 것 이상으로 엘라를 무척 사랑한다. 그 사랑은 엘라가 그들을 위해 준비한 것들을 보기 위해 그들을 매일 침대에서 일어나게 한다. 그러나 리사와 브라이언은 다른 부모들보다 아이에게서 더 많은 영감을 얻는다. 엘라가 차를 타고 문을 닫는 단순한 행동에서도 리사와 브라이언은 경이감을 느낀다. 경이감은 그들에게 가장 큰 영감을 주는 감정이다.

우리를 멈추게 하고 현재에 머무르게 하는 힘

생리학적인 관점에서 경이감의 유희적인 특징을 어떻게 설명할 수 있을까? 신경 생리학적 차원에서 볼 때 경이감은 하나의 감정이다. 거의 모든 감정은 시상하부, 해마, 편도체를 포함하는 뇌의 변연계와 연결되어 있다. 경이감은 또한 대뇌피질 내의 연합 피질과 관련이 있다. 감각 자극이 기존의 변연계와 연관 회로에 새로운 자극을 줄 때 우리는 경이로움을 느낀다.

그리고 우리가 그런 감정을 느낄 때 변연계와 연관 회로가 협력해서 그 과정을 처리하고 의미를 부여한다. 리사와 브라이언의 경우, 엘라가 작은 발전을 보일 때마다 그들의 변연계와 결합 뉴런이 자극되어 경이감을 느낀 것이다.

더 쉽게 설명하면 누군가가 또는 무엇인가가 의미 있게 다가와 우리를 멈추게 할 때, 우리는 시간이 정지한 것 같은 따뜻하고 긍정적인 감정을 경험한다. 그것이 바로 경이감이다. 경이감의 가장 큰 힘은 우리를 현재에 머무르게 한다. 경이감은 우리를 멈추게 하고 어떤 행동도 하지 않고 그 순간에 있게 한다. 그런 점에서 경이감은 행동을 유도하는 다른 감정과 다르다. 이러한 일시 정지 순간은 체내의 염증을 줄이고 심혈관 질환과 암을 예방하는 데 도움을 준다. 경이감은 또한 스스로를 재정비하고 숙고하게 한다. 더 많은 영감을 주고, 다른 사람을 더 신뢰하고 지지할 수 있게 한다.

그런 의미에서 엘라의 이야기는 우리에게 많은 교훈을 준다. 특별한 장애를 가진 자녀를 둔 부모들은 무엇보다 자녀가 그들이 생각했던 모습과 다르다는 현실을 수용해야 한다. 그것은 자녀에 대한 꿈을 포기하는 것이 아니라 그 꿈을 재구성하는 것이 되어야 한다. 그럴 때 자녀에게서 더 깊은 만족감을 경험할 수 있다. 중요한 건 경이감의 시작점이다.

엘라는 리사와 브라이언의 경이감의 시작점을 낮추었다. 엘라는 삶, 행복, 자녀 양육의 기본을 깨닫게 했고 그런 것들로부터 경이감을 느낄 수 있게 했다. 장애 아동과 그들의 가족의 삶을 다룬 저서 『부모와 다른 아이들』에서 앤드루 솔로몬은 이 개념을 다음과 같이 표현한다. "장애 아동은 가족이 모두 모여 함께 노래를 부르게 하는, 따뜻한 난로와도 같다."

물론 엘라는 여전히 발작을 일으키고 그럴 때마다 엘라의 삶에는 희망이 없는 것처럼 보인다. 그러나 엘라의 작은 승리는 리사와 브라이언의 경이감을 일깨운다. 마리화나 오일 덕분에 엘라가 조금씩 말을 하기 시작했을 때, 몸을 주체할 수 없을 정도로 크게 웃어 댔을 때, 문을 잡아주는 소년에게 고맙다며 소년의 입술에 뽀뽀를 했을 때, 진료실에서 사람들의 귀여움을 독차지할 때, 쇼핑몰에서 우는 아기에게 다가가 어디가 아픈지 살펴볼 때, 엘라의 모든 몸짓과 행동은 리사와 브라이언을 놀라게 했고 경이로움을 느끼게 했다. 그러나 엘라가 부모에게 가장 큰 경이로움을 느낀 순간은 엘라가 작은 반항의 몸짓을 했을 때였다. 이런 의외의 순간들마다 엘라는 예상하지 못했던 방법으로 리사와 브라이언의 경이감을 일깨웠다.

미국 환경 운동의 지도자이자 시에라 클럽의 창립자로 국립 공원 체계를 설계한 존 뮤어는 자연을 통해 경이감을 경험했다. 그러나 그의 일기와 편지를 보면 그가 단지 자연과의 교감만으로 경이감을 느끼지는 않았음을 알 수 있다(그가 이것을 주장했지만). 그가 강조한 건 의식적으로 경이감에 대해 열린 태도를 유지하는 것이었다. 다른 말로 표현하면 경이감의 낮은 시작점을 갖는 것이다. 뮤어의 전기를 썼던 마이클 코헨은 다음과 같이 말했다. "독자가 뮤어의 이야기에서 무언가를 배웠다면 그것은 무엇을 보느냐가 아니라 어떻게 보느냐의 문제일 것이다. (……) 그는 독자들이 자기 자신처럼 강력하고 열정적인 관찰자가 되기를 원했다."

뮤어는 경이감의 유희적인 특징이 무엇을 보고 경험하는 데 있는 것이 아니라 세상을 어떻게 보고 경험하는가에 있다고 말한다. 크건 작건 모든 일에서, 심지어 평범하고 지루하게 보이는 것들 속에서도 경이감을 느낄 수 있다. 숨이 막힐 것처럼 아름다운 자연 경관이나 걸작을 볼 때 경이감을 경험하는 것은 자연스러운 일이다. 그러나 진정한 경이감은 장엄하거나 광대한 것이 없는 평범함 속에서 느끼는 것이다.

뮤어처럼 월트 휘트먼도 경이감이라는 관점에서 세상을 관찰했다. 그의 친구이자 전기 작가인 모리스 버크는 휘트먼에 대해 이렇게 옮겼다.

> 그에게는 도시를 거닐거나 숲을 거니는 것 같은 일들이 평범한 사람들이 느끼는 것보다 훨씬 더 큰 기쁨이었다. 나는 그를 알기 전에는 그런 것에서 절대적인 행복을 얻을 수 있다고 생각하지 않았다. 월트 휘트먼처럼 그렇게 많은 것을 좋아하고 그렇게 적은 것을 싫어하는 사람은 없을 것이다. 모든 자연의 사물들이 그에게는 매력적이었다. 모든 풍경과 모든 소리가 그를 기쁘게 하는 것 같았다.

깊은 경이감을 가지고 세상을 경험하는 것은 경이감의 시작점을 낮춘다. 이것은 3장에서 설명했던 웃음의 시작점을 낮추는 것과 같은 맥락에서 이해할 수 있다. 경이감의 시작점이 높은 사람은 장미 향기를 맡기 위해 시간을 내는 것을 무의미하게 생각한다(장미 향기가 그에게 어떤 영향도 줄 수 없기 때문에). '거기에 갔었고 그런 일을 했다'는 식의 태도로는 경이감을 느끼기 어렵다.

경이감은 우리를 위해 많은 위대한 일을 할 수 있지만, 성인의 삶 속에서 경이감을 느끼는 순간은 드물다. 가장 큰 이유는 경이감의 시작점이 너무 높기 때문이다. 반면에 어린아이들이 지속적으로 경이감을 느낄 수 있는 이유는 매번 새로운 것을 접하고, 경이감의 시작점이 낮기 때문이다. 경이감을 연구하는 이들은, 성인의 경우 새로운 것을 경험할 기회가 많이 주어지지 않기 때문에 삶의 속도를 늦추고 새로운 경험에 열린 마음가짐을 가져야 한다고 말한다. 삶의 속도를 늦추면 경이감을 느낄 수 있는 기회가 늘어난다. 삶을 너무 빠른 속도로 살아갈 때는 어떤 것도 우리의 눈길을 끌거나 흥미를 주지 않는다. 그러나 새로운 경험에 대해 마음이 열려 있다면 그 경험을 통해 경이감을 느낄 가능성이 높아진다.

이 두 가지 제안(삶의 속도를 늦추고 새로운 경험을 하는 것)이 경이감을 느끼는 데 도움을 줄 수 있지만, 사실 그것만으로는 충분하지 않다. 삶의 속도를 늦추고 새로운 경험을 해도 경이감의 시작점이 높으면 그런 감정을 느낄 수 없기 때문이다.

여기서 우리는 다시 엘라의 부모가 주는 교훈을 떠올리게 된다. 겉으로는 단순하고 평범하게 보이지만, 어린아이들의 내면을 조금 더 주의 깊게 관찰하면 그들이 경이감을 느끼는 순간을 발견할 수 있다. 이것은 삶에서 경이감이 얼마나 중요한지를 새삼 깨닫게 한다. 그리고 경이감의 시작점을 우리가 쉽게 도달할 수 있는 낮은 수준으로 유지하는 데 좀 더 익숙해지게 한다.

매순간 아이처럼 경이감을 느낄 수 있을까

1900년대 초에 어린 시절을 보낸 레이첼 카슨은 대부분의 시간을 혼자 보냈다. 카슨은 집 근처에 있는 펜실베이니아주 스프링데일 숲을 탐험하는 것을 좋아했다. 카슨은 작은 개울가에서 야생화와 곤충을 관찰하면서 경이로움을 느꼈다. 숲에 누워서 나무 꼭대기를 쳐다보거나 구름과 새들이 지나가는 모습을 지켜보기를 즐겨 했다.

레이첼은 펜실베이니아여자대학교(지금의 채텀대학교)에서 동물학을 전공하고 그 후 존스홉킨스대학교에서 해양 동물학 석사 학위를 받았다. 졸업 후 미 어류·야생 동물국에서 해양 생물학자와 정보 전문가로 일했고, 나중에는 여러 기관에서 수석 작가 겸 편집자로 활동했다.

1940년대와 1950년대에 걸쳐 레이첼은 해양 생물, 생태학, 환경에 관한 책을 저술했다. 1960년대 초 그녀가 출간한 책 『침묵의 봄』은 환경 운동에 앞장서는 목소리를 내며 전 국민의 관심을 받았다. 이 책에서 그녀는 DDT(살충제)의 광범위한 사용이 야생 동물, 농작물, 반려동물, 인간에게 끼치는 엄청난 피해를 지적했다. 대중들은 살충제 사용에 격렬히 항의했고 정부는 DDT 사용을 금지시켰다.

레이첼은 이 책을 통해 독자들이 생명에 대한 깊은 경외심을 가지기를 원했다. 레이첼이 어린 시절 숲에서 사색하며 보낸 시간, 해양 생물학자로 일하며 보낸 시간, 자연의 생명체를 보호하는 정부 기관에서 일한 시간은 생명에 대한 그녀의 경외심을 더욱 깊어지게 했다.

레이첼은 조카가 죽었다는 소식을 들었을 때, 조카의 어린 아들 로저를 데려다 기르기로 마음먹었다. 아이를 기르기에는 늦은 40대 후반의 나이임에도 불구하고 레이첼은 아이의 생명에 대한 경외심으로 가득했다. 그때 로저는 어렸고, 레이첼에게 아이는 없었다. 로저를 어떻게 길러야 할지 고민하던 그녀는 어릴 때부터 자연과 접하게 하는 게 중요하다고 생각해 그를 자연 탐험에 데리고 다녔다. 후에 그녀는 자신의 저서에서 이렇게 말했다.

어린아이를 즐겁게 하는 일반적인 방법은 아니었다. 그러나 로저의 네 번째 생일이 지난 지금도, 로저가 아기였을 때부터 했던 자연 탐험을 계속하고 있다. 나는 그 방법이 로저에게 좋은 영향을 주었다고 생각한다. 우리는 낮에도 밤에도, 고요할 때도 폭풍우가 휘몰아칠 때도, 자연에서 함께 있었다. 나는 로저에게 뭔가를 가르치는 것보다 함께 즐거움을 나누는 게 더 중요하다고 생각했다.

레이첼은 《우먼스 홈 컴패니언》이라는 잡지에 자신과 로저의 자연 탐험을 주제로 한 「여러분의 자녀가 경이감을 느끼게 하라」라는 글을 실었다. 이 글은 레이첼이 사망한 후 여러 장의 사진과 함께 책 『자연, 그 경이로움에 대하여』로 출간되었다. 이 책에서 레이첼은 로저와 함께한 많은 모험을 아름답게 묘사하고 있다. 그중에서 이끼류에 대한 글을 소개한다.

우리는 항상 이끼류를 좋아했다. 이끼류는 요정의 나라 같은 특징을 지니고 있다. 돌 위의 은색 반지들, 뼈나 뿔 또는 해양 생물의 껍질 같은 이상한 모양을 한 작은 물체들. 나는 비가 올 때 마법처럼 모습이 변하는 이끼류를 보며 감탄하는 로저의 모습에서 기쁨을 느꼈다. 숲길에는 순록의 이끼가 양탄자처럼 깔려 있었다. 건조한 시기에는 이끼 양탄자가 얇게 느껴지고 발밑에서 부서져 굴러다닌다. 그러나 비가 오면 이끼가 스펀지처럼 비를 흠뻑 빨아들여서 두텁고 탄력이 있다. 로저는 그 감촉을 좋아했다. 로저는 통통한 무릎을 꿇은 채 두텁고 탄력 있는 양탄자를 만지고 즐거운 비명을 지르면서 양탄자 위를 뛰어다녔다.

뮤어가 그랬던 것처럼 레이첼은 자연과의 교감으로부터 놀라운 경이감을 개발했다. 그녀는 이 책에서 부모들에게 자녀들이 어릴 때부터 자연과 접하게 할 것을 권유한다. 그리고 자연에서 비롯된 경이감이 그 자녀들이 어른이 된 후에도 계속 키워질 수 있기를 바란다고 말한다. 그중 일부 내용을 소개한다.

어린아이의 세계는 신선하고 새롭고 아름답고 경이롭고 흥미롭다. 성년에 가까워질수록 아름다운 것과 경이로운 것을 볼 수 있는 맑은 눈이 흐려지고 심지어 사라진다는 건 안타까운 일이다. 만일 내가 모든 어린이에게 세례를 주는 착한 요정을 움직일 수 있다면, 나는 그 요정에게 세상의 모든 어린이에게 경이감을 선물해 달라고 부탁하고 싶다. 그들이 후에 마주하게 될 지루함과 환멸, 인위적인 것에 대한 무분별한 집착으로부터 그들을 지켜 달라고, 사는 내내 파괴되지 않을 한결같은 해독제로서의 경이감을 달라고 말하고 싶다.

레이첼은 1964년, 56세의 젊은 나이에 유방암 합병증으로 사망했다. 그녀는 환경에 대한 의식 개선과 정책 제안에 기여한 공로로 오듀본 훈장, 컬럼 지오그래피칼 메달, 미국 예술·문학 아카데미 회원 선정 등 많은 상과 명예를 얻었다. 사후에는 지미 카터 대통령으로부터 자유 훈장을 받았다.

이처럼 많은 사람의 인정을 받은 그녀가 세상에 남기고 싶었던 한 가지는 경이감에 대해 열린 마음, 경이감을 느끼는 삶의 중요성을 깨닫는 것이었다. 레이첼에게 있어서 그것은 경이감의 시작점을 낮게 유지하고 경이감을 불러일으키는 경험에 참여하는 것을 의미했다. 경이감의 시작점이 낮은 사람은 자연, 예술, 인간의 업적, 영성, 어린이들이 느끼는 경이로운 감정을 목격하는 것 등 모든 것에서 경이감을 느낄 수 있다.

레이첼과 로저의 이야기를 자세히 들여다보면 레이첼이 자연 탐험을 통해 경이감을 느끼는 방법이 뚜렷하게 드러난다. 하나는 레이첼과 로저가 함께 느끼는 경이감이고, 다른 하나는 레이첼만 느끼는 경이감이다. 레이첼과 로저는 자연으로부터 많은 경이감을 경험했다. 그러나 레이첼은 로저를 통해서도 경이감을 경험할 수 있었다. 레이첼은 로저가 바닷가에서 밀려드는 파도를 지켜보거나 달랑게를 찾고, 비에 젖은 이끼의 촉감을 느끼고, 은하수를 이루는 별들의 강을 바라보는 모습 속에서 로저 안에 있는 경이감을 목격했고, 로저가 느끼는 경이감을 통해 스스로 경이로움을 경험했다.

이것은 매우 중요한 포인트다. 경이감의 시작점을 낮추는 가장 좋은 출발점은 어린아이들이 느끼는 경이감을 관찰하고 경험하는 것이다. 첫 번째 이유는 우리 주변에는 경이감을 일깨우는 자극보다 어린이들의 수가 더 많기 때문이다(자신의 자녀가 없다고 해도). 그러나 그보다 더 중요한 것은 거대하고 굉장한 것에서만 경이감을 느낄 수 있다면 경이감의 시작점이 계속 높아지기 때문이다. 그랜드 캐니언을 봐야만 경이감을 느낀다면, 다음에는 그랜드 캐니언보다 더 웅장한 것을 봐야 경이감을 느낄 것이다.

어린아이가 경이감을 느끼는 모습 속에서 우리는 아이의 얼굴에 나타난 순수한 감정을 볼 수 있고 아이에게 경이감의 시작점이 얼마나 낮은지 알게 된다. 그럴 때 우리는 삶의 작은 순간을 음미하는 것, 그리고 경이감의 낮은 시작점을 유지하는 게 얼마나 중요한지 깨닫게 된다. 우리의 조부모님들과 노인들에게는 그러한 지혜가 있다. 노인들, 특히 은퇴한 노인들은 어른으로서 예전만큼 무거운 책임감이 없다. 바쁜 삶을 살아 냈기에 인생에서 중요한 것과 중요하지 않은 것을 안다. 따라서 그들의 손자들이나 어린아이들이 경이감을 느끼는 순간을 여유롭게 지켜보고 즐길 수 있다.

이런 이야기가 다소 억지스럽게 들릴 수도 있을 것이다. 우리(특히 자녀를 둔 부모들)는 어린아이를 돌보는 일이 때로는 매우 힘들고 짜증스럽다는 걸 알고 있다. 슈퍼마켓 계산대에서 과자를 고른 아이에게 "안 돼"라고 두 번이나 말했는데도, 사달라고 떼를 쓰는 아이에게서 경이감을 느끼기란 불가능하다. 그러나 아이들이 말을 듣지 않는 순간에도 그 아이에게서 경이감을 발견할 수 있다면, 우리는 어려운 상황에서 적절한 행동을 할 수 있는 훈련을 하는 셈이다. 기억해야 할 점은 경이감은 삶의 속도를 늦추고 아이를 더 지지할 수 있게 한다는 것이다. 그리고 아직 감정이 성숙하지 못한 어린아이들에게 가장 필요한 것은 바로 우리의 인내심과 지원이다.

내가 관찰한 유쾌 지능이 높은 사람들은 대부분 아이들을 대할 때 짜증을 내기보다는 아이들의 모습 속에서 경이감을 발견하는 편이었다. 물론 그들도 아이들을 짜증스럽게 대할 때가 있을 것이다. 그러나 그들은 아이들이 세상을 경험하는 모습을 지켜보면서 그 속에서 진정한 기쁨을 발견한다. 아이들의 모습 속에서 경이감을 발견하는 태도는 경이감의 낮은 시작점을 유지할 수 있는 비결이다.

우리의 경험을 어떻게 보고 어떻게 처리할 것인가

인기 있는 육아 블로그 '맘스터리'의 창시자이자 베스트셀러 『전사여, 전진하라』의 저자인 글레논 도일은 2012년에 《허핑턴포스트》에 발표한 글에서 이 개념을 약간 다른 관점으로 표현했다. 「이 순간을 즐기지 말라」라는 글에서 그녀는 어린아이를 둔 자신이 끊임없이 "이 순간을 즐겨라"라는 메시지에 집착하고 있었다고 말한다. 한 예로 마트 계산대에서 자기 아이들이 정신없이 날뛸 때, 사람들이(특히 잘 차려입은 나이 많은 여성이) 다가와서 "지금이 좋을 때예요. 이 순간을 즐겨요. 이런 시간은 너무 빨리 지나가요"라고 말할 때마다 그녀는 "감사합니다. 맞아요. 시간은 정말 빨리 흘러가죠"라고 공손하게 대답하지만, 속으로는 "지금 누구 약 올리는 건가요? 부모 노릇이 얼마나 힘든데! 난 이 아이들이 빨리 자라 가면 좋겠어요!"라고 생각했다고 고백하고 있다.

이 글에서 그녀가 말하고자 하는 바는 자신이 항상 부모 역할을 잘 해내지는 못한다는 것, 그리고 부모로서의 책임을 수행하는 과정에서 순수한 기쁨을 느끼고 매 순간 즐기지 못하는 것에 자책했다는 것이다. 이것은 아마도 모든 부모가 공감하는 문제일 것이다. 그러나 지금 글레논은 카르페 디엠 철학보다는 그녀가 '카이로스 시간'이라고 부르는 것을 추구한다. 그녀는 카이로스 시간을 이렇게 설명한다.

두 가지 종류의 시간이 있다. 크로노스 시간과 카이로스 시간이다. 크로노스는 우리가 살고 있는 시간을 말한다. 그것은 평범한 시간이다. 한 번에 한순간씩 지나가는 시간이다. 그 시간은 오직 잠잘 시간만을 바라보고 있다. 계산대 앞에서 아이와 실랑

이하는 고통스러운 10분이다. 요란하게 고함을 지르는 4분간의 타임아웃이다. 남편이 집으로 돌아오기까지 남은 두 시간이다. 크로노스는 우리 부모들이 살아가는, 느리게 흘러가는 힘든 시간이다.

또 다른 종류의 시간은 카이로스 시간이다. 카이로스는 신의 시간이다. 시간을 벗어난 형이상학적인 시간이다. 그것은 시간이 정지하는 마법의 순간이다. 나는 매일 몇 번의 카이로스 시간을 맞이한다. 그 순간들은 나에게 더없이 소중한 시간이다.

내가 하던 일을 멈추고 티시를 바라보는 순간, 티시의 피부가 얼마나 매끄럽고 아름다운 갈색을 띠고 있는지 알아차렸다. 나는 요정 같은 티시의 입술과 아시아인의 눈동자 같은 티시의 갈색 눈동자를 응시하다 티시의 부드러운 체취를 느낀다. 이런 순간 속에서 티시의 입술이 달싹거리지만, 나에게 티시의 말소리는 들리지 않는다. 왜냐하면 지금 나는 "온종일 있으면서 티시를 제대로 본 건 지금이야 처음이야. 티시는 정말 아름다워" 같은 생각밖에 할 수 없는, 카이로스 시간에 있기 때문이다.

이어서 글레논은 카이로스 시간은 순식간에 지나가 버리지만, 이를 경험할 때마다 그 순간만큼은 마음속에 간직된다고 말한다. 하루가 끝날 때 그 하루가 어떤 날이었고 얼마나 많은 것을 경험했는지는 정확하게 기억할 수 없지만, 카이로스의 시간이 있었다는 건 기억할 수 있는 것이다.

글레논에게 있어서 카이로스 시간은 어른들이 일상의 투쟁 속에서 경이감을 경험하는 순간이다. 그녀가 전하는 메시지는 그것이 가능하다는 것이다. 거대하고 장엄한 것과는 거리가 먼 어른들의 삶 속에서도 우리를 어린 시절과 연결해 주고 어린 아이의 눈으로 세상을 바라보게 하는 경이감을 느낄 수 있다는 것이다. 이것이 경이감의 유희적인 특징이 주는 마법이다. 경이감은 우리를 내면의 어린아이와 다시 연결해 주고, 만족감, 의미, 기쁨이 충만한 가벼운 관점으로 어른의 삶에 적응하도록 격려한다. 그것은 우리가 하루하루 두려움 없이 열정을 가지고 깨어날 수 있게 한다.

이것은 어린이용 TV 드라마 「세서미 스트리트」를 가장 오랫동안 집필한 작가 에밀리 펄 킹슬리의 이야기를 떠올리게 한다. 에밀리는 1970년부터 드라마를 쓰기 시작해서 에미상을 열일곱 번이나 받았고, 열네 번 후보에 올랐다.

에밀리는 드라마에 장애를 가진 인물들을 등장시키는 획기적인 시도를 했고, 그런 노력은 많은 찬사를 받았다. 이제껏 누구도 하지 않았던 그런 시도를 할 수 있었던 이유는 그녀의 개인적인 경험 때문이었다. 1974년에 태어난 그녀의 아들 제이슨은 다운 증후군을 앓았다.

에밀리는 제이슨을 키운 경험을 회고하면서 「웰컴 투 네덜란드」라는 짧은 우화를 1987년에 썼다. 장애 아동을 키우는 것이 어떤 것인가를 상징적으로 표현한 내용이었다.

> 나는 장애아를 키워 보지 않은 이들로부터 장애아를 키우는 게 어떤 느낌이고 어떤 경험인지 설명해 달라는 부탁을 자주 받습니다. 그것은 이렇습니다.
>
> 여러분에게 아기가 생기는 것을 이탈리아에서의 멋진 휴가를 계획하는 것에 비유해 보죠. 가이드북을 한가득 사고, 여행 계획을 세우겠죠. 콜로세움, 미켈란젤로의 다비드상, 베니스의 곤돌라. 간단한 이탈리아어도 몇 마디 배울 겁니다. 정말 흥분되겠죠.
>
> 고대하던 몇 달이 지나고 드디어 떠나는 날이 왔습니다. 짐을 챙기고 떠납니다. 몇 시간 뒤 비행기가 착륙합니다. 스튜어디스가 와서 말합니다. "네덜란드에 오신 것을 환영합니다."
>
> 여러분은 당황해서 말합니다. "네덜란드라니요?!?! 네덜란드라

고요? 그게 무슨 말이죠? 난 이탈리아행 비행기표를 끊었는데! 이탈리아에 와 있어야 하잖아요. 내가 얼마나 이탈리아 여행을 꿈꿔 왔는데."

비행 계획이 변경된 것입니다. 비행기는 네덜란드에 착륙했고 여러분은 그곳에 머물러야 합니다.

중요한 건 여러분이 도착한 그곳이 병과 기근으로 뒤덮인, 끔찍하고, 구역질이 나고, 불결한 곳은 아니라는 점입니다. 단지 다른 곳일 뿐입니다.

그러니 새로운 가이드북을 사야 합니다. 새로운 언어를 배워야 합니다. 그리고 여러분은 한 번도 만나지 않았던 새로운 사람들을 만나게 될 겁니다.

그저 완전히 다른 곳일 뿐입니다. 모든 게 이탈리아보다 느려 보이고 화려해 보이지도 않습니다. 그렇지만 잠시 그곳에 머물러 숨을 들이마시고 돌아보세요. 풍차와 튤립이 눈에 들어올 겁니다. 그리고 렘브란트도 있다는 걸 알게 될 겁니다.

하지만 여러분이 아는 모든 이들은 이탈리아를 바쁘게 오고 가겠죠. 그들은 이탈리아에서 얼마나 멋진 시간을 보냈는지 자랑할 겁니다. 당신은 살아가는 동안 이렇게 말할 겁니다. "원래 내가 가려고 했던 곳이에요. 계획했던 곳이었죠." 당신이 품어온

꿈에 대한 상실이 너무 컸던 만큼, 그 고통은 절대로, 결코, 언제까지나 사라지지 않을 것입니다.

그러나 여러분이 이탈리아에 도착하지 않았다는 사실에 일생동안 슬퍼하기만 한다면, 네덜란드의 아주 특별하고 더없이 사랑스러운 것들은 결코 누릴 수 없을 것입니다.

경이감은 우리가 무엇을 보고 경험하는가에 관한 이야기가 아니다. 그것은 우리가 우리의 경험을 어떻게 보고 어떻게 처리하는가에 관한 이야기다.

네덜란드는 우리 주변에 있다.

경이감 연습

경이감의 회복

대부분의 경우 어린 시절에는 경이감의 시작점이 매우 낮지만, 어른이 되면 매우 높은 수준으로 올라간다. 굉장한 것들만 우리를 경이로운 감정에 빠지게 할 수 있다. 우리는 더 이상 경이감을 느끼지 못하고, 경이감이 주는 모든 멋진 감정을 즐길 수 없고, 지치고 낙심하게 된다.

그런 의미에서 경이감의 회복은 매우 중요하다. 부상을 당했을 때 적절한 치료를 하려면 의식적이고 의도적이고 열성적인 재활 훈련이 필요하듯이, 경이감의 높은 시작점을 낮추기 위해서는 재활 프로그램이 필요하다.

프로그램은 간단하다. 다음은 필요할 때마다 반복해서 실행할 수 있는 세 가지 방법이다. 이 프로그램의 목표는 단기적으로는 경이감의 시작점을 낮추고, 장기적으로는 경이감의 낮은 시작점을 유지하는 데 있다.

- **찰나의 순간을 발견하라** 자연, 예술, 음악, 영성을 비롯하여 어떤 영역이든 장엄하고 멋진 것을 경험하기 위해 시간을 내고 그것을 추구하는 것은 분명히 가치 있는 일이다. 그러나 경이감을 일깨우기 위해 항상 거대한 것이 필요하다면, 장기적으로 그것은 당신에게 부정적인 영향을 미칠 것이다. 거대하고 장엄한 것 가운데 어딘가에 숨겨진 경이로운 찰나의 순간을 발견하라. 그것은 당신 곁에 서 있거나 앉아 있는 사람의 내면에서 경험되는 경이감에 주목하는 것일 수도 있다. 또는 당신이 관찰하고 있는 누군가의 뜻밖의 친절한 태도나 두 사람 사이에 일어나는 긍정적인 상호 작용에서 발견될 수도 있다. 어떤 모습이든 굉장한 것 안에서 경이로운 찰나의 순간을 발견하려면 일상생활 속에서 경이감을 찾아내고 경이감의 시작점을 도달 가능한 낮은 수준으로 유지해야 한다.

• **찰나의 순간 당신을 기억하라** 주기적으로 당신의 어린 시절에 대한 긍정적인 기억을 회상하는 시간을 가져라. 화려한 기억이 아니어도 된다. 되레 평범한 기억이 가장 큰 감동을 줄 때가 많다. 어린 시절 친구와 좋아하는 놀이를 할 때 느꼈던 즐거움. 가족들과 즐거운 일을 할 때 느꼈던 따뜻하고 행복한 느낌. 그런 기억들은 당신을 어린 시절과 연결되게 하고 경이감의 시작점을 낮추는 것이 어떤 의미인지 일깨워줄 것이다. 문제는 좋은 기억보다 나쁜 기억이 더 잘 떠오른다는 데 있다. 부정적인 감정은 긍정적인 감정보다 더 많은 신경 처리 과정을 거치기 때문에 더 잘 기억되는 경향이 있다. 그러니 긍정적인 기억을 반복해서 되살려야 한다고 자책하지 마라. 그것은 여전히 효력을 발휘할 수 있는, 정상적인 반응이다.

• **주변의 짧은 순간들을 관찰하라** 당신이 만나는 어린아이들을 유심히 관찰하여 그들의 경이감을 발견하라. 금속 탐지기가 해변의 모래 속에 묻혀 있는 보물을 발견하는 것처럼 당신은 어린아이들이 느끼는 경이감(파묻혀 있어서 어른의 눈에는 보이지 않는 보물)을 발견해야 한다.

에필로그

세상에서 가장 흥미진진한 존재는 당신이다

내가 버지니아대학교 의과대학에서 3학년 과정을 마칠 무렵이었다. 나는 가정의학과 임상 실습의 마지막 주를 보내고 있었다. 임상 실습 기간에 학생들은 버지니아주 전역에 있는 병원에서 일반 개업의들을 따라다니면서 실습을 한다. 의대생들에게 대학병원 밖에서 의술을 배우는 기회를 주는 것이다.

나는 버지니아주 애팔래치아산맥의 작은 마을 페어리스버그에 배정되었다. 20년 넘게 그곳에서 일한 내 멘토는 희끗희끗한 머리카락과 따뜻한 미소를 지닌 활기 넘치는 분이었다. 그는 환자들이 가장 어려운 순간을 만날 때 그들을 안심시키고 그 자리에 함께 있어 주는 훌륭한 의사였다. 의술에 있어서는 미술계의 피카소와 다름없었다.

그의 가장 큰 힘은 뭔가를 하는 데에 있지 않았다. 환자들은 그의 그런 점을 존경했다. 첫날 그는 나에게 말했다. "앤서니, 자네는 수련 기간에 약 처방하는 일부터 수술까지 환자들을 치료하는 모든 일을 배울 걸세. 그렇지만 가장 중요한 건 환자들 곁에 있어 주는 것임을 절대 잊어서는 안 되네."

마지막 주 목요일 오후에 나는 멘토를 따라 마지막 환자를 진료했다. 가방을 챙기고 기록을 끝냈을 때 그가 말했다.

"앤서니, 내일은 출근하지 않아도 괜찮아."

"무슨 말씀이세요?"

"대신 부탁이 있네."

"무슨 부탁이든 말씀하세요."

"내 환자 중 한 사람을 자네가 만나 주었으면 좋겠어. 엘리노 쉐퍼라는 환자야."

"입원 환자인가요?

"아니, 그 환자는 집에 있어. 시내 변두리에서 혼자 살고 있지."

"제가 그 환자의 집으로 가라는 말씀인가요?"

"맞아, 왕진을 가 달라는 걸세."

"알겠습니다. 그 환자에 대해서 제가 미리 알아야 할 게 있나요?"

"쉐퍼 부인은 폐암 말기 환자야. 우리 곁에 오래 있지 못할 거야. 그녀는 가능하면 집에 있고 싶어 해. 좋은 의미에서 독특한 환자라고 할 수 있지. 직접 만나면 내 말이 무슨 뜻인지 알 걸세."

나는 왕진을 가 본 적이 없었다. 사실 왕진을 가는 의사가 있다는 것도 몰랐다. 나는 호기심과 긴장감을 느끼면서 멘토와 포옹을 나누고 임상 실습을 잘할 수 있도록 이끌어 준 것에 감사 인사를 전했다.

다음 날 아침, 나는 일찍 출발해서 쉐퍼 부인의 집에 도착해 길가에 차를 세웠다. 언덕 위에 자리한 그녀의 집은 '퀸 앤 양식'으로 지어진 웅장한 저택이었다. 저택의 외양은 흰색으로 칠한 목재와 검은색 덧문으로 잘 보존되어 있었다.

나는 차에서 내려 집으로 걸어갔다. 3미터쯤 걸어가자 현관에 뭔가 붙어 있는 게 보였다. 편지지 크기의 노란 종이였다. 쉐퍼 부인이 쓴 쪽지일 거라고 생각했다. 볼일을 보러 나갔거나 산책을 나갔을지도 모른다. 나는 빠른 걸음으로 현관을 향해 걸어갔다. 아래에는 쉐퍼 부인의 서명이 있었고 그 위에 검은 색으로 쓰인 커다란 글씨가 있었다.

심폐 소생술을 하지 마세요

쉐퍼 부인은 현관에 '심폐 소생술을 하지 마세요'라는 쪽지를 테이프로 붙여 놓았다. 말기암 환자들 중에는 남은 시간을 집에서 보내면서 자신의 생명을 구하기 위한 최후 조치를 하지 말라는 DNR(Do Not Resuscitate('심폐 소생술을 하지 마세요'라는 뜻)의 약자-옮긴이)을 붙여 놓는 사람들이 있다. 집에 온 응급 의료진에게 자신의 의도를 알리려는 것이다.

노크를 하자 쉐퍼 부인이 미소로 나를 맞이했다.

"기다리고 있었어요, 앤서니. 들어와요. 나를 엘리노라고 부르면 돼요."

엘리노는 70대의 노부인이었다. 그녀는 꽃무늬 드레스를 입고 있었고 가늘고 흰 머리카락이 어깨까지 내려와 반짝이고 있었다. 나는 현관에 들어서자 신발을 벗으려고 했다. 엘리노는 내 손을 잡고 거실로 이끌면서 "신발은 안 벗어도 돼요"라고 말했다. 그녀는 빅토리아풍 의자에 앉아 나에게 빨간 소파에 앉으라고 손짓했다.

"환영해요, 앤서니. 와 줘서 고마워요."

"저도 만나 뵈어서 반갑습니다. 쉐퍼 부인, 아, 엘리노. 시간을 많이 빼앗지는 않을 겁니다. 주치의께서 저에게……."

"시간은 얼마든지 뺏어도 괜찮아요."

그녀가 끊었다.

"어디 가야 할 곳이 있는 건 아니니까."

"감사합니다. 왕진은 처음이어서요."

"무슨 일이든 처음이 있기 마련이죠."

"그렇긴 하지만, 먼저 요즘 상태가 어떠신지 여쭤보겠습니다. 호흡하기 힘드세요? 통증을 느끼시나요?"

"한 번에 너무 많은 질문을 하네요, 앤서니. 환자들에게 한 번에 한 가지만 물어보고, 그들의 대답을 기다려요. 그 후에 다음 질문을 해요. 마치 호흡과 같은 거예요. 숨을 다시 들이마시기 전에 먼저 마신 숨을 내쉬어야죠."

"죄송합니다, 쉐퍼 부인. 제가 좀 긴장해서요."

"부인?"

"아, 엘리노."

"이제 이름 때문에 실수하지 말아요. 긴장은 창밖에 던져 버려요."

그녀는 웃으면서 의자 위에 있는 창문 밖으로 손을 들어 보였다.

"오늘은 기분이 굉장히 좋아요. 다른 날보다 더 좋은 날이 있죠. 호흡은 평소와 같아요. 밤에는 산소가 나를 괴롭히죠. 코에 삽입관이 끼워져 있으니까. 다행히도 통증은 없어요."

"기운이 없지는 않으세요?"

"나는 항상 에너지가 넘쳤어요. 암이 내 에너지를 정상적인 수준으로 줄여 준 것 같아요."

그녀가 큰 소리로 웃으며 말했다.

우리는 몇 분 동안 그녀의 증상과 약에 관한 대화를 나누었다. 나는 휴대용 혈압 측정기로 혈압을 쟀다. 그런 다음 청진기로 폐를 진찰했다. 상부를 끝내고 하부를 진찰하려고 할 때 엘리노가 뒤로 몸을 빼면서 "그건 그만 집어넣어요"라고 말했다. 그러고는 내 귀에서 청진기를 빼서 가운의 주머니에 넣었다.

"뭘 하려는 건지 알지만 오늘은 교과서에서 좀 벗어났으면 좋겠어요. 나를 그냥 당신 옆에 있는 한 인간이라고 생각해요. 죽어가고 있지만 그래도 여전히 존재하고 있는 한 인간 말이에요. 웃으면서 우리의 인생을 이야기해 보자고요. 이야기는 우리를 연결해 주죠. 마지막에 우리에게 남는 건 그것뿐이에요."

나는 당황해서 다시 빨간 소파에 앉았다. 그녀가 하는 말이 무슨 뜻인지 이해하지 못하는 건 아니었지만 왕진이 그런 방향으로 흘러가리라고는 예상하지 못했다. 그 후 한 시간 동안 우리는 그녀가 가져온 레모네이드를 마시고 페이스트리를 먹으면서, 마음을 터놓고 지나온 삶의 이야기를 나누었다. 진지한 이야기도 있었고 가벼운 이야기도 있었다. 나는 엘리노에게 최근에 어머니가 암 진단을 받았다는 이야기와 아내 앤을 만난 것이 나에게 최고의 행운이라는 이야기를 했다. 엘리노는 사별한 남편과의 연애 이야기를 들려주었다. 우리는 서로의 별난 행동을 이야기하면서 깔깔대고 웃었다. 엘리노는 다른 사람에게서 입 냄새가 나면 그 사람에게 민트를 준다고 했다. 나는 자기 전에 시리얼 한 사발을 먹는다고 말했다.

이야기를 나누던 중 그녀는 거실 구석에 놓인 보관함으로 가서 커다란 바인더 세 개를 가지고 왔다. 사진첩일 거라고 생각했지만 그것은 엘리노가 오랫동안 모아온 시였다. 엘리노는 그것을 "재미있는 시 모음"이라고 불렀다. 그녀에게는 모든 시가 유머러스했다.

"시는 나를 웃게 하고 또 생각하게 해요. 이 책을 펼쳐 볼까요?"

우리는 그중에서 몇 편의 시를 소리 내어 읽었다. 가끔 웃음을 터뜨리기도 했다. 내가 이제 집에 돌아가야 할 것 같다고 하자 엘리노는 부엌으로 따라오라고 말했다. 거실을 지나 집 뒤편에 있는 부엌의 싱크대에 우리가 사용한 접시를 올려놓았다. 그녀는 부엌과 현관으로 통하는 복도 쪽으로 손짓했다.

나는 복도를 따라 걷기 시작했다. 엘리노의 집에 들어올 때는 이 복도를 보지 못했다. 신발을 벗기 전에 엘리노가 곧장 거실로 들어오라고 했기 때문이다. 엘리노는 그때 내가 복도를 보기를 원하지 않았던 것이다. 떠날 때가 된 지금, 그곳을 보기를 원했다.

복도를 걷는 동안 나는 우리의 만남이 그녀의 복도로 이어진 것 같은 느낌을 받았다. 아무 말도 할 수 없었다. 엘리노 역시 말없이 내 뒤에서 걷고 있었다. 복도 벽과 천장을 보았을 때 나는 여전히 아무 말도 할 수 없었다. 그곳에는 편지지 크기의 빨간색, 오렌지색, 노란색, 초록색, 파란색, 보라색 종이가 가득 붙어 있었다. 현관 밖에 테이프로 붙어 있던 심폐 소생술 거부 동의서를 색깔별로 복사한 종이였다. 마치 무지개 밑을 걷고 있는 것처럼 느껴졌다.

어느새 현관에 다다르자 나는 뒤를 돌아보았다. 바로 뒤에서 엘리노가 활짝 웃어 보였다.

"괜찮아요?"

엘리노가 물었다

"네, 괜찮아요."

"다행이네요."

"초대해 주셔서 감사합니다."

"천만에요. 이제 가야죠. 가서 앤을 꼭 껴안아 주세요."

나는 현관에서 나와 붉은 벽돌로 된 진입로를 지나 차가 주차된 곳으로 걸어갔다. 반쯤 왔을 때 다시 뒤를 돌아보았다. 엘리노는 아직도 현관에 서 있었다.

"한 가지만 여쭤볼게요."

나는 그녀를 향해 말했다.

"왜 DNR 무지개 복도를 만드셨나요?"

"아, 앤서니!"

그녀가 웃었다.

"누군가가 실수로 나를 다시 살려내는 걸 원치 않기 때문이에요. 그리고 사람들이 잠시 멈추는 순간을 갖기를 바라기 때문이기도 하고요. 우리는 항상 너무 바쁘게 살잖아요. 내 장례식 때 가족과 친구들이 이 복도 덕분에 웃을 수 있었으면 좋겠어요."

우리는 둘 다 웃었다. 그리고 말없이 목례를 나누었다. 나는 차에서 손을 흔들며 그곳을 떠났다.

그날이 내가 엘리노를 만났던 처음이자 마지막 날이었다. 몇 주 후 그녀는 편안하게 세상을 떠났다. 그녀의 집에서.

엘리노가 그날 나에게 준 지혜를 완전히 깨닫기까지 10년이라는 세월이 걸렸다. 가끔 그때 엘리노가 내 삶이 성인의 치열함에 압도되고 있음을 알아차렸던 걸까라는 의문이 있다. 적어도 그녀는 성인의 치열한 삶이 우리 모두의 삶을 지배한다는 사실을 알고 있었을 것이다. 내 삶이 점점 더 바쁘고 각박해질 것도 예상했을 것이다. 그리고 내가 그날의 이야기와 웃음을 기억하기를 원했을 것이다. 나에게 복도로 따라오라고 손짓하던 자신의 모습까지.

"내 장례식에서 사람들이 웃을 수 있는 추억을 한 가지 더하기 위해서."

엘리노는 우리가 살아가면서 내면의 놀이터를 만들기 위해 시간을 투자할 가치가 있다는 걸 가르쳐 준다. 우리는 우리의 장례식에서 사람들이 웃을 수 있기를(눈물만 흘리지는 않기를) 바란다. 사람들이 우리를 그리워해 주기를 원한다. 그러나 또한 우리가 삶의 불완전한 부분뿐 아니라 밝은 부분을 보고 그 순간까지도 살아 냈음을 기억해 주기를 바란다.

미국의 정치 문화 평론가인 데이비드 브룩스는 '이력서 품성'과 '추도 품성'에 대해 설명했다. 브룩스에 따르면 이력서 품성은 사회라는 시스템에서 통용되는 품성이다. 그것은 당신의 능력, 직업, 사회에 대한 공헌을 의미한다. 반면에 추도 품성은 당신의 장례식에서 가족과 친구가 당신에 대해 이야기하는 품성이다. 당신이 어떤 사람이었고, 어떤 성격이었고, 다른 사람을 얼마나 사랑했고, 얼마나 많이 사랑받았는가를 말한다.

두 가지 유형의 품성은 각각 다른 의미에서 중요성을 갖는다. 그러나 브룩스는 이렇게 설명한다. "우리의 문화와 교육 체계는 내면의 빛(추도)을 빛내는 데 필요한 특질보다 직업적인 성공(이력서)에 필요한 기술과 전략을 가르치는 데 더 많은 시간을 사용한다."

상황을 재구성하고 공감하는 능력을 끌어내는 상상력, 자신과 타인의 관계를 새로운 차원으로 가져가기 위해 겸손한 태도로 다가가는 사교성, 관계를 강화하고 인생의 사막을 통과하게 하는 유머 감각, 심리적 유연성에 윤활유를 더하고 자선심을 일깨우는 즉흥성, 삶의 놀이공원을 가까운 곳에서 발견하는 경이감.

유쾌함이 피상적인 것이 아니라 삶을 진정으로 변화시키는 것임을 이해할 때 내면의 빛은 가장 밝게 빛난다. 이러한 지식과 지성을 소유할 때 성인들은 삶의 스트레스와 심각함 속에서도 내면의 유쾌함, 즉 내면의 조이랜드를 보존할 수 있다. 그것은 지금 이곳에서 유쾌함이 무한한 가치를 가지고 있다는 것을 상기시키는 마음속의 지미니 크리켓이 된다.

마지막으로 한 가지 이야기를 덧붙인다. 우리 뇌에는 보는 대로 따라 하는 거울 신경 세포(mirror neuron)가 있다. 이것은 다른 사람의 행동과 행위를 이해하는 능력을 갖고 있어서 가치 있는 것을 효과적으로 모방할 수 있게 한다. 유익한 행동을 모방할 때 뇌는 그 행동이 우리의 영구적인 부분이 되도록 재설계한다. 마찬가지로 우리가 유쾌함의 기술을 의식적으로 인식하고 사용할 때 다른 사람들도 그 유익함을 보고 유쾌함을 따라 하게 된다. 이것이 유쾌 지능이 높은 사람들이 가진 파급 효과다. 동시에 그것은 우리 같은 어른도 그런 기술을 배울 수 있다는 반가운 소식이기도 하다.

이제 한번 활짝 웃어 보라. 일어나서 심호흡을 하라. 한동안 잊고 지냈던 당신의 유쾌 지능을 깨워 앞으로 삶의 긴 트레킹에 합류시켜야 한다. 그리고 우리 모두가 이해하고 즐길 수 있는 삶의 여행을 떠나야 한다. 이제 당신의 유쾌 지능은 이전과는 다른 방식으로 작용할 것이다.

그것이 가장 흥미로운 부분이다.

당신이야말로 가장 흥미진진한 존재니까.

감사의 말

5년 전 처음 이 책에 대한 아이디어를 떠올렸을 때보다 실제로 쓰는 과정은 더 힘든 도전이었다. 나의 아내 앤과 딸들은 그 큰 짐을 함께 짊어졌다. 나는 수많은 밤, 수많은 주말, 수요일 오후를 그들이 아닌 컴퓨터와 함께 지내야 했다. 애나, 에바, 미아, 로라가 내게 보여 준 통찰력과 인내심, 그리고 뜨거운 격려와 든든한 사랑에 감사한다. 그들은 나의 세계다. 말로 표현할 수 없을 만큼 사랑한다.

이 여정에서 나의 오른팔이었고 완벽한 친구였던 리안 재클린에게 많은 빚을 졌다. 리안은 내가 비전을 확인하고 다시 정립할 수 있게 했다. 그는 처음부터 유쾌 지능의 가치를 인정했다. 또한 그는 사례 연구에 많은 도움을 주었다. 고마워, 친구.

리안 이외에도 에이미 닐랜더, 리사 테너, 크리스티 플레처, 리사 그룹카는 처음부터 이 프로젝트를 지지해 주었다. 그들이 나에게 보여준 특별한 신뢰에 감사한다.

자신의 이야기를 공유하고 도와준 사람들이 없었다면 이 책은 세상에 나올 수 없었을 것이다. 살바토레 매디, 쉴라 R., 켈리 스프라그, 아네트 프렌, 존 제글리스, 퍼시 스트릭랜드, 비비안 D., 댄 D., 브렌다 엘서거, 밥 서덜랜드, 돈 그레고리, 데이비드 랜드, 크리스천 스미스, 리사 도버, 브라이언 도버, 엘라 도버, 애슐리 제닝스, 르네 쉘하스, 그리고 자신의 유쾌함을 탐색하는 특권을 나에게 주었던 나의 환자들. 모두의 도움에 진심으로 감사한다.

내가 빚진 사람들은 그 외에도 많다. 캐런 맥너슨은 각 장의 초안을 읽고 실시간으로 내용과 편집본을 제공해 주었다. 로렌스 코헨, 멜리사 탈헬름, 에린 로젠버그, 마이클 로젠버그는 독자로서 원고 전체를 검토해 귀중한 의견을 건넸고, 짐 리처드슨은 프롤로그를 다듬어 주었다. 이 책을 더 훌륭한 책으로 만들어 준 모든 분께 감사한다.

나의 가족들과 친구들은 내가 자료를 조사하고 글을 쓰는 동안 머릿속에서 헤엄쳐 다니던 개념과 아이디어들을 기꺼이 경청해 주었다. 때로는 견디기 힘들 만큼 지겨웠을 텐데도 그들은 소중한 피드백을 전달해 주었다. 캐런 디베네뎃, 넬슨 디베네뎃, 밀리 브룩스, 로완 브룩스, 마저리 킴블, 조 킴블('작게 생각하라' 이야기를 다듬어 주었다), 매리엔 피어스, 로웰 팀, 캐시 팀, 나단 팀, 킴 달리, 애론 팀, 샌디 팀, 마크 라로첼르, 데이비드 퓨어링, 르네 퓨어링, 마이클 맥나마라, 메러디스 맥나마라, 코리 웨니몬트, 메건 웨니몬트, 다이크 맥웨엔, 로라 맥웨엔, 마크 제글리스, 댄 노이바우어, 랜디 쉬레켄고스트, 케이트 맥기어리, 크리스틴 버거드, 폴 버거드, 카리 네로, 데니 네로, 샌디 완켈, 다시 스톨, 매직 빌 록우드, 캐슬린 모블리, 데릭 모블리, 메리 캐서린 해리슨, 존 사르네키, 그레그 해머맨, 산드로 투치나르디, 모니크 슬러이머스, 제이슨 슬로컴, 케이트 슬로컴, 헤더 슈메이커, 토니 차이, 조 엘문저, 휴론 가스트로, 소화기 센터, 영상센터, 리빙스턴 가족 여러분 모두에게 감사한다.

마지막으로 이 책을 믿고 세상에 태어날 수 있게 한 출판인 제프리 골드먼, 편집자 케이트 머리, 산타 모니카 출판사에게 진심으로 감사한다.

참고 자료

프롤로그 회전목마는 당신이 돌아오길 기다리고 있다

- 지미니 크리켓에 관한 정보는 1940년 프랭크 뉴전트가 《뉴욕타임스》에 기고한 「피토키오」에 관한 리뷰를 참고했다. http://www.nytimes.com/movie/review?res=9A03E2D8113EE33ABC4053DFB466838B659EDE.
- 하워드 가드너의 저서와 그의 다중지능이론은 다음에서 찾아볼 수 있다. www.howardgardner.com.
- 성인의 유쾌함에 대한 정의를 연구할 때 주로 다음을 참조했다. Careen Yarnal and Xinyi Qian, "Older-Adult Playfulness: An Innovative Construct and Measurement for Healthy Aging Research," *American Journal of Play* 4, no.1, 2011, pp.52–79.
- 조이랜드의 이야기는 2016년 5월 마를레네 어빈과의 서신을 통해 얻은 정보를 이용했다. http://cjonline.com/news/2015-10-25/wichita-womanworks-restore-joylandcarousel-horses; http://www.kansas.

com/news/ article1094886.html; http://www.kansas.com/news/ article1146103.html; http://www.bizjournals.com/wichita/print-edition/2012/02/03/high

1장. 상상력 상황을 재구성하고 공감하는 능력을 끌어내라

- 살바토레 매디와 일리노이 벨에 관한 자료는 다음을 참조했다. Salvatore Maddi, The Hardy Executive: Health Under Stress, Homewood: IL: Dow Jones-Irwin, 1984, pp.1 – 32; Salvatore Maddi and Deborah Khoshaba, ***Resilience at Work: How to Succeed No Matter What Life Throws at You***, New York: AMACOM, 2005, pp.15 – 39. 다음의 사이트에서도 정보를 얻었다. www.HardinessInstitute.com. 2014년 10월 29일 살바토레 매디와 진행한 인터뷰도 참조했다.
- 쉴라 R.의 이야기는 다음의 인터뷰 및 이메일 교환을 토대로 발전시켰다. 2013년 9월 21일 쉴라와의 임상적인 만남, 2014년 10월 19일 쉴라와의 인터뷰, 2014년 10월 29일 쉴라의 암 담당의 켈리 스프라그 박스와의 인터뷰, 2014년 10월 30일 쉴라의 딸 다이안과의 인터뷰, 2014년 10월 30일 쉴라의 딸 브렌다와의 인터뷰, 2014년 말부터 2015년 초까지 쉴라와의 이메일 교환.
- 알렉스 오즈번의 이야기는 그의 기념비적인 책을 참조했다. Alex Osborn, ***Applied Imagination***, New York: Scribner, 1953, pp.69 – 85, 124.
- 아네트 프렌의 이야기는 2012년에 발간된 《NeuroLeadership Journal 4》에 실린 기사 「Create Reframing Mindsets through Framestorm」를 각색했다. 2015년 8월에 그녀와 교환한 이메일 역시 도움을 주었다. 프렌의 연구에 관한 더 많은 정보는 그녀의 웹사이트인 www.brainsmart.today에서 찾을 수 있다.

- 아인슈텔룽 효과에 관한 자료는 다음을 각색했다. Abraham Luchins and Edith Hirsch, *Rigidity of Behavior: A Variational Approach to the Effect of Einstellung,* Eugene: OR: University of Oregon Books, 1959.
- 케네디와 흐루쇼프의 이야기는 다음 자료를 발전시켰다. -http://www.netplaces.com/john-f-kennedy/jfks-early-life/seekingmotherly-affection.htm.

  – Michael O'Brien, *John F. Kennedy: A Biography*, New York: Macmillan, 2005, p.71. –Theodore S. Sorenson, *Kennedy*, New York: Konecky & Konecky, 1965, p.282, 555. –Michael R. Beschloss, *The Crisis Years: Kennedy and Khrushchev*, New York: Edward Burlingame Books, 1991, p.13.

  – FRUS Online: Letter from President Kennedy to Chairman Khrushchev, 22 February 1961, *in Foreign Relations of the United States 1961–1963,* Vol. 6, Washington, Washington DC: Department of State, 1996.

  – Philip A. Goduti, *Kennedy's Kitchen Cabinet and the Pursuit Notes 249 of Peace: The Shaping of American Foreign Policy 1961–1963*, Jefferson: NC: McFarland&Company Incorporated Publishers, 2009, p.49.

  – Srobe Talbott et al., *Khrushchev Remembers: The Glasnost Tapes,* Boston: Little Brown and Company, 1990, p.449.

  – http://americacomesalive.com/2013/07/07/the-pets-of-presidentjohn-f-kennedys-family/#.VGC3staFzH0.

  – http://history.state.gov/historicaldocuments/frus1961-63v06/d17.

  – http://www.cubanmissilecrisis.org.

– J. G. Blight and J. M. Lang, *Fog of War: Lessons from the Life of Robert S. McNamara*, Oxford: Rowman and Littlefield Publishers, 2005, p.34.

– Robert S. McNamara and James G. Blight, *Wilson's Ghost: Reducing the Risk of Conflict, Killing, and Catastrophe in the 21st Century*, New York: Public Affairs, 2001, p.72.

– http://www.hpu.edu/CHSS/History/GraduateDegree/MADMSTheses/files/gintarejanulaityte.pdf.

– Arthur M. Schleslinger, *A Thousand Days: John F. Kennedy in the White House*, Boston: Riverside Press, 1965, p.102.

- 수전 J. 프랭크 실험에 관한 자료는 다음의 책에 수록된 'Just Imagine How I Feel: How to Improve Empathy through Training' 챕터를 각색했다. ed. Jerome Singer and Kenneth Pope, *The Power of Human Imagination: New Methods in Psychotherapy*, New York: Springer, 1978, pp.309 – 346.
- 소설 읽기와 공감에 관한 자료는 다음 내용을 각색했다. Raymond Mar et al., "Bookworms versus Nerds: Exposure to Fiction versus Non-Fiction, Divergent Associations with Social Ability, and the Simulation of Fictional Social Worlds," *Journal of Research in Personality 40*, 2006, pp.694 – 712.
- 조시와 메건의 일화는 2006년 여름 대학병원에서의 임상적인 만남을 토대로 했다. 관련 당사자들이 개인정보를 보호하기 위해 이야기의 일부 내용을 바꿨다.
- '재구성을 위한 준비'의 일부는 다음 내용을 각색했다. http://stress.about.com/od/positiveattitude/a/reframing.html.
- '적과 공감대를 형성하라'의 일부는 다음을 각색했다. Ralph K. White, *Fearful Warriors: A Psychological Profile of U.S.–Soviet Relations,*

New York: Free Press, 1984.

- '공상하기 좋은 날'의 일부는 다음을 각색했다. Matthew Killingsworth and Daniel Gilbert, "A Wandering Mind Is an Unhappy Mind," *Science* 330, 2010, p.932.; Raymond Mar et al., "How Daydreaming Relates to Life Satisfaction, Loneliness, and Social Support: The Importance of Gender and Daydream Content," *An International Journal* 21, 2011, pp.401 – 407.; Jerome Singer, "Navigating the Stream of Consciousness: Research in Daydreaming and Related Inner Experience," *American Psychologist* 30, 1974, pp.727 – 738.; Peter F. Delaney et al., "Remembering to Forget: The Amnesic Effect of Daydreaming," *Psychological Science* 21, 2010, pp.1036 – 1042.

2장. 사교성 첫인상에 집착하지 말고 겸손하게 다가가라

- 처치 힐의 쇠퇴와 부흥은 다음에서 논의된 내용이다. John Murden, "High on the Hill," *styleweekly,* 2013.
- 처치 힐의 쇠퇴에 관한 이야기는 다음의 기사에서 언급되었다. Rachel Kaufman, "History and Mystery in Richmond's ChurchHill," *Washingtonpost,* 2015.
- 메리 윙필드 스콧의 처치 힐과 슬럼가의 연관성에 대한 내용은 그녀의 저서에서 인용했다. Mary Wingfield Scot, *Old Richmond Neighborhoods Richmond,* VA: Whittet& Shepperson, 1950, p.53.
- 퍼시 스트릭랜드와 처치 힐 아카데미와 튜터링 이야기는 퍼시 스트릭랜드와 2015년 1월부터 2월까지 교환한 개인적인 서신에서 수집했다.
- 선한 사마리아인의 비유는 성경 누가복음 10장 25 – 37절에서 인용했다.
- 처치 힐의 범죄 통계는 다음 출처에서 따왔다. the Richmond Police

Department's Crime Incident Information Center at http://eservices.ci.richmond.va.us/applications/crimeinfo/index.asp.

- 《USA 투데이》는 처치 힐을 떠오르는 지역으로 선정했다. http://experience.usatoday.com/america/story/best-of-lists/2014/05/07/10up-and-coming-neighborhoodsexplore-this-summer/8814935.
- 앵커링 효과의 개념은 다음에 설명되어 있다. Amos Tversky and Daniel Kahneman, "Judgment under Uncertainty: Heuristics and Biases," *Science* 185, no.4157, 1974, pp.1124–1131.
- 캘리포니아 주민의 행복도를 평가한 결과는 다음에서 다루어졌다. David Schkade and Daniel Kahneman, "Does Living in California Make People Happy? A Focusing Illusion in Judgments of Life Satisfaction," *Psychological Science* 9, no.5, 1998, pp.340–346.
- 시스템 1과 시스템 2에 의한 사고방식에 관한 최고의 책은 다음과 같다. Daniel Kahenman, ***Thinking, Fast and Slow***, New York: Farrar, Straus, and Giroux, 2012.(대니엘 카너먼, 이진원 옮김, 『생각에 관한 생각』, 김영사, 2012)
- 고정관념(범주 대인지각)에 관한 자료는 다음에서 수집했다. C. Neil Macrae and Galen V. Bodenhausen, "Social Cognition: Categorical Person Perception," *British Journal of Psychology* 92, no.1, 2001, pp.239–255.
- '힘을 뺀 의사소통이 강한 힘을 발휘한다'는 개념은 다음을 참조했다. Adam Grant, ***Give and Take: A Revolutionary Approach to Success***, New York: Viking, 2013, pp.126–154.
- '겸손'의 정의는 다음에서 발췌했다. http://www.merriam-webster. com/dictionary/humility.
- 존 제글리스의 겸손에 대한 이야기는 2015년 2월~3월에 개인적으로 나눈 서신을 토대로 발전시켰다. http://business.illinois.edu/insight/

summer99; http://w4.stern.nyu.edu/accounting/docs/syllabi/Cases/AT&T%20Case. pdf; http://usatoday30.usatoday.com/money/industries/telecom/200411-09-zeglis_x.htm.

- 짐 콜린스의 리더십 연구는 다음에서 논의되었다. "Level 5 Leadership: The Triumph of Humility and Fierce Resolve," http:// hbr.org/2005/07/level-5-leadership-the-triumph-of-humility-andfierce-resolve.
- 시모어 사라슨의 이야기는 그의 자서전 내용을 각색했다. Seymour Bernard Sarason, ***The Making of an American Psychologist,*** San Francisco: JosseyBass, 1988, pp.13-23, 26-28, 145-157.; http://articles.courant. com/2010-02-28/features/hc-exlife0228.artfeb28_1_doctorateinclinical-psychology-seymour-b-sarason-pioneer.
- 공동체의식에 관한 이론은 다음을 참조했다. David W. McMillan and David M. Chavis, "Sense of Community: A Definition and Theory," ***Journal of Community Psychology*** 14, 1986, pp.6-23.
- 가족이 함께하는 식사의 효용은 다음 내용을 각색했다. http://www.gallupcom/poll/166628/families-routinely-dine-together-home.aspx; Rachel Tumin and Sarah E. Anderson, "The Epidemiology of Family Meals among Ohio's Adults," Public Health Nutrition, 2014, pp.1-8.; http://thefamilydinnerproject.org/.
- 이탈리아 이민자 마을인 로제토의 사례는 다음을 참고했다. Brenda Egolf et al., "The Roseto Effect: A 50-Year Comparison of Mortality Rates," ***American Journal of Public Health*** 82, 1992, pp.1089-1092; Malcolm Gladwell, ***Outliers: The Story of Success***, New York: Little, Brown and Company, 2008, pp.3-11; Ana V. Diez Roux and Christina Mair, "Neighborhoods and Health," ***Annals of the New York Academy of Sciences*** 1186, 2010, pp.125-145.
- 옥시토신에 관한 정보는 다음에서 수집했다. Susan Pinker, ***The Village***

Effect: How Face-to-Face Contact Can Make Us Healthier and Happier, New York: Spiegel&Grau, 2014, pp.262－264.; http://www.apa.org/monitor/feb08/oxytocin.aspx.

- 가상 공동체에 관한 자료는 다음을 각색했다. Dar Meshi et al., "Nucleus Accumbens Response to Gains in Reputation for the Self Relative to Gains for Others Predicts Social Media Use," ***Frontiers in Human Neuroscience*** 7, 2013, p.439.; Hayeon Song et al., "Does Facebook Make You Lonely? A Meta-Analysis," ***Computers in Human Behavior*** 36, 2014, p446.; Ethan Kross et al., "Facebook Use Predicts Declines in Subjective Well-Being in Young Adults," ***PLOS ONE*** 8, 2013, p.8.; Rosalind Barnett et al., "At-Risk Youth in After-School Programs: How Does Their Use of Media for Learning about Community Issues Relate to Their Perceptions of Community Connectedness, Community Involvement, and Community Support?," ***Journal of Youth Development*** 9, 2014, pp.157－169.; Rebecca Schnall et al., "eHealth Interventions for HIV Prevention in HighRisk Men Who Have Sex with Men: A Systematic Review," ***Journal of Medical Internet Research*** 16, 2014, e134.; Sean D. Young et al., "Social Networking Technologies as an Emerging Tool for HIV Prevention: A Cluster Randomized Trial," ***Annals of Internal Medicine*** 159, no.5, 2013, pp.318－324.; Renée K. Biss et al., "Distraction Can Reduce Age-Related Forgetting," ***Psychological Science*** 24, no.4, 2013, pp.448-455; http:// uanews.org/story/should-grandma-joinfacebook-it-may-give-her-acognitive-boost-study-finds; http://www.exeter.ac.uk/news/research/ title_426286_en.html.
- 사회적인 소외와 외로움에 관한 자료는 다음 내용을 각색했다. John

Cacioppo and William Patrick, ***Loneliness: Human Nature and the Need for Social Connection***, New York: WW Norton and Company, 2008, pp.101–109, 162–163.; Naomi I. Eisenberger et al., "Does Rejection Hurt? An fMRI Study of Social Exclusion," ***Science*** 302, 2003, pp.290–92.; Julianne Holt-Lunstad et al., "Loneliness and Social Isolation as Risk Factors for Mortality: A Meta-Analytic Review," ***Perspectives on Psychological Science*** 10, no.2, 2015, p.227.

- 글로리아 M.의 이야기는 2008년 1월 15일의 임상적인 만남을 발전시킨 것이다. 일부 내용은 개인정보를 보호하기 위해 변경했다.
- '닻 내리기 예방'의 세부적인 내용은 다음을 발전시킨 것이다. David Schkade and Daniel Kahneman, "Does Living in California Make People Happy? A Focusing Illusion in Judgments of Life Satisfaction," ***Psychological Science*** 9, no.5, 1998, pp.340–346.; Zoltán Vass, ***A Psychological Interpretation of Drawings and Paintings, The SSCA Method: A Systems Analysis Approach***, Budapest: Alexandra Publishing, 2011, p.83.; Birte Englich and Kirsten Soder, "Moody Experts: How Mood and Expertise Influence Judgmental Anchoring," ***Judgment and Decision Making*** 4, 2009, pp.41–50.
- 힘을 뺀 의사소통의 자료는 다음을 각색했다. Elliot Aronson et al., "The Effect of a Pratfall on Increasing Interpersonal Attractiveness," ***Psychonomic Science*** 4, no.6, 1966, pp.227–228; Adam Grant, ***Give and Take: A Revolutionary Approach to Success,*** New York: Viking, 2013, p.265; Susan Cain, http://www.thepowerofintroverts.com/2013/07/04/7-waysto-use-the-power-of-powerlesscommunication.

- 폭스바겐 비틀의 광고인 '작게 생각하라'는 다음을 각색했다. Andrea Hiott, ***Thinking Small: The Long, Strange Trip of the Volkswagen Beetle***, New York: Ballantine, 2012, pp.1–16, 255–264, 338–345, 353–374; Dominik Imseng, ***Think Small: The Story of the World's Greatest Ad***, Zurich, Switzerland: Full Stop Press, 2011, pp.60–74, 94–106; Charles Gulas and Marc Weinberge, ***Humor in Advertising: A Comprehensive Analysis, Armonk,*** NY: M.E. Sharpe, 2006, p.10.
- 폭스바겐 비틀의 광고인 '작게 생각하라'의 순위는 다음의 목록에서 가져왔다. http://adage.com/article/special-report-the-advertising-century/adageadvertising-century-top-100-advertising-campaigns/140150/.
- E. B. 화이트의 인용문은 다음에서 찾을 수 있다. http://en.wikiquote.org/wiki/E._B._White.
- 노만 커즌스는 다음 글에서 과학계가 유머와 건강의 연관성에 대해 생각할 것을 촉구했다. Norman Cousins, "Anatomy of an Illness (as Perceived by the Patient)," ***New England Journal of Medicine*** 295, 1976, pp.1458–1463.
- 유머와 신체 건강의 연관성에 관한 자료는 다음의 도움을 받아 발전시켰다. Rod A. Martin, ***The Psychology of Humor: An Integrative Approach***, Waltham, MA:Academic Press, 2006, pp.309–333; Sven Svebek, Solfrid Romundstad, and Jostein Holmen, "A 7-Year Prospective Study of Sense of Humor and Mortality in an Adult County Population: The Hunt-2 Study," ***International Journal of***

Psychiatry in Medicine 40, 2010, pp.125 – 146.

- 다음에 따르면 심장병은 세계 사망률의 첫 번째 원인이다. http://www.who.int/mediacentre/factsheets/fs310/en/.
- 닭고기 수프에 관한 유대인의 유머는 다음에서 찾을 수 있다. http://shortjewishgal.blogspot.com/2013/04/it-couldnt-hurt.html.
- 하워드 데이비스 카의 유튜브 이야기는 다음의 내용을 각색했다. http://abcnews.go.com/Technology/charlie-bit-watched-youtube-clipchanged-familys-fortunes/story?id=16029675; http://www.nytimes. com/2012/02/10/world/europe/charlie-bit-my-finger-video-liftsfamily-to-fame.html?_r=0; http://www.wsj.com/articles/SB10001424 052702303661904576454342874650316; Jonah Berger and Katherine L. Milkman, "What Makes Online Content Viral?," *Journal of Marketing Research* 49, 2012, pp.192 – 205.
- 비비안과 댄의 이야기는 2015년 3월 30일에 진행한 인터뷰 그 후 여러 차례에 걸친 문자, 이메일, 전화 통화를 통해 발전시켰다.
- 웃음의 생물학적 관점에 관한 자료는 다음에서 얻었다. Robert Provine, ***Laughter: A Scientific Investigation***, New York: Penguin, 2001, pp.36 – 53, 92 – 97; Pedro C. Marijuáan and Jorge Navarro, "The Bonds of Laughter: A Multidisciplinary Inquiry into the Information Processes of Human Laughter," ***BioInformation and Systems Biology Group Instituto Aragonées de Ciencias de la Salud 50009 Zaragoza, Spain,*** http://arxiv.org/pdf/1010.5602.pdf; Marshall Brain, "How Laughter Works,"http://science.howstuffworks.com/life/inside-the-mind/ emotions/laughter.htm.
- 연애 상대의 유머 감각을 중요하게 생각하는 개념은 다음의 책에서 연구되었다. Eric R. Bressler, Rod A. Martin, and Sigal Balshine, "Production and Appreciation of Humor as Sexually Selected Qualities,"

Evolution and Human Behavior 27, 2006, pp.121 – 130.

- 직장에서 유머의 가치는 다음을 각색했다. Jacquelyn Smith's Forbes article, http://www.forbes.com/sites/jacquelynsmith/2013/05/03/10reasons-whyhumor-is-a-key-to-success-at-work/, 다음의 설문조사 결과도 참고했다. http://www. careerbuilder.com/share/aboutus/pressreleasesdetail. aspx?sd=8%2F28%2F2013&id=pr778&ed=12%2F31% 2F2013; http://accountemps.rhi.mediaroom.com/funny-business.
- 미국인들이 유머에 얼마나 시간을 투자하고 있는지 검증하고 있는 부분은 다음의 연구를 토대로 발전시켰다. http://www.bls.gov/tus/; http://www.nielsen.com/us/en/ insights/news/2011/10-yearsof-primetime-the-rise-of-reality-andsports-programming.html; http://skift.com/2014/08/01/comedy-isthe-most-popular-genre-in-the-in-flight-entertainmentbusiness/; http://www.boxofficemojo.com/alltime/world/; http://www.filmsite.org/bestpics2.html and http://oscar.go.com/blogs/oscarhistory; http://www.theatlantic.com/entertainment/archive/2012/01/why-do-theoscars-hate-laughout-loud-comedies/251985/#slide1; Sharon Lockyer and Lynn Myers, "It's About Expecting the Unexpected: Live, StandUp Comedy from the Audience's Perspective," *Journal of Audience and Reception Studies* 8, 2011, p.172.
- 「페리스의 해방」의 인용은 다음에서 발췌했다. http://www.imdb.com/title/tt0091042/?ref_=ttqt_qt_tt.
- 브렌다 엘서거의 이야기는 그녀의 책 내용을 각색했다. Brenda Elsagher, *If the BattleIs Over, Why Am I Still in Uniform?, Andover*, MN: Expert Publishing, Inc., 2003. 또한, 2015년 12월 14일 그녀와의 전화 통화도 참고했다.

- 「철목련」의 인용은 다음에서 발췌했다. http://www.imdb.com/title/tt0098384/quotes.
- 유머와 회복력의 연관성에 관한 자료는 다음을 발전시켰다. http:// www.pbs.org/thisemotionallife/topic/humor/humor-andresilience; http://ejoppsychopen.eu/article/viewFile/464/354; Rod A. Martin, ***The Psychology of Humor: An Integrative Approach,*** Waltham, MA: Academic Press, 2006, pp.269 - 307.
- 와일드 빌 바우어에 대한 루이 앤더슨의 인용은 다음에서 찾을 수 있다. http://www.twincities.com/ci_21436292/twin-cities-comic-wildbillbauer-dead-at.

4장. 즉흥성 심리적 유연성으로 완벽주의의 경직성을 극복하라

- 밥 서덜랜드, 체리 리퍼블릭, 2012년 북부 미시간 체리 농사의 재난에 관한 이야기는 2015년 6월 11일 돈 그레고리와 진행한 인터뷰에서 발전시켰다. 또한 2015년 6월 말 여러 웹사이트에서 부신암, 그레이트 레이크 형성 이론, 핵 과의 농사 이론에 관한 세부 정보를 얻었고, 체리 농사의 재난을 둘러싼 다양한 맥락을 참고했다. http://www.pbs.org/wgbh/nova/earth/cause-ice-age. html; http://www.glerl.noaa.gov/pr/ourlakes/background.html; http:// www.great-lakes.net/teach/geog/lakeform/lf_1.html; http://cherryworks. net/about/history-of-cherries; http://rarediseases.info.nih.gov/ gard/5751/adrenal-cancer/resources/1; http://www.pbs.org/newshour/ updates/science-july-dec12-michigancherry_08-15; http://www. wzzm13.com/story/news/local/morning-features/2014/02/01/5120463/; http://www.wsj.com/articles/SB10001424052702304791704577420802349893464;

http://agilewriter.com/History/CherryCapital.htm.

- 심리적 유연성에 관한 자료는 다음 내용을 각색했다. Todd B. Kashdan, "Psychological Flexibility as a Fundamental Aspect of Health," ***Clinical Psychological Review***, November 1, 2010, pp.865–78. Kashdan의 리뷰에 나오는 여러 실험은 외부 집단에서 행해졌고, 이 장에도 기술되어 있다. George A. Bonanno et al., "The Importance of Being Flexible: The Ability to Enhance and Suppress Emotional Expression Predicts Long-Term Adjustment," ***Psychological Science*** 157, 2004, pp.482–487; Sho Aoki et al., "Role of Striatal Cholinergic Interneurons in Set-Shifting in the Rat," ***Journal of Neuroscience***, June 24, 2015, pp.9424–9431; Robert Becklen and Daniel Cervone, "Selective Looking and the Noticing of Unexpected Events," ***Memory&Cognition*** 11, 1983, p.601–608; Christopher Chabris and Daniel Simons, "Gorillas in Our Midst: Sustained Inattentional Blindness for Dynamic Events," ***Perception*** 28, 1999, pp.1059–1074; Ulric Neisser, "The Control of Information Pickup in Selective Looking," ***Perception and Its Development: A Tribute to Eleanor J. Gibson***, ed. Anne D. Pick, Hillsdale, NJ: Lawrence Erlbaum Associates, 1979, pp.201–219.
- 릴리안 벨과 크리스마스 배 이야기는 그녀의 저서에서 이 프로젝트에 대한 개인적인 설명에서 따왔다. Lilian Bell, ***The Story of the Christmas Ship***, Chicago: Rand McNally&Company, 1915; http://www.oldandsold.com/ articles27n/women-authors-15.shtml; https://en.wikipedia.org/wiki/ World_War_I; http://www.ibiblio.org/hyperwar/OnlineLibrary/photos/shusn/usnsh-j/ac12.htm. 미국 어린이들에게 보내는 릴리안의 편지는 너무 길어서 내용을 편집했고 어린이들이 보낸 편지 끝에는 가상의 이름을 첨부했다.

- 공공재 게임, 즉흥성과 자선심과의 연관성에 관한 자료는 다음에서 발췌했다. David Randet al., "Spontaneous Giving and Calculated Greed," *Nature* 489, September 20, 2012, pp.427 –430.
- 체리 리퍼블릭의 샘플 증정에 관한 자세한 내용은 다음에서 찾을 수 있다. http://www.theatlantic.com/business/archive/2014/10/the-psychologybehind-costcos-free-samples/380969/.
- 자선심의 과학은 다음에서 수집했다. Christian Smith and Hilary Davidson, ***The Paradox of Generosity: Giving We Receive, Grasping We Lose,*** New York: Oxford, 2014, pp.44 –45, 95, 99 –113, 184.
- 「인생은 체리 한 접시일 뿐야」의 출처는 다음에 설명되어 있다. https://en.wikipedia.org/wiki/Life_Is_Just_a_Bowl_of_Cherries.
- 「조지 화이트 스캔들」 공연에 대한 정보는 다음에 설명되어 있다. https://en.wikipedia.org/wiki/George_White%27s_Scandals.

5장. 경이감 내 삶의 놀이공원을 발견하라

- 2015년 11월과 12월에 진행한 인터뷰를 통해 리사와 브라이언 도버는 엘라의 이야기를 들려주었다. 대화를 나누는 동안 마음을 열고 자신들의 연약한 면을 보여준 것에 감사한다. 내가 엘라의 이야기를 소중하게 다룰 것을 신뢰하고, 다른 사람들이 보고 배울 수 있도록 기꺼이 공개한 그들의 태도에 감동을 받았다. 천사 같은 엘라의 유모 애슐리 제닝스, 엘라의 소아과 의사 르네 쉘하스 박사는 2015년 12월에 이메일과 전화 통화를 통해 귀중한 통찰력을 전해 주었다. 애슐리와 쉘하스 박사 이외에도 다음의 사람들이 오랫동안 리사, 브라이언, 엘라를 도와주었다. Paula, Louis, Nancy, Tom, Kirsten, Jose, Sara, Anand, Brad, Sara-Marie, Kelly, Laurie, June, Lindsey, Mary, Denise, Kristine, Troy, Rachael, Jason, Ellen. 리사와 브

라이언은 그들의 삶에 여러분이 있어서 정말 감사하게 여기고, 앞으로 가야 할 길에도 여러분이 밝은 등불이 될 거라고 믿고 있다.

- 피질하 띠 이소증에 관한 정보는 다음의 자료에서 수집했다. https://rarediseases.info.nih.gov/gard/1904/subcortical-band-heterotopia/resources/1.
- 케톤 식이요법의 시작과 쇠퇴, 재시작을 포함한 역사는 다음에 설명되어 있다. John M. Freeman et al., ***The Ketogenic Diet: A Treatment for Children and Others with Epilepsy,*** New York: Demos Medical Publishing, 2006, pp.19 – 36.; http://www.news-medical.net/health/History-of-theKetogenic-Diet.aspx.
- 마리화나 오일에 관한 의학적인 정보의 일부는 다음 내용을 각색했다. http://www.cnn.com/2013/08/07/health/charlotte-childmedicalmarijuana/; http://www.slate.com/articles/news_and_politics/ altered_state/2014/02/how_dabbing_smoking_potent_hash_oil_could_ blow_up_colorado_s_marijuana_legalization.html.
- 경이감의 과학, 경이감의 심리학적인 개념, 경이감의 유익, 존 뮤어, 월트 휘트먼, 레이첼 카슨에 관한 자료는 다음 내용을 각색했다. Robert C. Fuller, ***Wonder: From Emotion to Spirituality***, Chapel Hill, NC: University of North Carolina Press, 2006, pp.38 – 41, 44, 49, 102 – 109.; http:// www.ttbook.org/book/transcript/transcriptwhats-wonder-jonathanhaidt; http://www.huffingtonpost.com/jonathan-haidt/wonderfulversuswonderfr_b_5022640.html; http://www.slate.com/bigideas/ why-do-we-feel-awe/essaysand-opinions/dacher-keltner-opinion; http://www.huffingtonpost.com/2015/02/04/natural-antiinflammatori_ n_6613754.html; http://www.rachelcarson.org; Rachel Carson, ***The Sense of Wonder***, New York: Harper&Row, 1956, pp.39, 42 – 43.

- 앤드류 솔로몬의 인용문은 그의 천재적인 작품에서 발췌했다. Andrew Solomon, *Far from the Tree: Parents, Children, and the Search for Identity,* New York: Scribner, 2013, p.371.
- 글레논 도일의 케톤 식이요법에 관한 글은 다음에서 발췌했다. http://www.huffingtonpost.com/glennon-melton/dont-carpe-diem_b_1206346.html.
- 에밀리 펄 킹슬리의 배경은 다음에서 찾을 수 있다. https:// en.wikipedia.org/wiki/Emily_Kingsley. 그녀의 현대적인 우화 'Welcome to Holland'는 1989년《시카고 트리뷴》에 실린 디어 애비의 칼럼「A Fable for Parents of a Disabled Child」에 처음 발표되었다. 현재 이 이야기는 많은 웹사이트에서 찾아볼 수 있다.
- 어린 시절의 긍정적인 경험보다 부정적인 경험을 더 많이 기억하는 이유는 다음에 설명되어 있다. www.nytimes.com/2012/03/24/your-money/why-people-remember-negative-events-more-thanpositive-ones.html?_r=0.

에필로그 세상에서 가장 흥미진진한 존재는 당신이다

- 엘리노 쉐퍼의 일화 중 일부는 개인정보 보호를 위해 변경되었다.
- 품성에 관한 데이비드 브룩스의 생각은 다음에서 찾아볼 수 있다. http:// www.nytimes.com/2015/04/12/opinion/sunday/david-brooks-themoralbucket-list.html?_r=0; https://www.ted.com/talks/david_brooks_ should_you_live_for_your_resume_or_your_eulogy?language=en.
- 거울 신경 세포에 관한 정보는 다음에서 찾을 수 있다. http://www.apa.org/monitor/oct05/mirror.aspx.

옮긴이 김유미

서강대학교 영어영문학과를 졸업하고, 글밥 아카데미를 수료했다. 현재 바른번역 소속 전문 번역가로 활동 중이다. 번역한 책으로는 『레버리지』, 『센서티브』, 『서툰 감정』, 『프로작 네이션』, 『래더』, 『나는 꽤 괜찮은 사람입니다』, 『위대한 몽상가』, 『지식애』, 『무엇으로 읽을 것인가』, 『휴먼 3.0』, 『애거서 크리스티 전집』 등이 있다.

유쾌함의 기술

뇌과학이 말하는 즐거워할 줄 아는 지능의 비밀

초판 1쇄 발행 2020년 6월 15일
초판 3쇄 발행 2021년 11월 1일

지은이 앤서니 T. 디베네뎃
옮긴이 김유미
펴낸이 김선식

경영총괄 김은영
콘텐츠개발4팀장 김대한 **콘텐츠개발4팀** 황정민, 임소연, 박혜원, 옥다애
마케팅본부장 이주화 **마케팅1팀** 최혜령, 박지수, 오서영
미디어홍보본부장 정명찬 **홍보팀** 안지혜, 김재선, 이소영, 김은지, 박재연, 오수미, 이예주
뉴미디어팀 허지호, 임유나, 배한진
리드카펫팀 김선욱, 염아라, 김혜원, 이수인, 석찬미, 백지은
저작권팀 한승빈, 김재원 **편집관리팀** 조세현, 백설희
경영관리본부 허대우, 하미선, 박상민, 윤이경, 이소희, 김소영, 이우철, 김혜진, 김재경, 오지영, 최완규, 이지우
외부스태프 교정교열 신나래

펴낸곳 다산북스 **출판등록** 2005년 12월 23일 제313-2005-00277호
주소 경기도 파주시 회동길 490 파주사옥 3층
전화 02-702-1724 **팩스** 02-703-2219 **이메일** dasanbooks@dasanbooks.com
홈페이지 www.dasanbooks.com **블로그** blog.naver.com/dasan_books
종이 (주)한솔피앤에스 **출력 · 제본** 갑우문화사

ISBN 979-11-306-3009-0(03180)